【下册】

三国志

陈寿 撰 / 王凯瑞 整理

北方联合出版传媒（集团）股份有限公司

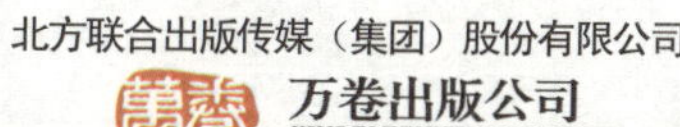

万卷出版公司
VOLUMES PUBLISHING COMPANY

诸夏侯曹传

（承上册）

原文

初，中领军高阳许允与丰、玄亲善。先是有诈作尺一诏书[①]，以玄为大将军，允为太尉，共录尚书事。有何人天未明乘马以诏版付允门吏，曰“有诏”，因便驰走。允即投书烧之，不以开呈司马景王。后丰等事觉，徙允为镇北将军，假节督河北诸军事。未发，以放散官物，收付廷尉，徙乐浪，道死。

注释

①尺一诏书：古代诏书为一尺一寸，所以称为尺一诏书。

译文

当初，中领军高阳人许允和李丰、夏侯玄亲密友好。在这之前有人伪造一尺一寸大的诏书，任命夏侯玄为大将军，许允为太尉，共同总领尚书事。不知是什么人在天没亮时骑着马把诏书交给许允的看门人，说“有诏书”，接着就飞快地骑着马跑了。许允立刻把所谓的诏书扔进火里烧了，不把它交给司马景王。后来李丰等人的事被发觉，调任许允为镇北将军，授给符节统领黄河以北各军事。还没有出发，以挥霍公家财物的罪名，被逮捕交付廷尉，流放到乐浪郡，在半路上死去。

原文

清河王经亦与允俱称冀州名士。甘露中为尚书[①]，坐高贵乡公事诛。始经为郡守，经母谓经曰：“汝田家子，今仕至二千石[②]，物太过不祥，可以止矣。”经不能从，历二州刺史，司隶校尉，终以致败。允友人同郡崔赞，亦尝以处世太盛戒允云。

屈原

历史上，被流放的人不在少数。他们或者因为得罪了权贵，或者受到了牵连。屈原就曾经被楚怀王流放，最后投入汨罗江自杀了。

注释

①甘露：高贵乡公曹髦的年号（公元256年–260年）。②二千石：古代以粮食作为官吏的俸禄，共分为三等：中二千石，每月一百八十斛；真二千石，每月一百二十斛，比二千石，没有一百斛。

译文

清河人王经也和许允一样都是冀州的知名人士。甘露年间担任尚书，因受高贵乡公一案的牵连而被杀。开始王经担任郡守，王经的母亲对王经说："你是农家的儿子，现在官做到能够领二千石了俸禄了，得到的东西太过分了不吉祥，可以到此为止了。"王经不能够接受，历任二州刺史，司隶校尉，终于导致失败。许允的友人同郡人崔赞，也曾经以处世不要太盛的话劝诫过许允。

原文

评曰：夏侯、曹氏，世为婚姻，故惇、渊、仁、洪、休、尚、真等并以亲旧肺腑[1]，贵重于时，左右勋业，咸有效劳。爽德薄位尊，沈溺盈溢[2]，此固大易所著，道家所忌也。玄以规格局度[3]，世称其名，然

秦晋之好

中国古代，为了政治利益而结合在一起的政治婚姻不在少数。比如春秋时期的秦晋两国就有数代的联姻。夏侯、曹氏，世代结为婚姻，为的也是政治上的联合。

与曹爽中外缱绻；荣位如斯，曾未闻匡弼其非[4]，援致良才。举兹以论，焉能免之乎！

注释

①肺腑：心腹。②沈溺：沉湎于酒色，溺于享乐。盈溢：过分享受。③规格：行为规范。④匡弼：匡正辅助。

译文

评论说：夏侯、曹氏，世代结为婚姻，所以夏侯惇、夏侯渊、曹仁、曹洪、曹休、夏侯尚、曹真等人都以亲戚故旧心腹的身份，在当时受到尊宠，得到重用，辅佐魏国的大业，都立有大功。曹爽德行浅薄，地位尊贵，沉溺在利欲里而过分享受，这正是《周易》所明确告诫，道家所忌讳的事。夏侯玄因为气度不凡，被世人称道，然而和曹爽竟以中表之亲而相互勾结；像他这样的尊贵地位，而不曾听说他去帮助曹爽纠正错误，招纳人才。拿这件事来说，他又怎能避免灾祸呢！

钟繇华歆王朗传

原文

钟繇字元常，颍川长社人也。尝与族父瑜俱至洛阳[1]，道遇相者[2]，曰："此童有贵相[3]，然当厄于水[4]，努力慎之！"行未十里，度桥，马惊，堕水几死。瑜以相者言中，益贵繇，而供给资费，使得专学。举孝廉[5]，除尚书郎、阳陵令，以疾去。辟三府，为廷尉正、黄门侍郎。是时，汉帝在西京，李傕、郭汜等乱长安中，与关东断绝。太祖领兖州牧，始遣使上书。傕、汜等以为"关东欲自立天子，今曹操虽有使命，非其至实"，议留太祖使，拒绝其意。繇说傕、汜等曰："方今英雄并起，各矫命专制，唯曹兖州乃心王室，而逆其忠款，非所以副将来之望也。"傕、汜等用繇言，厚加答报，由是太祖使命遂得通。太祖既数听荀彧之称繇，又闻其说傕、汜，益虚心。后傕胁天子，繇与尚书郎韩斌同策谋。天子得出长安，繇有力焉。拜御史中丞，迁侍中尚书仆射，并录前功封东武亭侯。

注释

①族父：族兄弟之父，泛指同族的伯伯、叔叔。②道：在路上。相者：看相的人。③贵相：富贵的相貌。④厄：灾难。⑤孝廉：古代选官的两种科目名称。孝：指孝子。廉：指廉洁的人。

译文

钟繇字元常，是颍川长社人。他曾经和族父钟瑜一起去洛阳，在路上遇到了相面的人，那个人对钟瑜说："这个孩子有富贵相，可是会遭到水淹的灾害，一定要慎重啊！"走了没过十里，过桥时，马由于受到惊吓，钟繇掉到水里差点淹死了。钟瑜看到了相面人所说的了，就更加器重钟繇，并且供给他费用，使他能够专心学习。钟繇被举荐为孝廉，又授予他做尚书郎、阳陵令，因为得了疾病就辞掉官职了。三公府征召他，他在这里担任廷尉正、黄门侍郎。就在这时候，汉帝在西京，李傕、郭汜等乱在长安城中掀起叛乱，与关东断绝了联系。太祖兼任兖州牧，才派遣使者上书朝廷。李傕、郭汜等他们以为："关东打算独立，任命自己做天子，现在曹操虽然派来了使者，但并不是他的真心意思。"于是他们商量着扣留太祖派来的使者，拒绝了太祖的意思。钟繇劝说李傕、郭汜等说："现在正是英雄纷纷兴起的时候，都假托皇帝命令独断专行，只有曹兖州对王室是忠心的，现在应该欢迎他，而不是拒绝他，这并不是咱们将来的愿望。"李傕、郭汜等采用了钟繇的意见，于是对使者给予丰厚的回报，因此曹操的使命能够得到传达。太祖已经听过荀彧好几次称赞钟繇了，又听说他劝说过李傕、郭汜，就对他更虚心了。后来李傕胁迫天子，钟繇和尚书郎韩斌一起出谋划策。天子之所以能够离开长安，都是钟繇的功劳。钟繇被任命为御史中丞，后来升为侍中尚书仆射，加上以前建立的功劳被封为东武亭侯。

原文

时关中诸将马腾、韩遂等，各拥强兵相与争。太祖方有事山东，以关右为忧[1]。乃表繇以侍中守司隶校尉[2]，持节督关中诸军，委之以后事，特使不拘科制[3]。繇至长安，移书腾、遂等，为陈祸福，腾、遂各遣子入侍。太祖在官渡，与袁绍相持，繇送马二千馀匹给军。太祖与繇书曰："得所送马，甚应其急。关右平定，朝廷无西顾之忧，足下之勋也[4]。昔萧何镇守关中，足食成军，亦适当尔。"其后匈奴单于作乱平阳，繇帅诸军围之，未拔；而袁尚所置河东太守郭援到河东，众甚盛。诸将议欲释之去，繇曰："袁氏方强，援之来，关中阴与之通[5]，所以未悉叛者，顾吾威名故耳。若弃而去，示之以弱，所在之民，谁非寇仇？纵吾欲归，其得至乎！此为未战先自败也。且援刚愎好胜，必易吾军，若渡汾为营，及其未济击之，可大克也。"张既说马腾会击援，腾遣子超将精兵逆之。援至，果轻渡汾，众止之，不从。济水未半，击，大破之，斩援，降单于。语在既传。其后

成也萧何，败也萧何

萧何在汉朝建立的过程中立下了汗马功劳。“成也萧何，败也萧何”说的是萧何举荐了韩信，使其能一展身手，但最后设计杀害他的也是萧何。好坏成败往往在一念之间啊。

河东卫固作乱，与张晟、张琰及高幹等并为寇，繇又率诸将讨破之。自天子西迁，洛阳人民单尽，繇徙关中民，又招纳亡叛以充之，数年间民户稍实。太祖征关中，得以为资，表繇为前军师。

注释

①关右：地区名，也就是关西，因为古人把西边称作右，所以就有这种叫法。②表：古代奏章的一种，这里指给皇上上表。③科制：科条制度。④足下：称呼对方的敬称。古代用来下级对上级，晚辈对长辈的称呼。⑤阴：暗地里；通：勾结。

译文

这时候关中的各个将领像马腾、韩遂等，都靠着强大的兵力相互争夺领地。太祖正赶上在峭山以东有战事，他正担心着关西的局势。于是上表请求任命钟繇担任侍中守司隶校尉，持符节率领关中的各个军队，特许他不受科条制度的限制。钟繇到达了长安，他写信给马腾、韩遂等，向他们陈说利害关系，马腾、韩遂都派了自己的儿子来到京城侍奉皇帝。太祖正在官渡和袁绍相对战，钟繇给军队送去了二千多匹马。太祖给钟繇写信道："我收到了你送来的马，真是太及时了。关西已经被平定了，朝廷没有西顾之忧了，这可是你的功劳啊。从前萧何镇守关中，给军队提供了足够的粮食，你的功劳和他的相当啊。"在这之后，匈奴单于在平阳作乱，钟繇带领各路军队围攻他，没能取得胜利；而且袁尚所设的河东太守郭援到达了河东，他的部下很多。将领们商量着撤退，钟繇说："袁氏正是强大的时候，郭援的到来，关中有人暗中和他勾结，之所以没有全部背叛，是因为看在我的声名上。要是就这么回去了，就会显得我们很软弱，咱们现在这个地方的老百姓，哪个不是咱们的仇敌呢？是我们想回去就能够回去的吗？这样做是不战自败。况且郭援刚愎好胜，一定会轻视咱们的军队，若是他们渡过河在那里安营扎寨，在他们还没有过河的时候攻打他们，一定能打败他们的。"张既劝说马腾一起联合攻击郭援，马腾派他的儿子马超带领精兵迎战。郭援到了，果真打算轻装渡过汾河，部下都想劝阻他，他不听。渡水还没渡一半，钟繇带领军队出击，把郭援打败了，斩杀了郭援，降服了单于。这些在《张既传》中有记载。后来河东的卫固起兵作乱，与张晟、张琰及高幹等一起做寇贼抢掠，钟繇又带领将领们讨伐他们并把他们打败了。自从天子向西迁都长安，洛阳的人口就减少了，钟繇迁徙关中的人们过去了，又招纳了叛逃的人来补充，几年的工夫，洛阳的百姓和户口多了起来。太祖征伐关中时，能够得到足够的物资，他上表请求钟繇担任前军师。

原文

魏国初建，为大理[1]，迁相国[2]。文帝在东宫[3]，赐繇五熟釜，为之铭曰："于赫有魏，作汉藩辅。厥相惟钟，实干心膂。靖恭夙夜，匪遑安处。百寮师师，楷兹度矩[4]。"

数年，坐西曹掾魏讽谋反[5]，策罢就第。

文帝即王位，复为大理。及践阼，改为廷尉，进封崇高乡侯。迁太尉，转封平阳乡侯。时司徒华歆、司空王朗，并先世名臣。文帝罢朝，谓左右曰："此三公者，乃一代之伟人也，后世殆难继矣！"明帝即位，进封定陵侯，增邑五百，并前千八百户，迁太傅。繇有膝疾，拜起不便。时华歆亦以高年疾病，朝见皆使载舆车，虎贲舁上殿就坐。

是后三公有疾，遂以为故事。

注释

①大理：官名，即廷尉。掌管刑狱，是九卿之一。②相国：官名，是辅

佐皇帝的最高官吏。③东宫：太子居住的宫殿。④楷：楷模，示范。度矩：法度，规则。⑤坐：因为……犯罪受到牵连。掾：官名，为丞相府的属官，掌管属吏任免。

译文

魏国刚刚建立的时候，钟繇担任大理，后来被提升为相国。文帝做太子的时候，曾经赏赐给钟繇五熟釜，上面雕刻上："伟大的魏国，是汉朝的藩屏辅佐。相国钟繇是国家的栋梁啊，日夜为国家操劳，不能安心睡觉，百官应该向您学习，您是他们的楷模啊。"

几年之后，钟繇受到西曹掾魏讽谋反这件事的牵连，被罢官回家了。

当魏文帝登上了王位，又任命他做大理。等到文帝登上了皇位，改任为廷尉，进封为崇高乡侯。后来升为太尉，转封为平阳乡侯。这时候司徒华歆、司空王朗都是前朝的名臣。

文帝罢朝后，对身边的人说："这三公啊，是一代的伟人啊，后代是难以继承了！"

等到明帝即位，进封钟繇为定陵侯，增加食邑五百户，连同以前的一共是一千八百户，升他做太傅。钟繇的膝盖有疾病，跪拜不方便。此时华歆也因为年龄大了有疾病了，每次朝见，明帝都明令手下用车拉着他们，由虎贲抬着上殿就坐。

这以后，三公有病，就以这作为惯例。

原文

初，太祖下令，使平议死刑可宫割者[1]。繇以为"古之肉刑，更历圣人[2]，宜复施行，以代死刑。"议者以为非悦民之道，遂寝。及文帝临飨群臣[3]，诏谓"大理欲复肉刑，此诚圣王之法。公卿当善共议。"议未定，会有军事，复寝。

韩非子

韩非子是中国古代著名的哲学家、思想家，法家的集大成者，他与李斯都是荀卿的徒弟。韩非虽师从荀卿，但他没有承袭儒家的思想，却"喜刑名法术之学"。

太和中，繇上疏曰："大魏受命，继踪虞、夏。孝文革法，不合古道。先帝圣德[4]，固天所纵，坟典之业[5]，一以贯之。是以继世，仍发明诏，思复古刑，为一代法。连有军事，遂未施行。陛下远追二祖遗意，惜斩趾可以禁恶，恨入死之无辜，使明习律令，与群臣共议。出本当右趾而入大辟者，复行此刑。书云：'皇帝清问下民，鳏寡有辞于苗。'此言尧当除蚩尤、有苗之刑，先审问于下民之有辞者也。若今蔽狱之时，讯问三槐、九棘、群吏、万民，使如孝景之令，其当弃市，欲斩右趾者许之。其黥、劓、左趾、宫刑者，自如孝文，易以髡笞。能有奸者，率年二十至四五十，虽斩其足，犹任生育。今天下人少于孝文之世，下计所全，岁三千人。张苍除肉刑，所杀岁以万计。臣欲复肉刑，岁生三千人。子贡问能济民可谓仁乎？子曰：'何事于仁，必也圣乎，尧、舜其犹病诸！'又曰：'仁远乎哉？我欲仁，斯仁至矣。'若诚行之，斯民永济。"

书奏，诏曰："太傅学优才高，留心政事，又于刑理深远。此大事，公卿群僚善共平议。"司徒王朗议，以为"繇欲轻减大辟之条，以增益刖刑之数，此即起偃为竖，化尸为人矣。然臣之愚，犹有未合微异之意。夫五刑之属，著在科律，自有减死一等之法，不死即为减。施行已久，不待远假斧凿于彼肉刑，然后有罪次也。前世仁者，不忍肉刑之惨酷，是以废而不用。不用已来，历年数百。今复行之，恐所减之文未彰于万民之目，而肉刑之问已宣于寇雠之耳，非所以来远人也。今可按繇所欲轻之死罪，使减死之髡、刖。嫌其轻者，可倍其居作之岁数。内有以生易死不訾之恩，外无以刖易钛骇耳之声。"

议者百馀人，与朗同者多。帝以吴、蜀未平，且寝。

太和四年，繇薨。帝素服临吊，谥曰成侯。子毓嗣。初，文帝分毓户邑，封繇弟演及子劭、孙豫列侯。

注释

①平议：商议、评论。宫割：宫刑，又称腐刑，是破坏生殖机能的刑罚。②更历：经历。圣人：这里指皇帝。③临飨：用酒食款待。④坟典之业：即三坟五典，泛指古代的典籍，这里指古代的典章制度。⑤圣德：圣明有高尚的大德。

译文

起初，太祖下令，让大家讨论死刑是否可以改成宫刑。钟繇认为"古代以来

“窃以为庙胜之策，不临矢石；王者之兵，有征无战。诚以干戚可以服有苗，退舍足以纳原寇，不必纵吴汉于江关，骋韩信于井陉也。见可而进，知难而退，盖自古之政。惟公侯详之！”爽无功而还。后以失爽意，徙侍中，出为魏郡太守。爽既诛，入为御史中丞、侍中廷尉。听君父已没，臣子得为理谤，及士为侯，其妻不复配嫁，毓所创也。

注释

①策：指国家大事的决策。庙胜：指临战前朝廷制定的克敌制胜的作战策略。②帷幄：军帐。③车驾：本来指皇帝外出时所乘的车子，因此拿来作为皇帝的代称。④费：损耗。⑤至尊：至高无上的地位，现在拿来作为皇帝的代称。动轫：指车子起行。轫：杀住车轮转动的木头。

译文

钟毓字稚叔。在十四岁的时候就担任散骑侍郎，人很机灵，思维敏捷，喜欢谈笑，有他父亲的风范。太和初年，蜀相诸葛亮围攻祁山，明帝打算向西征讨他，钟毓上疏说：“制定政策的可贵的地方是在朝廷制定战胜敌人的政策，建立功业应该在帷帐中进行，在殿堂上不用下台阶，就能取得千里之外的胜利。您应该镇守在中原，作为各个地方的得力的后援。现在大军西征，即使有百倍的威力，在关中所耗费的，不是一点点的损失啊。更何况大夏天的进军，诗人都很重视，还没到您亲自去征讨的时候啊。”升他做黄门侍郎。这时候正在大力建造洛阳宫室，皇上到许昌去，天下的官员在许昌朝见天子。许昌道路很狭窄，于是在城南用毡搭了个殿，又准备了鱼龙曼延的节目，使民众受到劳累。钟毓进谏，他认为：“水旱灾害还不时发生，国库空虚，这类的东西，应该在收成好的年份再搞。”他又上书说：“应该再开垦关内的荒地，让民众都去种地去。”没过多久就被

韩信铜像

韩信是中国历史上最负盛名的一代名将，他不仅力助汉高祖刘邦开创了大汉四百多年基业，而且创造了许多载之世界军事史册的经典战例，被后世民间誉为“兵仙”、“战神”。

执行了。正始年间，他担任散骑常侍。大将军曹爽在大夏天去讨伐蜀国，蜀国坚决防守，大军不能前进。曹爽正要求增兵，钟毓给他写信说："我认为决胜于朝廷的政策，是靠石块和箭的；王者的军队，是只征讨不交战的。这实在是可以舞动干戚就让有苗臣服的，后退三十里就能让原来的敌人臣服了，也没必要像吴国和汉朝那样出兵到江关，像韩信那样自己跑到井里去了。应该知道什么时候可以前进，什么时候应该后退，这恐怕是自古以来打仗的策略，您一定要考虑清楚了！"曹爽没立下功劳就回来了。后来钟毓因为不合曹爽的心意，把他调离了侍中，出京城做了魏郡太守。曹爽被杀后，他又被调进京城做了御史中丞、侍中廷尉。听到君父死了，臣子应该为他辩护，等到士人被封为侯，他的妻子就不能被改嫁了，这是钟毓所首创的。

原文

正元中，毌丘俭、文钦反，毓持节至扬、豫州班行赦令[1]，告谕士民[2]，还为尚书。诸葛诞反，大将军司马文王议自诣寿春讨诞。会吴大将孙壹率众降[3]，或以为"吴新有衅，必不能复出军。东兵已多，可须后问"。毓以为"夫论事料敌，当以己度人[4]。今诞举淮南之地以与吴国，孙壹所率，口不至千，兵不过三百。吴之所失，盖为无几。若寿春之围未解，而吴国之内转安，未可必其不出也。"大将军曰："善。"遂将毓行。淮南既平，为青州刺史，加后将军，迁都督徐州诸军事，假节[5]，又转都督荆州。景元四年薨，追赠车骑将军，谥曰惠侯。子骏嗣。毓弟会，自有传。

注释

①班：颁布。赦令：减免罪行的命令。②告谕：向民众宣布说明。③会：正好赶上。④以己度人：从自己方面出发猜测别人。⑤假节：持节，古代使臣出使时持节作为凭证，所以叫假节。魏晋以后持节是官名，有权专杀平民。假节，有权利杀违反军令的人。

虎符

虎符是古代皇帝调兵遣将用的兵符，用青铜或者黄金做成伏虎形状的令牌，劈为两半，其中一半交给将帅，另一半由皇帝保存，只有两个虎符同时使用，才可以调兵遣将。

译文

正元年间，毌丘俭、文钦造反，钟毓持符节到扬州、豫州颁布并执行赦免令，他告诉那里的官民。回来的时候担任尚书。诸葛诞造反，大将军司马文王商量着亲自前往寿春讨伐诸葛诞。正巧吴国的大将孙壹带领着部下归降，有的人认为“吴国现在出现了新的矛盾，肯定不会再出兵了。我们东面的军队已经足够多了，可以以后再打算。”。钟毓却认为“处理事情猜测敌人，一定要根据自己的情况去估计情况。现在诸葛诞把淮南的地方都给了吴国，孙壹手下的，只有三百兵力和上千口人。吴国等于没有任何损失。要是寿春的围困还不能解除，吴国的内乱被平息了，他们没准会出兵的。”大将军说：“实在太好了。”于是按照钟毓说的办。淮南被平定后，钟毓担任青州刺史，加封为后将军，提升为都督徐州诸军事，持皇帝节符，又转任荆州都督。景元四年去世，追赠他做车骑将军，谥号为惠侯。儿子钟骏继承爵位。钟毓的弟弟钟会，自己有传。

原文

华歆字子鱼，平原高唐人也。高唐为齐名都，衣冠无不游行市里。歆为吏，休沐出府[1]，则归家阖门[2]。议论持平，终不毁伤人。同郡陶丘洪亦知名，自以明见过歆[3]。时王芬与豪杰谋废灵帝。语在武纪。芬阴呼歆、洪共定计，洪欲行，歆止之曰：“夫废立大事，伊、霍之所难。芬性疏而不武[4]，此必无成，而祸将及族。子其无往！”洪从歆言而止。后芬果败，洪乃服[5]。举孝廉，除郎中，病，去官。灵帝崩，何进辅政，征河南郑泰、颍川荀攸及歆等。歆到，为尚书郎。董卓迁天子长安，歆求出为下邽令，病不行，遂从蓝田至南阳。时袁术在穰，留歆。歆说术使进军讨卓，术不能用。歆欲弃去，会天子使太傅马日磾安集关东，日磾辟歆为掾。东至徐州，诏即拜歆豫章太守，以为政清静不烦，吏民感而爱之。孙策略地江东，歆知策善用兵，乃幅巾奉迎。策以其长者，待

三国玉兽

玉是在世界各地都很受欢迎的一种宝石分类。中国是玉器的生产国之一。上图是三国时期的一件玉兽，线条简单，但不失美观。

以上宾之礼。后策死。太祖在官渡，表天子征歆。孙权欲不遣，歆谓权曰："将军奉王命，始交好曹公，分义未固，使仆得为将军效心，岂不有益乎？今空留仆，是为养无用之物，非将军之良计也。"权悦，乃遣歆。宾客旧人送之者千馀人，赠遗数百金。歆皆无所拒，密各题识，至临去，悉聚诸物，谓诸宾客曰："本无拒诸君之心，而所受遂多。念单车远行，将以怀璧为罪，愿宾客为之计。"众乃各留所赠，而服其德。

注释

①休沐：休息沐浴，是古代官吏的例假。②阖门：关上大门。③明见：才智见识。④疏：放纵，不拘小节。武：勇武。⑤服：信服。

译文

华歆字子鱼，是平原高唐人。高唐是齐国的名都，士大夫没有不到市里交游的。华歆那时候是官吏，正赶上休假走出官府，回到家里就把门关起来。他议论人都很公平，始终都不中伤别人。同郡的陶丘洪也很有名声，他自以为自己的见识比华歆高明。这时候，王芬和地方的豪强势力打算联合起来废除灵帝。这些在《武纪》中有记载。王芬暗地里召唤华歆、陶丘洪一起去商量大计，陶丘洪想去，华歆阻止他说："废立是国家的大事，伊尹、霍光对这都感到为难。王芬这个人的本性就放纵，但是他不勇武，这样做肯定不会成功的，而且会给三族带来祸患。你千万不要去啊！"陶丘洪听从了华歆的话没有去。后来王芬果然事情败露，陶丘洪于是才服了华歆。华歆被举荐为孝廉，授予他郎中的官职，后来因为生病就辞官回家了。灵帝去世后，何进辅佐朝政，征召河南的郑泰、颍川的荀攸和华歆等。华歆到任，担任尚书郎。董卓把天子迁移到长安，华歆要求出任为下邽令，由于得了疾病不能到任，于是就从蓝田到了南阳。这时候，袁术在穰县，扣留了华歆。华歆劝说袁术，让他进军讨伐董卓，袁术不听他的。华歆想逃跑离开他，正赶上天子派太傅马日磾到关东聚会，日磾任命华歆为掾。向东行到了徐州，下诏任命华歆为豫章太守，由于他处理政事很清廉并且不害怕麻烦，那里的官吏和百姓都很爱戴他。孙策占领了江东地区，华歆知道孙策擅长用兵打仗，于是头上缠上了幅巾前去迎接他。孙策认为他是长辈，所以用上宾的礼节接待了他。后来孙策死了。太祖驻守在官渡，上表给天子请求征召华歆。孙权却不想放他走，华歆对孙权说："将军要尊奉王命，应该和曹公建立好的交情，现在情谊还不牢固，让我给您效力，难道不好吗？如果您现在留下我，就好比是养着一个没有用处的东西，这不是将军的好的计策。"孙权听了很高兴，于是让华歆走了。宾客旧人为他送行的达上千人，送给他盘缠好几百金。华歆都收下了，在上面暗中做了记号，等到要走的时候，把所收到的礼金都放在一起，对宾客说："我不是有意拒绝你们的心意的，所以我接受的就很多。想着我要驾着单车走那么远的路，就会怀着美玉导致祸患，希望宾客们为我考虑。"于是宾客把送给他的东西都收回了，暗地里很佩服他的人格。

原文

歆至，拜议郎[1]，参司空军事，入为尚书，转侍中，代荀彧为尚书令。太祖征孙权，表歆为军师。魏国既建，为御史大夫。文帝即王位，拜相国，封安乐乡侯。及践阼[2]，改为司徒。歆素清贫，禄赐以振施亲戚故人，家无担石之储。公卿尝并赐没入生口，唯歆出而嫁之。帝叹息，下诏曰："司徒，国之俊老，所与和阴阳理庶事也[3]。今大官重膳，而司徒蔬食，甚无谓也。"特赐御衣，及为其妻子男女皆作衣服。三府议："举孝廉，本以德行，不复限以试经。"歆以为"丧乱以来，六籍堕废，当务存立，以崇王道[4]。夫制法者，所以经盛衰[5]。今听孝廉不以经试，恐学业遂从此而废。若有秀异，可特征用。患于无其人，何患不得哉？"帝从其言。

注释

①议郎：官名。西汉设置的。掌管顾问应对，属光禄勋。②践阼：登上皇位。③阴阳：这里指表里。庶事：众多的事物。④崇：尊崇，推崇。⑤经：治理。盛衰：此处是指衰势。

译文

等到华歆来了，皇帝授予他议郎的官职，参预司空军事，后来入朝担任尚书，转任侍中，代荀彧担任尚书令。太祖征讨孙权，上表请求让华歆担任他的军师。魏国建立后，华歆担任御史大夫。文帝登上王位后，拜他做相国，封安乐乡侯。等到登上皇位后，改任为司徒。华歆一直都很清贫，他的俸禄都分给了他的族人和老朋友了，家里连一担米的储蓄都没有。公卿都曾经接受赏赐来的没入官府的仆人，只有华歆把她们嫁了出去。文帝赞叹很久，他下诏说："司徒，是国家的良材，是辅佐国家协调内外、治理各种事物的人。现在大臣们都有丰盛的膳食，只有司徒吃粗茶淡饭，真是不合理啊。”于是特意赏赐给他御衣，还为他的妻子儿女都制作了衣服。三公官府讨论决定：“推举孝廉，本来只根据道德行为的标准，不再用考经典来限制了。”华歆认为“自从战乱以来，六经都已经散落了，现在最急着要干的是恢复、保存它们，用来推崇王道。至于制定法令，是用来治理衰世。现在我听说举荐孝廉不需要靠经试，学业恐怕从此就荒废了吧。要是有十分优秀的，也可以特别征召他们。最害怕的是没有这种人，有什么好担心得不到这种人才呢？”文帝听从了他的话。

原文

黄初中，诏公卿举独行君子[1]，歆举管宁，帝以安车征之[2]。明帝即位，进封博平侯，增邑五百户，并前千三百户，转拜太尉。歆称病乞退，让位于宁。帝不许。临当大会，乃遣散骑常侍缪袭奉诏喻指曰[3]：“朕新莅庶事，一日万几，惧听断之不明。赖有德之臣，左右朕躬[4]，而君屡以疾辞位。夫量主择君，不居其朝，委荣弃禄，不究其位，古人固有之矣，顾以为周公、

周公祈祷成王病愈

明帝希望管宁能够像周公、伊尹那样，在朝中辅佐他，而不是为了保持自身好的品德，坚持好的操守而不求职位。因此，明帝不同意管宁称病离朝。

伊尹则不然[5]。絜身徇节，常人为之，不望之于君。君其力疾就会，以惠予一人。将立席几筵，命百官总己，以须君到，朕然后御坐。”又诏袭：“须歆必起，乃还。”歆不得已，乃起。

注释

①独行：指志节高尚，不随俗沉浮。②征：征召。③喻：说明旨意。④左右：帮助，辅佐。⑤不然：不这样。

译文

黄初年间，皇帝下诏给公卿们让他们举荐志节行为高尚的人，华歆举荐管宁，皇帝用安车征召他。明帝即位后，进封华歆为博平侯，为他增加食邑五百户加上以前的一共是一千三百户，后来转任为太尉。华歆称病请求退休，把职位让给管宁。明帝不同意。到了召开群臣朝见的大会时，明帝就派散骑常侍缪袭奉诏书，说明皇上的旨意：“朕最近亲自来处理政务，每天都很繁忙，我很害怕处理不当。幸亏有才德很高的大臣，在我的身边辅佐我，但是您却屡次称有疾病要求辞官。您多想想君主，不去朝廷供职，不要荣誉和俸禄，不求职位，古代就有很多这样的人，但是我认为周公、伊尹就不这样。保持自身好的品德，坚持好的操守，这是普通人做的，我不希望您这样做。您应该继续带着病坚持上朝参加朝政，来帮助我。朕将站在筵桌旁，命令百官回到自己的职位上，我等到您来之后，朕才就座。”还命令缪袭说：“一定等到华歆起身来你才能回来。”华歆不得已，于是起身前去了。

原文

太和中，遣曹真从子午道伐蜀[1]，车驾东幸许昌。歆上疏曰：“兵乱以来，过逾二纪。大魏承天受命[2]，陛下以圣德当成康之隆[3]，宜弘一代之治[4]，绍三王之迹。虽有二贼负险延命[5]，苟圣化日跻，远人怀德，将襁负而至。夫兵不得已而用之，故戢而时动。臣诚愿陛下先留心于治道，以征伐为后事。且千里运粮，非用兵之利；越险深入，无独克之功。如闻今年征役，颇失农桑之业。为国者以民为基，民以衣食为本。使中国无饥寒之患，百姓无离土之心，则天下幸甚，二贼之衅，可坐而待也。臣备位宰相，老病日笃，犬马之命将尽，恐不复奉望銮盖，不敢不竭臣子之怀，唯陛下裁察！”帝报曰：“君深虑国计，朕甚嘉之。贼凭恃山川，二祖劳于前世，犹不克平，朕岂敢自多，谓必灭之哉！诸将以为不一探取，无由自弊，是以观兵以窥其衅。若天时未至，周武还师，乃前事之鉴，朕敬不忘所戒。”

时秋大雨，诏真引军还。太和五年，歆薨，谥曰敬侯。子表嗣。初，文帝分歆户邑，封歆弟缉列侯。表，咸熙中为尚书。

注释

①子午道：古代的隘道名。汉平帝元始五年开辟的从关中到汉中的通道。②纪：世。③成康之隆：指周成王和康王时代的兴隆。儒家宣扬“成康之道”。④宜：应当。弘：弘扬。⑤延命：苟延残喘。

译文

太和年间，明帝派曹真从子午道去讨伐蜀国，明帝向东到了许昌。华歆上疏说：“自从动乱以来，已经超过两代了。大魏承受天命，陛下您凭着圣德处于周成王、康王的兴隆的时候，应该发扬这一代的政绩，继承三王的路线。现在虽然还有这两个逆贼还在奋力反抗，如果您的圣明教化一天天好起来，那么就能使远方的人怀念您的恩德，会背着小孩来归顺您。兵是不得已才用的，聚集起来的原因是必要的时候才用的。臣真心希望陛下先治理国家，把征伐的事放一放。并且路经千里运送粮食，这对用兵也是不利的；而且要经过很多艰险的地方，不会建立独胜的战功的。要是百姓听到今年要征兵的消息，就不会专心干农桑了。治国的都是把民看做基础的，百姓以衣食为根本。要是能让中国没有饥寒的忧患，百姓没有离开故土的心，那么天下的人就很幸运了，这两个逆贼虽然在挑衅，咱们可以坐在家里等待着他们。臣现在霸占着宰相的职位，而且年老病重，我为您效力的时候也到了，恐怕不能再侍奉您了，不敢不尽我的能力，希望陛下能够慎重考虑！”明帝回答他说：“您忧虑国家的大计，朕非常高兴。但是逆贼凭借着山川，二祖在前世已经操劳了，还没有把他们平定了，朕哪里敢自夸啊，我认为一定可以消灭他们！将领们认为不去试一下的话，他们就不可能自行衰退，所以观察敌军是窥探他们的。要是时机还不到的话，那么从前周武王撤军的事，就是我们的前鉴，朕是不敢忘记警戒自己的。”这时正赶上秋季的大雨，于是下诏给曹真带领军队回来了。太和五年，华

子午道

子午道是古代长安通往汉中、安康及巴蜀的驿道。因穿越子午谷，且从长安南行开始的一段路的方向是正南北向的而得名，此道开辟于秦代。

歆去世，谥号为敬侯。他的儿子华表继承了爵位。起初，文帝从华歆的户邑中分出一部分，封给了华歆的弟弟华缉，封他做列侯。华表在咸熙年间担任尚书。

海屋沾筹图

随着航海技术及造船技术的进步，三国时期，海上航行已经较为普遍。三国时东吴的孙权就曾派卫温、诸葛直渡海去夷洲。

原文

王朗字景兴，东海郯人也。以通经，拜郎中，除菑丘长。师太尉杨赐，赐薨，弃官行服[1]。举孝廉，辟公府，不应。徐州刺史陶谦察朗茂才。时汉帝在长安，关东兵起，朗为谦治中，与别驾赵昱等说谦曰："《春秋》之义，求诸侯莫如勤王[2]。今天子越在西京，宜遣使奉承王命[3]。"谦乃遣昱奉章至长安。天子嘉其意，拜谦安东将军。以昱为广陵太守，朗会稽太守。孙策渡江略地。朗功曹虞翻以为力不能拒，不如避之。朗自以身为汉吏，宜保城邑，遂举兵与策战，败绩[4]，浮海至东冶。策又追击，大破之。朗乃诣策。策以朗儒雅，诘让而不害[5]。虽流移穷困，朝不谋夕，而收恤亲旧，分多割少，行义甚著。

注释

①行服：服丧，守孝。②勤王：为帝王的事情效力。③奉承：接受，承接。④败绩：打了败仗。⑤诘让：责备。

译文

王朗字景兴，是东海郯人。他很通晓经学，皇上授予他郎中的官职，任命他做菑丘长。他拜太尉杨赐为老师，杨赐死后，他辞掉官职为老师穿孝守丧。后来他被举荐为孝廉，征召进了公府，他坚决不应征。徐州刺史陶谦察举王朗为茂才。这时后汉帝正在长安，关东发生了战事，王朗被任命为谦治中，他和别驾赵昱等劝说陶谦说："按照《春秋》的义理，要想当诸侯都不如为皇上效力。现在天子远在西京，应该立即派使者前去接受帝王的命令。"陶谦于是派赵昱拿着奏章到了长安。天子夸奖了他的心意，授予陶谦安东将军的官职。任命赵昱担任广陵太守，王朗担任会稽太守。孙策这时候渡过长江侵略土地。王朗的功曹虞翻认为依靠他们的力量不能和孙权抗衡，还不如避开他，不和孙权交战。王朗认为自己是汉朝的官吏，就应该尽自己的力量保全城邑，于是带领军队和孙策交战，但是打了败仗，通过海路到达了东冶。孙策又继续追击他，把王朗彻底打败了。王朗于是拜见孙策。孙策认为王朗人长得很儒雅，责备他但是不伤害他。王朗虽然流离国外，非常穷困，吃了上顿没下顿，可是他却尽自己的能力收容、抚恤他的亲友，分多割少，他的操行和道义特别显著。

原文

太祖表征之，朗自曲阿展转江海，积年乃至。拜谏议大夫，参司空军事。魏国初建，以军祭酒领魏郡太守，迁少府、奉常、大理。务在宽恕，罪疑从轻。钟繇明察当法，俱以治狱见称。

文帝即王位，迁御史大夫，封安陵亭侯。上疏劝育民省刑曰："兵起已来三十馀年，四海荡覆，万国殄瘁[1]。赖先王芟除寇贼[2]，扶育孤弱，遂令华夏复有纲纪[3]。鸠集兆民[4]，于兹魏土，使封鄙之内[5]，鸡鸣狗吠，达于四境，蒸庶欣欣，喜遇升平。今远方之寇未宾，兵戎之役未息，诚令复除足以怀远人，良宰足以宣德泽，阡陌咸修，四民殷炽，必复过于曩时而

伏羲八卦图

《易经》是一本关于"卜筮"之书。"卜筮"就是对未来事态的发展进行预测，而《易经》便是总结这些预测的规律的理论书籍。

富于平日矣。《易》称敕法，《书》著祥刑，一人有庆，兆民赖之，慎法狱之谓也。昔曹相国以狱市为寄，路温舒疾治狱之吏。夫治狱者得其情，则无冤死之囚；丁壮者得尽地力，则无饥馑之民；穷老者得仰食仓廪，则无馁饿之殍；嫁娶以时，则男女无怨旷之恨；胎养必全，则孕者无自伤之哀；新生必复，则孩者无不育之累；壮而后役，则幼者无离家之思；二毛不戎，则老者无顿伏之患。医药以疗其疾，宽繇以乐其业，威罚以抑其强，恩仁以济其弱，赈贷以赡其乏。十年之后，既笄者必盈巷。二十年之后，胜兵者必满野矣。”

注释

①殄瘁：痛苦。②芟除：芟除杂草，引申为除掉。③纲纪：国家法律纪律。④鸠集：聚集。兆民：万民。⑤封鄙：疆域。鄙：边远地区。

译文

太祖上表征召王朗，王朗从曲阿辗转很多江河湖泊，用了一年的时间才到达。他被授予为谏议大夫，参与司空军事。魏国刚刚建国，王朗以军祭酒的身份兼任魏郡太守，后来被提升为少府、奉常、大理。他办案讲究最大宽恕罪行，难以决断时就从轻处理。钟繇明察当时的法令，他们两个都是靠治理诉讼案件被称颂的。

文帝即王位，提升王朗担任御史大夫，封他做安陵亭侯。王朗上疏劝谏文帝要养育百姓，减轻刑罚。他说：“自从发生战事已经快三十余年了，全国各地动荡不安，各个诸侯国都遭受苦难。依靠先王清除贼寇，扶育孤寡老弱，使国家有了法度。把百姓聚集到魏国的土地上，让我们的疆域之内，鸡鸣狗叫的声音传到四方去，百姓生活快快乐乐，都很高兴赶上了好年代。现在远方的贼寇还没有被平定，战争还没有停止，应该下令免除赋税和徭役，这样的话就能让远方的人信服，想归顺我们，有才德的官员能够宣扬您的恩德，把农田都修治好，使百姓生活富裕，士农工商富裕兴旺。《易经》上提倡整顿法令，《尚书》提倡用适当的刑罚，天子一个人做了好事，那么全民就会得到幸福，这是说要谨慎恰当地实行法律。从前曹相国把断案交给了后来的继承人，路温舒痛恨管理刑狱的官吏。执法的人能够知道真实的情况，那么就不会有冤死在狱中的人了；那些年轻身壮的人，要是能使出自己的力气，那么就不会有挨饿的人了；要是那些老人能够得到粮仓供应的粮食，那么就不会有饿死的人了；嫁娶能够及时的话，那么就不会有男子娶不到媳妇和女子找不到婆家的怨恨了；要是胎儿得到健全的保养，那么孕妇就不会有自己伤痛的悲哀了；新生的孩子能够得到好的养育，那么就没有养育不好孩子的忧患了；先让他们长大成人了之后再让他们服役，那么就不会有少年时就离开家的思念了；头发白了的老人不服兵役，那么老人就没有困顿摔倒的忧虑了。要是得病能够及时就医，放宽徭役让百姓能够安居乐业，用严厉的刑罚来惩罚强暴，对弱小的施加恩惠，当他们困乏的时候救济他们。这样做十年之后，成年的妇女一定满大街都有。二十年之后，能够服兵役的人一定充满原野的。

原文

及文帝践阼，改为司空，进封乐平乡侯。时帝颇出游猎，或昏夜还宫。朗上疏曰："夫帝王之居，外则饰周卫①，内则重禁门②，将行则设兵而后出幄③，称警而后践墀④，张弧而后登舆⑤，清道而后奉引，遮列而后转毂，静室而后息驾，皆所以显至尊，务戒慎，垂法教也。近日车驾出临捕虎，日昃而行，及昏而反，违警跸之常法，非万乘之至慎也。"帝报曰："览表，虽魏绛称虞箴以讽晋悼，相如陈猛兽以戒汉武，未足以喻。方今二寇未殄，将帅远征，故时入原野以习戎备。至于夜还之戒，已诏有司施行。"

注释

①周卫：警卫严密。②禁门：宫门。③幄：帷帐。④墀：宫殿的台阶。⑤弧：张开。

译文

等到魏文帝登上了皇位，王朗改任为司空，进封乐平乡侯。当时文帝经常外出游猎，有时候到天黑了才回到宫里。王朗上疏说："帝王的宫室，在外面都布置了周密的警卫，在里面设置了很多道门禁，打算外出的时候应该先派卫兵然后才从帷帐中出来，布置好了警卫然后才从殿阶上走下来，等到侍卫拉开弓才能上车，把道路清理之后才能引导着马车往前走，掩蔽好皇上的车驾之后才能够发车，居室清理干净之后皇上才能够休息，这一切都是

百子嬉春图

在中国的古代，人口的多寡对于一个国家来说很重要。因为人口代表着劳动力，在劳动力密集的古代农业社会，人口决定着生产力。

为了显示皇上的至高无上。尽量谨慎地去戒备。给后人留下可以效法的典范。现在皇上出去捕捉老虎，太阳过了中午才出发，等到天黑了才回来。违背了帝王出行的规定，不符合皇上应该高度谨慎的规定。”文帝回答说：“看到了你上的表之后，即使是魏绛称引虞箴来讽谏晋悼帝，司马相如陈述猛兽来劝谏汉武帝，也赶不上你这样让人明白。现在这两个逆贼还没有被除掉，将帅们还在远方征战，所以有时候会到原野上练习战备。至于夜里回来时的警戒，已经按你说的去办了。”

原文

初，建安末，孙权始遣使称藩①，而与刘备交兵②。诏议“当兴师与吴并取蜀不？”朗议曰：“天子之军，重于华、岱，诚宜坐曜天威③，不动若山。假使权亲与蜀贼相持，搏战旷日，智均力敌，兵不速决，当须军兴以成其势者，然后宜选持重之将④，承寇贼之要⑤，相时而后动，择地而后行，一举更无馀事。今权之师未动，则助吴之军无为先征。且雨水方盛，非行军动众之时。”帝纳其计。黄初中，鹈鹕集灵芝池，诏公卿举独行君子。朗荐光禄大夫杨彪，且称疾，让位于彪。帝乃为彪置吏卒，位次三公。诏曰：“朕求贤于君而未得，君乃翻然称疾，非徒不得贤，更开失贤之路，增玉铉之倾。无乃居其室出其言不善，见违于君子乎！君其勿有后辞。”朗乃起。

注释

①藩：藩国。②交兵：交战，作战。③曜：显示。④持重：沉稳，稳重。⑤要：要害。

译文

当初，建安末年，孙权开始派人到魏国称自己是属国，并且和刘备作战。皇上下诏议论“应不应该出兵和吴国一起攻打蜀国？”王朗商议道：“天子的军队，应该比华山、泰山还要稳重，应该像大山一样不动。要是孙权亲自和蜀国交战，并且长时间交战，他们的智力和实力相当，而且战争不能迅速解决，等到我们动用大军来安定大局的时候，才可以选用稳重的将领，打中寇贼要害的地

泰山

泰山位于华北大平原边上的齐鲁古国，同衡山、恒山、华山、嵩山合称五岳，因地处东部，故称东岳。杜甫曾盛赞其“会当凌绝顶，一览众山小”。

方，还要等待时机，选择好的地形之后，只要一动兵就能控制了大局。现在孙权还没有出动军队，那么援助吴国的军队也就没有必要先打了。现在的雨多并且非常大，也不是行军动众的好时机。”文帝采纳了王朗的计谋。黄初年，鹈鹕在灵芝池聚集，文帝下诏要求公卿们举荐志节行为高尚的人。王朗举荐光禄大夫杨彪，并且借口说自己有病，想把职位让给杨彪。文帝于是给杨彪安排了官吏士卒，地位仅次于三公。下诏说：“朕向您寻求有才德的人没有求到，您却说有病，我不但没有得到有贤德的人，现在却反而失去了贤才，增加了玉铉倾倒的忧虑啊。是不是我在宫里说您坏话了，违背了您的心意了！您还是不要辞官了。”王朗于是起身出发。

原文

孙权欲遣子登入侍，不至。是时车驾徙许昌，大兴屯田，欲举军东征。朗上疏曰：“昔南越守善，婴齐入侍，遂为冢嗣，还君其国。康居骄黠，情不副辞，都护奏议以为宜遣侍子①，以黜无礼。且吴濞之祸，萌于子入②，隗嚣之叛，亦不顾子③。往者闻权有遣子之言而未至，今六军戒严④，臣恐舆人未畅圣旨⑤，当谓国家愠于登之逋留，是以为之兴师。设师行而登乃至，则为所动者至大，所致者至细，犹未足以为庆。设其傲狠，殊无入志，惧彼舆论之未畅者，并怀伊邑。臣愚以为宜敕别征诸将，各明奉禁令，以慎守所部。外曜烈威，内广耕稼，使泊然若山，澹然若渊，势不可动，计不可测。”是时，帝以成军遂行，权子不至，车驾临江而还。

注释

①侍子：古代诸侯或者属官的国君派遣入宫侍奉皇帝的儿子。②萌：萌发。开始。③顾：顾念。④戒严：戒备森严。⑤畅：明白，知道。

译文

孙权想派他的儿子孙登入宫侍奉文帝，没有到达。这时候文帝已经起身回到了许昌，他大力鼓励垦田，并且打算带领军队东征。王朗上疏说：“从前的南越王坚持做善事，婴齐前来侍奉他，他被立为太子，等他回国就做了皇帝治理国家去了。康居王为人很狡猾傲慢，说一套做一套，都护奏议应当派遣侍子进朝，来惩罚他的无礼。更何况吴濞的祸患，是由于他儿子入侍引发的，隗嚣的叛乱，也不顾及他的儿子。以前我听说过孙权打算派他的儿子入侍的传言，但是没有到达，现在六军戒备森严，臣恐怕众人不明白您的心意，会说国家是由于恼怒孙登拖延时间，所以才对吴国出兵的。要是我们派兵了，孙登这时候到了，那么做出的行动极大，所收到的效果是很小的，这不值得庆幸。如果孙权非常傲慢，没有派他儿子来入侍的想法，我担心那些不明白您心意的人肯定很不畅快。臣认为还是分别命令出征的将领，各自严明地奉行禁令，小心地收住自己的部下。对外显示我们强大的武力，对内扩大耕种面积，使将士们坦然对待，就像深潭一样平静，威势不可动摇，计谋不可被猜测出来。”但是这时候，文帝已经集合了军队了，孙权的儿子没有到达，文帝到了长江边又返回来了。

原文

明帝即位，进封兰陵侯，增邑五百，并前千二百户。使至邺省文昭皇后陵，见百姓或有不足。是时方营修宫室，朗上疏曰：“陛下即位已来，恩诏屡布，百姓万民莫不欣欣。臣顷奉使北行[1]，往反道路，闻众徭役，其可得蠲除省减者甚多[2]。愿陛下重留日昃之听[3]，以计制寇。昔大禹将欲拯天下之大患[4]，故乃先卑其宫室，俭其衣食，用能尽有九州[5]，弼成五服。勾践欲广其御儿之疆，馘夫差于姑苏，故亦约其身以及家，俭其家以施国，用能囊括五湖，席卷三江，取威中国，定霸华夏。汉之文、景亦欲恢弘祖业，增崇洪绪，故能割意于百金之台，昭俭于弋绨之服，内减太官而不受贡献，外省徭赋而务农桑，用能号称升平，几致刑错。孝武之所以能奋其军势，拓其外境，诚因祖考畜积素足，故能遂成大功。霍去病，中才之将，犹以匈奴未灭，不治第宅。明恤远者略近，事外者简内。自汉之初及其中兴，皆于金革略寝之后，然后凤阙猥阅，德阳并起。今当建始之前足用列朝会，崇华之后足用序内官，华林、天渊足用展游宴，若且先成闾阖之象魏，使足用列远人之朝贡者，修城池，使足用绝逾越，成国险，其馀一切，且须丰年。一以勤耕农为务，习戎备为事，则国无怨旷，户口滋息，民充兵强，而寇戎不宾，缉熙不足，未之有也。”转为司徒。

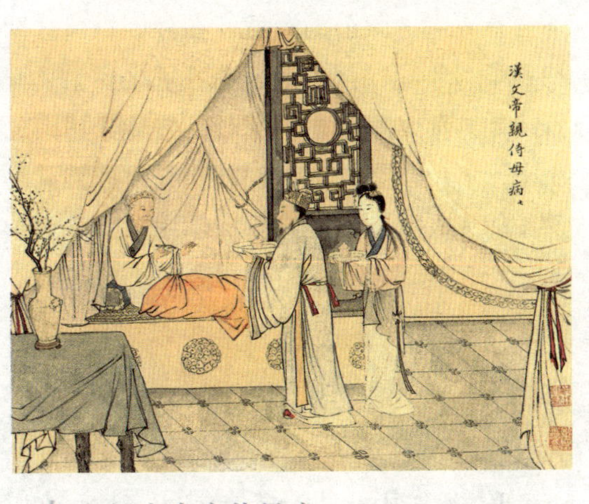

汉文帝亲侍母病

汉文帝刘恒不仅是一位好皇帝，也是一个大孝子。他对生母薄氏孝顺至极。薄氏生病卧床三年，汉武帝一有时间就去探望，亲自尝药。

注释

①顷：近来。②蠲：除去，免除。③日昃：太阳到中午就要偏斜，比喻事物发展到一定的程度就会向相反的方向发展了。④大患：大的灾难。⑤进有：全部占有。

译文

明帝即位，进封王朗为兰陵侯，增加食邑五百户，合计以前的一共是一千二百户。并派他到邺城去查看文昭皇后的陵墓，他看见有的百姓还衣食不足。当时正在修宫室，王朗上疏说："自从陛下即位已来，颁布了很多恩诏，百姓万民都十分欢喜。我近来奉命到了北方，在我去和回来的道路上，一路打听百姓服徭役的事情，我知道那些服徭役的人很多都可以减轻或者免除的。希望陛下能够视日中就昃的说法，用计策胜敌人。从前大禹想把百姓从祸患中解救出来，由于先是住在低矮的房子里，节衣缩食，靠自己的智谋占有了九州，辅佐形成五服。勾践想扩大他所统治的疆土，在姑苏把夫差杀了，也能约束自己和家人，能使全国都节俭，因此他能够占领五湖，拥有三江，在中原取得威望，称霸华夏。汉朝的文帝、景帝都想恢复祖先的宏伟大业，扩大自己的业绩，所以才不建造耗费百金的露台，减少了宫内太官的人数，不接受贡献，对外减轻徭役，鼓励农桑，所以才能称得上是升平，而且使刑罚几乎不被用到。汉武帝的军事优势之所以那么大，能够开拓疆域，那是因为祖先留下来的基业，所以才能成就大事业。霍去病，是中等才能的大将，还想到匈奴还没有被消灭，不能建造宅第。这说明打算长远的人一定不会首先考虑眼前的利益。在外面想建立功业的人一定要先做到内部俭省。从汉初到中兴年间，都是战争消除了之后，才开始修建宫殿和宗庙的。可是现在正在修建始殿前足用来举行朝会，修建崇华殿的后足用来安排内官，华林、天渊足够用来开展游乐宴饮的了，现在先建成阊阖的象魏，使它能够安置下遥远地区前来朝贡的人，城池，使它们能够用来禁绝攀越就够了，成为皇宫的险要结构，其馀的一切，等到丰年的时候再办吧。现在要以勤耕和备军为根本的事务，那么国家就没有什么怨言了，户口也就增多了，民多兵强，要是这样贼寇还不归顺，百姓还不和乐，那是不可能的。"转任他为司徒。

原文

时屡失皇子，而后宫就馆者少，朗上疏曰："昔周文十五而有武王，遂享十子之祚，以广诸姬之胤[1]。武王既老而生成王，成王是以鲜于兄弟[2]。此二王者，各树圣德，无以相过，比其子孙之祚，则不相如[3]。盖生育有早晚，所产有众寡也。陛下既德祚兼彼二圣，春秋高于姬文育武

之时矣[4]，而子发未举于椒兰之奥房[5]，藩王未繁于掖庭之众室。以成王为喻，虽未为晚，取譬伯邑，则不为夙。《周礼》六宫内官百二十人，而诸经常说，咸以十二为限，至于秦汉之末，或以千百为数矣。然虽弥猥，而就时于吉馆者或甚鲜，明'百斯男'之本，诚在于一意，不但在于务广也。老臣偻偻，愿国家同祚于轩辕之五五，而未及周文之二五，用为伊邑。且少小常苦被褥泰温，泰温则不能便柔肤弱体，是以难可防护，而易用感慨。若常令少小之缊袍，不至于甚厚，则必咸保金石之性，而比寿于南山矣。"帝报曰："夫忠至者辞笃，爱重者言深。君既劳思虑，又手笔将顺，三复德音，欣然无量。朕继嗣未立，以为君忧，钦纳至言，思闻良规。"朗著《易》、《春秋》、《孝经》、《周官传》，奏议论记，咸传于世。太和二年薨，谥曰成侯。子肃嗣。初，文帝分朗户邑，封一子列侯，朗乞封兄子详。

周文王发粟图

古代人非常重视子嗣的传承。周文王十五就生了武王，于是有十个儿子的福气，使姬姓的后代增加了。人们认为这是有福之事。

注释

①胤：后代。②鲜：少。③相如：相比较，相等。④春秋：年龄。⑤奥房：指后妃居住的地方。

译文

当时出现了很多次皇子夭折的情况，可是后宫中和皇上共寝的人很少，王朗上疏说："从前周文十五就生了武王，于是有十个儿子的福气，使姬姓的后代增加了。武王老了的时候才有成王，成王的兄弟就很少。这两位帝王，都树立了大德，没有人能比得过他们，但是拿他们子孙的福气相比，就不一样了。因此生育有早晚，所生的孩子的个数也不一样。陛下的仁德和他们一样，年龄比文王生武王的时候要大，但是后宫中还没有皇子出生，藩王在妃嫔的宫室中也生得不多。现在拿成王相比还不是很晚，但是拿伯邑，那就不早了。《周礼》中记载六宫中有内官一百二十人，而且经文中常说，都以十二为限度，至于到了秦汉的末年，妃嫔就达到了成千上百了。虽然妃嫔的人数多，可是能够侍寝的并不多，说明'多子'的根本，的确在于只专心一人，不在于多。老臣诚心诚意希望您的福祚能像轩辕那样有二十五个儿子，如果没赶上周文王那样有十个儿子，我会忧虑。并且小孩常常由于被褥太暖和，会让身体长得很柔弱，因此难以保护，常常让人感叹。要是让小孩的温袍不至于太暖和，不至于太厚，那么就能保住金石般的体质，寿命就会像南山一样长。"文帝回复他说："你的心意很忠诚，言语也很恳切，仁爱深重的人语言真切。你很善于思考，而且又亲自提笔上书顺势助成君王的美德，你三次上书了，我非常高兴。我的继承人还没有确立，你为这事忧虑。我很愿意接受你的劝告，愿意听到你劝告的话。"王朗著《易经》、《春秋》、《孝经》、《周官传》，奏议论记，在后世都有流传。太和二年王朗去世，谥号为成侯。他的儿子王肃继承了爵位。当初，文帝把王朗的户邑，分了一部分封给他的儿子为列侯，王朗请求封他的兄弟的儿子王详。

原文

肃字子雍。年十八，从宋忠读太玄，而更为之解。黄初中，为散骑黄门侍郎。太和三年，拜散骑常侍。四年，大司马曹真征蜀，肃上疏曰："前志有之，'千里馈粮，士有饥色，樵苏后爨，师不宿饱[1]'，此谓平涂之行军者也。又况于深入阻险，凿路而前，则其为劳必相百也。今又加之以霖雨[2]，山坂峻滑[3]，众逼而不展，粮县而难继[4]，实行军者之大忌也。闻曹真发已逾月而行裁半谷[5]，治道功夫，战士悉作。是贼偏得以逸而待劳，乃兵家之所惮也。言之前代，则武王伐纣，出关而复还；论之近事，则武、文征权，临江而不济。岂非所谓顺天知时，通于权变者哉！兆民知圣上以水雨艰剧之故，休而息之，后日有衅，乘而用之，则所谓'悦以犯难，民忘其死者矣。'"于是遂罢。又上疏："宜遵旧礼，为大臣发哀，荐果宗庙。"事皆施行。又上疏陈政本曰："除无事之位，损不急之禄，止浮食之费，并从容之官；使官必有职，职任其事，事必受禄，禄代其耕，乃往古之常式，当今之所宜也。官寡而禄厚，则公家之费鲜，进仕之志劝。各展才力，莫相倚仗。敷奏以言，明试以功，能之与否，简在帝心。是以唐、虞之设官分职，申命公卿，各以其事，然后惟龙为纳言，犹今尚书也，以出内帝命而已。夏、殷不可得而详。

“甘誓曰‘六事之人’，明六卿亦典事者也。周官则备矣，五日视朝，公卿大夫并进，而司士辨其位焉。其记曰：‘坐而论道，谓之王公；作而行之，谓之士大夫。’及汉之初，依拟前代，公卿皆亲以事升朝。故高祖躬追反走之周昌，武帝遥可奉奏之汲黯，宣帝使公卿五日一朝，成帝始置尚书五人。自是陵迟，朝礼遂阙。可复五日视朝之仪，使公卿尚书各以事进。废礼复兴，光宣圣绪，诚所谓名美而实厚者也。”

注释

①宿饱：隔夜饱。②霖雨：连绵的大雨。③峻：陡峭。④县：遥远。⑤裁：才。

译文

王肃字子雍。他十八岁的时候，跟随宋忠读太玄，并且能重新自己做解释。黄初年间，担任散骑黄门侍郎。太和三年，授予他散骑常侍。太和四年，大司马曹真征伐蜀国，王肃上疏说：“以前的书上有记载，‘从千里之外运送粮食，士兵脸上就会露出饥饿的神色，等到砍完柴，打完草之后再去煮饭，士兵们晚上就会挨饿’，这就是在平坦的路上行军的情况啊。更何况是深入到道路艰险的地方呢，凿开道路往前走，那么他们肯定会劳累一百倍。现在又下着大雨，山坡那么高而且路又滑，部队拥挤不能前进，粮食又难以到达，这真是用兵的大忌讳。我听说曹真出发已经一个月了，但是只走到子午谷的半道上，开路的事情，战士都能干。但是敌人却在远处以逸待劳，这是兵家最害怕的情况。说到前代，就有武王伐纣，出了关又回来的情况；说到近代的，有武帝、文帝征讨孙权的情况，都已经到达了江边但是不渡江。难道是没有天时的帮助吗？那是因为他们知道孙权善于变化的缘故！百姓知道是因为下雨行军艰难才让他们休息的，以后有机会，能够趁机利用，就会出现百姓高兴地利用，克服困难，民众忘记死亡的情况了。”于是停止了军事行动。又上疏说：“应该遵循过去的礼节，对大臣表示哀思，在宗庙摆上果品祭祀他们。”这些事情明帝都实行了。后来他又上疏陈述政事的根本问题说：“废除那些没用的职位，减少不急需的奉禄，停发靠别人生活的费用，裁减那些办事拖沓的官员；让每个官员都有事情干，任职就要干实事，干了实事就接受俸

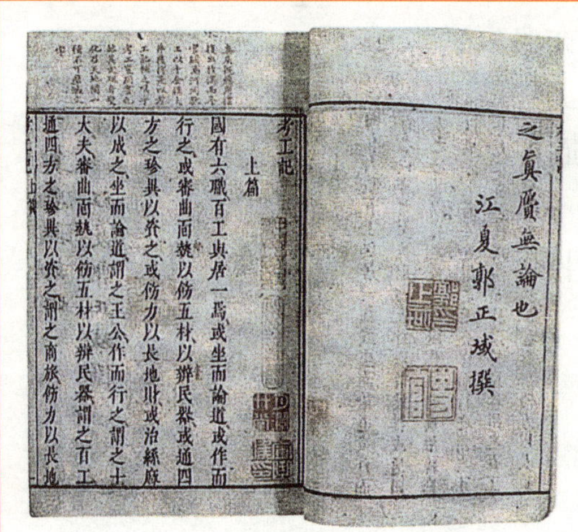
考工記 上篇

國有六職百工與居一焉或坐而論道或作而行之或審曲面埶以飭五材以辨民器或通四方之珍異以資之或飭力以長地財或治絲麻以成之坐而論道謂之王公作而行之謂之士大夫審曲面埶以飭五材以辨民器謂之百工通四方之珍異以資之謂之商旅飭力以長地

之負廣無論也

江夏郭正域撰

● 《考工记》书影

《考工记》是中国目前所见年代最早的手工业技术文献，这部著作记述了齐国官营手工业各个工种的设计规范和制造工艺。

禄，奉禄能够代替耕种，自古以来就是这样的，现在也应该这样。官位少了俸禄就多了，那么国家花费的就少了，这样能够鼓励士人做官。展示他们的才能，而且不相互倚仗。让官员们陈述政绩，然后按他们陈述的再进行考核，这些人谁能使用，您的心里就有数了。因此唐、虞之都设官分职，再次命令公卿，让他们各自干好自己的事情，然后让龙担任喉舌的官，就好比现在的尚书，让他们上传下达皇帝的命令。夏、殷的情况就不那么详细了。

“《甘誓》上说‘六事之人’，说明六卿也是管事的人。周官已经很详备了，每五日就上朝，公卿大夫都一起来，司士就能看出朝臣的位置了。《考工记》上说：‘坐着谈论政事的人，都是王公；具体去办事的人是士大夫。’等到汉朝的初年，按照前代的旧例，公卿都亲自进朝办事。所以高祖亲自追回头就跑的周昌，武帝在远征的时候还能批复汲黯的奏章，宣帝命令公卿每五日上朝一次，成帝开始设置尚书五人。从此以后制度开始衰败了，朝礼也就不全了。可一恢复五日一上朝的礼仪，让公卿尚书上报要办的事情。废除的礼仪要复兴，光宣圣绪，这实在是名声好而且实效多的事情啊！”

原文

青龙中，山阳公薨[1]，汉主也。肃上疏曰：“昔唐禅虞，虞禅夏，皆终三年之丧，然后践天子之尊。是以帝号无亏，君礼犹存。今山阳公承顺天命，允答民望，进禅大魏，退处宾位。公之奉魏，不敢不尽节。魏之待公，优崇而不臣。既至其薨，榇敛之制[2]，舆徒之饰[3]，皆同之于王者，是故远近归仁，以为盛美。且汉总帝皇之号，号曰皇帝。有别称帝，无别称皇，则皇是其差轻者也[4]。故当高祖之时，土无二王，其父见在而使称皇，明非二王之嫌也。况今以赠终，可使称皇以配其谥。”明帝不从，使称皇，乃追谥曰汉孝献皇帝。

注释

①山阳公：即汉献帝刘协。曹丕取代汉朝称帝后，汉献帝被废，做了山阳公。②棕敛：给尸体穿上衣服放进棺材里。敛，通“殓”。③舆徒：运送灵车的车子和护送灵车的仆役。④别：分出，分开。差：等第，等级。

译文

青龙年间，山阳公去世了，山阳公也就是汉朝的皇帝。王肃上疏说：“以前的唐尧把君位禅让给虞，虞又禅让给夏启，都是守完了三年的丧，然后才登上了天子的位置。因此帝号没有改变，原先的君主的礼仪制度还是存在的。现在山阳公承接上天的命令，顺应百姓的愿望把王位禅让给大魏，自己退处在宾客的位置上。您现在侍奉魏国，不能不尽礼节。魏国国君对待您，也还是很尊崇您不称臣。他逝世以后葬殓的礼节，灵车的装饰，都按照帝王的标准，因此远近的人都很归顺仁德，他们都认为这是很美好的事情。并且汉朝拥有帝号和皇号，叫做皇帝。这和称呼帝和单独称呼皇是有区别的，因为皇的帝级比帝轻一些。因此汉高祖的时候，国土上就没有两个帝王，要是父亲还在的话，就只称皇，主要是为了避开两个帝王的误会。况且现在是寿终正寝了，就可以称为皇来和他的谥号相配。”明帝还是没有采纳，不想让他称皇，于是追赠他谥号为汉孝献皇帝。

原文

后肃以常侍领秘书监[1]，兼崇文观祭酒[2]。景初间，宫室盛兴，民失农业，期信不敦[3]，刑杀仓卒。肃上疏曰：“大魏承百王之极，生民无几，干戈未戢[4]，诚宜息民而惠之以安静遐迩之时也[5]。夫务畜积而息疲民，在于省徭役而勤稼穑[6]。今宫室未就，功业未讫，运漕调发[7]，转相供奉。是以丁夫疲于力作，农者离其南亩[8]，种谷者寡，食谷者众，旧谷既没，新谷莫继。斯则有国之

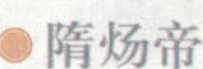
隋炀帝

隋炀帝是一个史上有名的暴君。他开凿大运河幸游江都，三征高丽，使人民民不聊生。最后，他被宇文化及杀死在江都。

大患，而非备豫之长策也。今见作者三四万人，九龙可以安圣体，其内足以列六宫，显阳之殿，又向将毕，惟泰极已前，功夫尚大，方向盛寒，疾疢或作。诚愿陛下发德音，下明诏，深愍役夫之疲劳，厚矜兆民之不赡，取常食廪之士，非急要者之用，选其丁壮，择留万人，使一期而更之，咸知息代有日，则莫不悦以即事，劳而不怨矣。计一岁有三百六十万夫，亦不为少。当一岁成者，听且三年。分遣其馀，使皆即农，无穷之计也。仓有溢粟，民有馀力：以此兴功，何功不立？以此行化，何化不成？夫信之于民，国家大宝也。仲尼曰：'自古皆有死，民非信不立。'夫区区之晋国，微微之重耳，欲用其民，先示以信，是故原虽将降，顾信而归，用能一战而霸，于今见称。前车驾当幸洛阳，发民为营，有司命以营成而罢。既成，又利其功力，不以时遣。有司徒营其目前之利，不顾经国之体。臣愚以为自今以后，倘复使民，宜明其令，使必如期。若有事以次，宁复更发，无或失信。凡陛下临时之所行刑，皆有罪之吏，宜死之人也。然众庶不知，谓为仓卒。故愿陛下下之于吏而暴其罪。钧其死也，无使污于宫掖而为远

修建骊山陵墓

秦朝的灭亡，其中有很大一部分原因是秦始皇的横征暴敛，滥用民力。秦始皇在位期间，修建骊山墓、阿房宫、万里长城，使人民徭役不断，无法从事生产等事物。王肃吸取教训，上书谏言。

近所疑。且人命至重，难生易杀，气绝而不续者也，是以圣贤重之。孟轲称杀一无辜以取天下，仁者不为也。汉时有犯跸惊乘舆马者，廷尉张释之奏使罚金，文帝怪其轻，而释之曰：‘方其时，上使诛之则已。今下廷尉。廷尉，天下之平也，一倾之，天下用法皆为轻重，民安所措其手足？’臣以为大失其义，非忠臣所宜陈也。廷尉者，天子之吏也，犹不可以失平，而天子之身，反可以惑谬乎？斯重于为己，而轻于为君，不忠之甚也。周公曰：‘天子无戏言；言则史书之，工诵之，士称之。’言犹不戏，而况行之乎？故释之之言不可不察，周公之戒不可不法也。”又陈：“诸鸟兽无用之物，而有刍谷人徒之费，皆可蠲除。”

注释

①秘书监：官名，东汉汉桓帝时候设立，典司徒籍。②崇文观：官署名，用来安置文学学士。③期信：信用。敦：厚。④戢：原来是指武器的一种，这里指停止。⑤遐迩：远近。⑥稼穑：播种和收获，这里指农业生产。⑦运漕：由水路运粮食。⑧南亩：农田。古代开垦的地基本上是朝南，因为南面是向阳的，对农作物的生长是有利的。

译文

后来王肃以常侍的身份兼任秘书监，还兼任着崇文观祭酒。景初年间，大兴建筑宫室，百姓耽误了农业生产，官府不讲信用，没有经过仔细调查就仓促对百姓进行刑罚。王肃上疏曰：“大魏继承了百王的大业，百姓人口本来就很少，战争还没有停止，实在应该让百姓得到休养，让人口增加，并且对他们施加恩惠。让天下的百姓安安稳稳生活了，还应该减少徭役让他们努力从事农业生产。现在宫室还没有修完，功业还没有建立，由水路来调运粮食，从别处来供应。因此民工就会非常疲惫，农民离开了耕种的土地，种粮食的人越来越少，吃粮食的人却越来越多，原先的陈粮已经被吃完了，新的粮食还没有成熟。那么这就会成为国家最大的祸患，这可不是有准备的为国家的长远打算的政策啊。现在服劳役的人有三四万那么多，九龙殿就可以使圣上足够使用的了，这里的房间足够安排下六宫的了，显阳殿的建造又快完工了，现在只有泰极殿的前面，还需要费大工夫，只是现在已经是大寒天了，疾病就有可能发生了。真心希望陛下大发善心，立刻下英明的诏书，体恤役夫们的疲劳，多体谅一下天下百姓的不富足，减少那些吃国家俸禄的没有真才实干的人，那些不急需的费用也考虑着要减少，挑选出健壮的人丁，留下一万人，让他们服役一段时间就更换新的人来服役，让他们能够得到

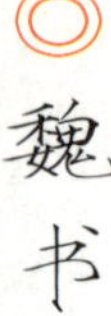

●孔子圣迹图

孔子说，没有在百姓的心里树立信用，百姓是不会服从统治的。立信于百姓，国家才能长治久安。

足够的休息，那么他们就会很高兴地去为陛下办事，劳作的时候也就不会抱怨了。这样的话，一年有三百六十五万民工也不算少了。应该一年间建完的宫殿，现在让它三年的时间完成。把那些余下来的人再迁回去，让他们去种地，这才是一个长远的打算啊。这样做就会使粮仓里有大量的多余的粮食，人民也就会有足够的力气：要是用这种方法来建立功业，什么功业不成功呢？要是用这种方法来施行教化，什么教化不成功呢？取得人民的信任，这是国家最大的宝藏啊。

“孔子说：‘自古以来人都是要死的，没有在百姓的心里建立信用就不会服从统治。’那么小的一个晋国，微不足道的重耳，他想使用民力，就先在民众中树立威信，所以他的国家虽然快要投降了，但是还能顾及信用撤兵回国，并且靠着一次战争就能称霸了，到现在还被称颂呢！前些日子您有幸亲自到了洛阳，征发那里的民力来修建宫殿，有司命令他们在宫殿建成后就让他们回家。等到建成之后，却又让他们继续劳作，并不是按时把他们遣送回去的。这些官吏只是看到了眼前的利益，没有考虑到国家的根本大业。我虽然很愚钝，但是我认为从今以后，要是再用百姓的人力，应该建立明确的法令，到了一定的期限就让服役的百姓回去。如果赶上了其他的事情还要继续使用的话，宁可再使用其他的人，也不要在百姓的心里失去了信用。只要是陛下临时要执行刑罚的人，都是有罪的官吏，是应该杀死的人。可是老百姓却是不了解的啊，他们会认为处理得很仓促。所以希望陛下把他们交给下面的官吏来处理，揭露他们的罪过。同样都要被处死，还是不要让这些人玷污了宫廷还被远近的人怀疑。更何况人的生命是非常重要的，获得生命很难，要想死是很容易的事情，只要气一断就不能再继续了，所以圣贤都很重视生命。孟轲说通过杀一个没有罪过的人来取得天下的信任，这是仁德的人不去干的事情。汉朝的时候，有一个犯人违反了帝王出去时候的清除道路的戒严令，惊扰了皇上的拉车的马，廷尉张释之向皇上奏报并且想对他处以罚金，文帝怪罪他对那人处理得太轻了，张释之回答说：‘那个时候，要是皇上下令杀了他也没什么。现在您却交给廷尉去处理。廷尉这个官职，他是天下的一杆秤啊，如果倾斜了，天下的官吏用法就会都随着加重了刑罚，那么老百姓会整天提心吊胆的，又哪里敢放手去做事情呢？’臣认为大大背离了道义，那不是忠臣应该说的。廷尉呢，是天子的官吏，尚且还能做到不失公平，现在您贵为天子之身，却反而可以糊涂办错事吗？这是重视为自己的利益，轻视为国君谋福利，实在是太不忠诚了。周公说：‘天子说的话没有玩笑话；只要说了就应该记到史册里，让乐工唱诵它，让士大夫称引它。’说话都不能开玩笑，更何况是行动呢？所以张释之的话不可以不去细细查明，周公的告诫不应该不去学习。”王肃又说“像那些鸟兽一样没有用的东西，它们只是白白浪费着粮食和饲养它们的人力，都应该废除它们。”

原文

帝尝问曰：“汉桓帝时，白马令李云上书言：‘帝者，谛也[1]。是帝欲不谛。’当何得不死？”肃对曰：“但为言失逆顺之节。原其本意，皆欲尽心，念存补国。且帝者之威，过于雷霆，杀一匹夫，无异蝼蚁[2]。宽而宥之[3]，可以示容受切言，广德宇于天下。故臣以为杀之未必为是也。”帝又问：“司马迁以受刑之故[4]，内怀隐切，著史记非贬孝武[5]，令人切齿。”对曰：“司马迁记事，不虚美[6]，不隐恶。刘向、扬雄服其善叙事[7]，有良史之才，谓之实录。汉武帝闻其述史记，取孝景及己本纪览之，于是大怒，削而投之。于今此两纪有录无书。后遭李陵事[8]，遂下迁蚕室。此为隐切在孝武，而不在于史迁也。”

注释

①谛：细查，注意。②蝼蚁：蝼蛄和蚂蚁。③宽而宥：宽宥，赦罪。④司马迁：司马谈的儿子，西汉的史学家，文学家。⑤隐切：心里很有怨恨。⑥司马迁记事：指《史记》，《史记》是我国的第一部纪传体通史。记事起于传说中的黄帝，止于汉武帝，一共记录了三千年的历史。虚：没有根据的。⑦善：善于。⑧李陵事：李陵战败后投降了匈奴，司马迁为他说话触怒了汉武帝，被施加宫刑。

译文

明帝曾经问王肃说：“汉桓帝在位的时候，白马令李云上书说：‘帝业就是谛的意思。是帝王不想细查的意思。’那当时汉桓帝为什么没有处死他呢？”王肃回答说：“李云那时候说话只是违背了逆顺的礼节。他心里原来的意思是想尽心尽力，为国家进献忠心罢了。更何况帝王的威信，比雷霆还要有影响力，让他去杀一个人，那就像杀一个蚂蚁一样简单。但是能够宽容他们并且让他们为君主效力，可以用来表示君王有容纳激烈的言辞，向天下广施仁德。所以我认为要是杀了他，未必是对的。”明帝又问王肃：“司马迁因为有被施加宫刑的原因，心里很有怨恨，所以在他编著的《史记》里对指责贬低汉武帝，叫人切齿痛恨。”王肃回答说：“司马迁记事，从来都是不凭空去赞美，也不隐瞒罪恶。刘向、扬雄都很佩服他记事善于叙事，有良史的才能，认为他是在如实记录。汉武帝听说他在编《史记》，拿着写汉孝景帝和写自己的本纪来看，非常愤怒，把那些文字删掉了还把这部分丢了。所以现在这两纪里只有目录没有文章。后来司马迁遭受李陵事件的牵连，就被关进了遭受宫刑的监狱。这是汉武帝内心怀着私怨，并不是错误出在司马迁的身上。”

原文

正始元年，出为广平太守。公事征还，拜议郎。顷之，为侍中，迁太常。时大将军曹爽专权，任用何晏、邓飏等。肃与太尉蒋济、司农桓范论及时政[1]，肃正色曰[2]：“此辈即弘恭、石显之属，复称说邪！”爽闻之，戒何晏等曰：“当共慎之！公卿已比诸君前世恶人矣。”坐宗庙事免。后为光禄勋。时有二鱼长尺，集于武库之屋，有司以为吉祥。肃曰：“鱼生于渊而亢于屋[3]，介鳞之物失其所也[4]。边将其殆有弃甲之变乎？”其后果有东关之败。徙为河南尹。嘉平六年，持节兼太常，奉法驾[5]，迎高贵乡公于元城。是岁，白气经天，大将军司马景王问肃其故，肃答曰：“此蚩尤之旗也，东南其有乱乎？君若修己以安百姓，则天下乐安者归德，唱乱者先亡矣。”明年春，镇东将军毌丘俭、扬州刺史文钦反，景王谓肃曰：“霍光感夏侯胜之言，始重儒学之士，良有以也。安国宁主，其术焉在？”肃曰：“昔关羽率荆州之众，降于禁于汉滨，遂有北向争天下之志。后孙权袭取其将士家属，羽士众一旦瓦解。今淮南将士父母妻子皆在内州，但急往御卫，使不得前，必有关羽土崩之势矣。”景王从之，遂破俭、钦。后迁中领军，加散骑常侍，增邑三百，并前二千二百户。甘露元年薨，门生缞绖者以百数。追赠卫将军，谥曰景侯。子恽嗣。恽薨，无子，国绝。景元四年，封肃子恂为兰陵侯。咸熙中，开建五等，以肃著勋前朝，改封恂为丞子。

注释

①司农：又称大司农，是一种官名，九卿之一，主管钱粮。②正色：神色严肃庄重。③武库：存放武器的仓库。④介：带有甲壳的虫和水族。⑤法驾：皇帝的车驾，也称法车。

正始元年，王肃出任为广平太守。因为有公事征召他回来，授予他议郎的官职。没过多久，又让他担任侍中，提升为太常。这时候恰逢大将军曹爽专权，曹爽任用何晏、邓飏等。王肃与太尉蒋济、司农桓范谈论起时政时，王肃很严肃地说：“这类人就是弘恭、石显那样的，他们有什么值得称道的呢！”曹爽听说了这些话，告戒何晏等说：“你们一定要谨慎地和他们相处！公卿已经把你们诸位比作了前代的恶人了。”王肃由于宗庙祭祀的事情被认定为有罪被罢免了官职。后来又任用他做光禄勋。这时候有两条一尺长的鱼意外地出现在武器库的房上，有些官员认为这是一个吉兆。王肃说：“鱼本来是生活在深水的潭里的，但是现在却在高高的房子上，这是有甲有鳞的动物失去了他们赖以生存的地方。守护边防的将领大概有丢下铠甲的事情发生了吧？”后来果然发生了东关打了败仗的事情。王肃被调任做河南尹。嘉平六年，持符节兼任太常的职务，供奉皇上的车驾，他在元城迎接高贵乡公。在这一年，白气从地上升起来一直升到天上去了，大将军司马景王问肃有什么缘故，王肃回答说：“这是蚩尤的旗帜啊，东南大概发生了战乱了吧？您如果能增加自己的修养来安抚百姓，那么天下喜欢安定的人肯定会归顺有德的人，首先起来作乱的人肯定会先灭亡的。”第二年的春天，镇东将军毌丘俭、扬州刺史文钦起来造反，景王对王肃说：“霍光被夏侯胜的话感动了，才开始重视儒学的人，的确是有原因的。安定国家辅佐君主的好方法在哪里呢？”王肃回答说：“从前关羽带领荆州的部队，在汉水边上投降了于禁，从那时候开始他心里有了向北争夺天下的志向。后来孙权偷袭了他，并且把他的将士家属都俘获了，关羽的士兵一下子就瓦解了。现在淮南将士的父母、妻子、儿女都在内地，只要前去保卫和抵抗，让他们不能前进，一定会出现关羽土崩瓦解的情况。”景王从之，于是景王大败了毌丘俭、文钦。后来王肃升任为中领军，加任散骑常侍，并为他增加食邑三百户，连同以前的食邑一共是二千二百户。甘露元年王肃去世了，他的门生为他披麻戴孝守丧的好几百人。追赠他为卫将军，谥号是景侯。王肃的儿子王

霍光

霍光，字子孟。他随汉武帝近30年，是武帝时期的重要谋臣。汉武帝死后，他受命为汉昭帝的辅政大臣，执掌汉室最高权力近20年，为汉室的安定和中兴建立了功勋。

恽继承了爵位。王恽去世后他没有儿子继承爵位，于是封国就被撤销了。景元四年，封王肃的儿子王恂为兰陵侯。咸熙年间，开始建立五等爵位，明帝认为王肃对前朝有很大的功劳，改封王恂为丞子。

原文

初，肃善贾、马之学[1]，而不好郑氏[2]，采会同异，为《尚书》、《诗》、《论语》、《三礼》、《左氏》解，及撰定父朗所作《易传》，皆列于学官。其所论驳朝廷典制、郊祀、宗庙、丧纪、轻重，凡百馀篇[3]。时乐安孙叔然，受学郑玄之门，人称东州大儒。徵为秘书监，不就。肃集圣证论以讥短玄，叔然驳而释之，及作《周易》、《春秋例》,《毛诗》、《礼记》、《春秋三传》、《国语》、《尔雅》诸注，又注书十馀篇。自魏初征士敦煌周生烈，明帝时大司农弘农董遇等，亦历注经传，颇传于世。

评曰：钟繇开达理干，华歆清纯德素，王朗文博富赡，诚皆一时之俊伟也。魏氏初祚，肇登三司，盛矣夫！王肃亮直多闻，能析薪哉！

注释

①贾、马：指贾逵、马融。他们都是东汉著名的经学家。后代人把他们称作“通儒”。②郑氏：郑玄，字康成，东汉著名的经学家，很精通各种典籍，遍注群经。③《三礼》：《周礼》、《礼记》、《仪礼》的合称。

译文

当初，王肃非常擅长贾逵、马融的学说，却不喜欢郑玄的学说，他采集汇合各家的不同之处，为《尚书》、《诗》、《论语》、《三礼》、《左氏》做了注解，还写成了他父亲王朗所编著的《易传》，这些书都被列入了学官。还有他所论及朝廷典制、郊祀、宗庙、丧纪、轻重的文章，一共有一百多篇。当时乐安郡的孙叔然，师从于郑玄，有人把他称做东州大儒。皇上下诏书征召他做秘书监，孙叔然不去就职。王肃写了《圣证论》来讥讽郑玄的不足之处，孙叔然进行反驳并且为此作了解释，又写了《周易》、《春秋例》,《毛诗》、《礼记》、《春秋三传》、《国语》、《尔雅》的注解，还有注书十多篇。自从魏初征召士人敦煌周生烈开始，到明帝时大司农弘农董遇等，都做了注解和传，都在社会上广为流传。

评论说：钟繇开朗豁达，华歆为人清正纯朴，很有仁德的修养，王朗的文才很渊博，很有才学，他们都是一个时代的伟大的人物。魏国刚刚建立的时候，他们都已经登上了三公的位置上了，真是显盛一时啊！王肃这个人很忠诚正直，而且见多识广，非常擅长分析事理！

「蜀」书

蜀书

先主传

原文

先主姓刘，讳备，字玄德，涿郡涿县人，汉景帝子中山靖王胜之后也[1]。胜子贞，元狩六年封涿县陆城亭侯，坐酎金失侯，因家焉。先主祖雄，父弘，世仕州郡。雄举孝廉[2]，官至东郡范令。

先主少孤，与母贩履织席为业。舍东南角篱上有桑树生高五丈馀，遥望见童童如小车盖[3]，往来者皆怪此树非凡，或谓当出贵人。

先主少时，与宗中诸小儿于树下戏，言："吾必当乘此羽葆盖车。"叔父子敬谓曰："汝勿妄语，灭吾门也！"年十五，母使行学，与同宗刘德然、辽西公孙瓒俱事故九江太守同郡卢植。德然父元起常资给先主，与德然等。元起妻曰："各自一家，何能常尔邪[4]！"起曰："吾宗中有此儿，非常人也。"而瓒深与先主相友。瓒年长，先主以兄事之。先主不甚乐读书，喜狗马、音乐、美衣服。身长七尺五寸，垂手下膝，顾自见其耳[5]。少语言，善下人，喜怒不形于色。好交结豪侠，年少争附之。中山大商张世平、苏双等赀累千金，贩马周旋于涿郡，见而异之，乃多与之金财。先主由是得用合徒众。

注释

①后：后代。②孝廉：汉代选拔官吏的科目之一，由各郡国在所属的吏民中选举。③童童：覆盖的样子。④尔：这样。⑤顾：回头看。

译文

先主姓刘，名备，字玄德，涿郡涿县人，是汉景帝的儿子中山靖王刘胜的后代。刘胜儿子刘贞，元狩六年（前117）被封为涿县陆城亭侯，由于给朝廷交的酎金不足而被免去了侯位，从此就住在涿县。刘备的祖父刘雄、父亲刘弘，相继在州郡做官。刘雄曾被推举为孝廉，官做到东郡范县令。

刘备很小父亲就死了，和母亲靠卖鞋织席子为生。他家东南角的篱笆旁边有一棵桑树，长了五丈多高，远处望去郁郁葱葱，好像小车上的伞盖。路过的人都为这棵树与众不同而惊讶，有的就说应该有贵人出现。

刘备幼时，和同宗族的孩子们在树下玩耍，说："我一定会坐上有这样的羽毛伞盖的车子。"他叔父刘子敬对他说："你不要胡说，这会让我们满门灭绝的。"十五岁时，刘备的母亲让他外出学习，和同族的刘德然、辽西人公孙瓒一同拜前任九江太守、同郡人卢植为师。刘德然的父亲刘元起经常资助刘备，给他的财物和给刘德然的一样。刘元起的妻子说："各自有各自的家，怎么能经常这样呢？"刘元起说："我们家族中有这样的孩子，他不是一般的人啊。"公孙瓒也和刘备非常友好。公孙瓒年龄大，刘备把他当做哥哥一样地侍奉。刘备不大喜爱读书，喜好狗、马、音乐和漂亮的衣服。他身高七尺五寸，手垂放下来可以垂过膝盖，眼睛可以看到自己的耳朵。他很少说话，善于表现得谦虚低下，喜怒不在脸上表现出来；他喜好和豪侠结交，少年人都争着追随他。中山的大商人张世平、苏双等人积聚有几千金的家财，贩卖马匹，往来于涿郡一带，见到刘备后，认为他非同一般，就给他很多钱财。刘备因此得以用钱聚集了人马随从。

原文

灵帝末，黄巾起，州郡各举义兵，先主率其属从校尉邹靖讨黄巾贼有功[①]，除安喜尉[②]。督邮以公事到县，先主求谒[③]，不通，直入缚督邮，杖二百，解绶系其颈着马枊，弃官亡命[④]。顷之，大将军何进遣都尉毌丘毅

●荆轲刺秦王

荆轲是历史上有名的刺客，他刺杀秦王虽然失败，但他的勇气令人钦佩。在刺客中，常常会有一些有情有义的。比如刺杀刘备的那个刺客就因为刘备做官称职而不忍心杀他，这也从侧面反映了刘备的知人心。

诣丹杨募兵[5]，先主与俱行，至下邳遇贼，力战有功，除为下密丞。复去官。后为高唐尉，迁为令。为贼所破，往奔中郎将公孙瓒，瓒表为别部司马，使与青州刺史田楷以拒冀州牧袁绍。数有战功，试守平原令，后领平原相。郡民刘平素轻先主，耻为之下，使客刺之。客不忍刺，语之而去。其得人心如此。

注释

①黄巾贼：黄巾起义的部队。②除：授予官职。③求谒：请求拜见。④弃官亡命：放弃做官，保全性命。⑤募兵：招募军队。

译文

汉灵帝末年黄巾军起义，各个州郡都组织义兵。刘备率领他的部属跟随校尉邹靖讨伐黄巾军有功，被任命为安喜尉。督邮为了公事到县里来，刘备请求拜见，督邮不让通报。刘备就一直冲进去把督邮绑起来，打了二百棒，解下自己的官印绶带系在督邮脖子上，把他绑到拴马桩上，弃官而逃。不久，大将军何进派遣都尉毌丘毅到丹杨郡去征募军队。刘备和他一起出发。到了下邳时遇到贼军，刘备奋勇作战有功，被任命为下密丞。不久刘备又辞去了这个官职。后来刘备又任高唐尉，还升为县令。他被贼军打败后，去投奔中郎将公孙瓒，公孙瓒上表，任命刘备做别部司马，让他和青州刺史田楷去抵挡冀州牧袁绍。刘备多次立有战功，代理平原令，后来兼任平原国相。郡里的居民刘平一向轻视刘备，因在刘备管辖下感到耻辱，派宾客去刺杀刘备。宾客不忍心刺死他，对他坦白后就离开了。刘备得人心达到如此程度。

原文

袁绍攻公孙瓒，先主与田楷东屯齐。曹公征徐州，徐州牧陶谦遣使告急于田楷，楷与先主俱救之。时先主自有兵千馀人及幽州乌丸杂胡骑，又略得饥民数千人。既到，谦以丹杨兵四千益先主，先主遂去楷归谦。谦表先主为豫州刺史，屯小沛。谦病笃，谓别驾麋竺曰："非刘备不能安此州也。"谦死，竺率州人迎先主，先主未敢当。下邳陈登谓先主曰："今汉室陵迟[1]，海内倾覆，立功立事，在于今日。彼州殷富[2]，户口百万，欲屈使君抚临州事[3]。"先主曰："袁公路近在寿春，此君四世五公[4]，海内所归，君可以州与之。"登曰："公路骄豪，非治乱之主。今欲为使君合步骑十万，上可以匡主济民[5]，成五霸之业；下可以割地守境，书功于竹帛。

若使君不见听许，登亦未敢听使君也。”北海相孔融谓先主曰：“袁公路岂忧国忘家者邪？冢中枯骨，何足介意。今日之事，百姓与能；天与不取，悔不可追。”先主遂领徐州。

袁术来攻先主，先主拒之于盱眙、淮阴。曹公表先主为镇东将军，封宜城亭侯，是岁建安元年也。先主与术相持经月，吕布乘虚袭下邳。下邳守将曹豹反，间迎布。布虏先主妻子，先主转军海西。杨奉、韩暹寇徐、扬间，先主邀击，尽斩之。先主求和于吕布，布还其妻子。先主遣关羽守下邳。

注释

①陵迟：斜平，引申为衰退。②殷富：殷实富有。③抚临：主持。④四世五公：袁绍一家人四代里有五个人居三公的位置。⑤匡主济民：辅佐君主，抚恤民众。

译文

袁绍攻打公孙瓒，刘备和田楷向东驻扎在齐地。曹操征讨徐州，徐州牧陶谦派使节向田楷告急。田楷和刘备一同去救陶谦。当时刘备自己有一千多士兵以及幽州的乌丸和其他各族胡人的骑兵，又抢来了几千名饥民。到了徐州后，陶谦拨出四千名丹杨士兵补充刘备的军队。刘备就离开田楷去归附陶谦。陶谦上奏章，任命刘备为豫州刺史，驻扎在小沛。陶谦病重时，对别驾糜竺说：“没有刘备就不能安定徐州。”陶谦死后，糜竺率领州里的人去迎接刘备，刘备不敢接受。下邳人陈登对刘备说：“现在汉朝衰弱，四海之内政权都被颠覆，建立功业就在今天。徐州殷实富裕，有上百万户人口，想要委屈您去执掌州里的政务。”刘备说：“袁术近在寿春，他家四代人中有五位做到三公之位，海内人心都归向他。您可以把徐州送给他。”陈登说：“袁术骄横狂妄，不是治理乱世的豪杰。现在准备给您会合十万步兵、骑兵，上可以扶正天子拯救民众，成就春秋五霸那样的功业；下可以割据一方土地，

谢安

谢安出身于绵延了近三百年的显赫世家——陈郡谢氏家族。中国历史上，有许多显赫的家族，或世代为官，或人才辈出。袁绍的家族即是如此。

守住州境，在史册上记录下功勋。如果您不答应，我也不敢依从您的做法。”北海相孔融对刘备说：“袁术难道是个忧国忧民、为国忘家的人吗？他是坟墓中的几根枯骨罢了，不用在乎他。今天的事是百姓把徐州交给能人；上天给予的东西不去取，后悔也来不及了。”于是刘备就代理徐州牧。

袁术来攻打刘备，刘备在盱眙、淮阴抵挡。曹操上奏章任命刘备做镇东将军，封他为宜城亭侯，这一年是建安元年（196）。刘备和袁术对峙了几个月。吕布乘虚袭击了下邳。下邳的守将曹豹造反，开门迎接吕布。吕布俘虏了刘备的妻小，刘备领兵转到海西。杨奉、韩暹侵犯徐州、扬州一带，刘备去截击他们，把他们都杀了。刘备向吕布求和，吕布把他的妻小还给了他。刘备派关羽去守卫下邳。

原文

先主还小沛，复合兵得万馀人。吕布恶之[1]，自出兵攻先主，先主败走归曹公。曹公厚遇之，以为豫州牧。将至沛收散卒，给其军粮，益与兵使东击布。布遣高顺攻之[2]，曹公遣夏侯惇往，不能救，为顺所败，复虏先主妻子送布。曹公自出东征，助先主围布于下邳，生禽布。先主复得妻子，

曹操煮酒论英雄

刘备归曹后，汉献帝舅舅董承受帝衣带中密诏，要诛曹公，要刘备响应。刘备未作表示，与曹操吃饭席间，曹操说：“今天下英雄，唯使君与操耳。”刘备惊吓地将筷子掉落地下，恰逢打雷，于是推说胆小，骗过曹公。

从曹公还许[3]。表先主为左将军，礼之愈重，出则同舆，坐则同席。袁术欲经徐州北就袁绍，曹公遣先主督朱灵、路招要击术[4]。未至，术病死。

先主未出时，献帝舅车骑将军董承辞受帝衣带中密诏[5]，当诛曹公。先主未发。是时曹公从容谓先主曰："今天下英雄，唯使君与操耳。本初之徒，不足数也。"先主方食，失匕箸。遂与承及长水校尉种辑、将军吴子兰、王子服等同谋。会见使，未发。事觉，承等皆伏诛。

注释

①恶：憎恨。②高顺：人名。是吕布的中郎将。③从：跟随。④路招：人名，是将军。要击：半路上伏击。⑤辞：拒绝接受。

译文

刘备回到小沛，又聚集了一万多名士兵。吕布对此很不满，亲自领兵攻打刘备，刘备打败了，逃去归附曹操。曹操厚待刘备，任命他做豫州牧。刘备想去沛县收集失散的士兵，曹操供给刘备军粮，还给他增加士兵，让他东进去攻打吕布。吕布派遣高顺去攻打刘备，曹操派夏侯惇去救援，没救成，被高顺打败。高顺又把刘备的妻小俘虏，送给吕布。曹操亲自出兵东征，帮助刘备在下邳包围了吕布，将吕布活捉，刘备再次得到妻小，跟着曹操回到许都。曹操表奏刘备做左将军，对他的礼遇更加优厚。两人出门就乘同一辆车，在家就坐同一张席。袁术想要经过徐州向北去依附袁绍，曹操派刘备统领朱灵、路招截击袁术。军队还没有到，袁术就病死了。

刘备还没有出发时，汉献帝的舅舅车骑将军董承说他接受了皇帝藏在衣带中的密诏，要诛灭曹操。刘备没有行动。有一次曹操似乎不经意地对刘备说："现在天下的英雄，只有您和我而已。袁绍那些人，不值得一提。"刘备正在吃饭，听到这话，吓得丢下了筷子和汤勺。刘备就和董承及长水校尉种辑、将军吴子兰、王子服等人共同谋划。正赶上刘备被派出去，就没有发动。后来事情败露，董承等人全都被杀死。

原文

先主据下邳。灵等还[1]，先主乃杀徐州刺史车胄，留关羽守下邳，而身还小沛。东海昌霸反，郡县多叛曹公为先主，众数万人，遣孙乾与袁绍连和[2]，曹公遣刘岱、王忠击之，不克[3]。

五年，曹公东征先主，先主败绩[4]。曹公尽收其众[5]，虏先主妻子，并禽关羽以归。先主走青州。青州刺史袁谭，先主故茂才也，将步骑迎先主。

千里走单骑

三国时期，曹操曾经攻克徐州。关羽保护刘备的妻儿被围困在一座山上。曹操十分看重他，希望他能为己所用，但是关羽还是离开，去寻找刘备了。千里走单骑讲的就是这个故事。

先主随谭到平原，谭驰使白绍。绍遣将道路奉迎，身去邺二百里，与先主相见。驻月馀日，所失亡士卒稍稍来集。曹公与袁绍相拒于官渡，汝南黄巾刘辟等叛曹公应绍。绍遣先主将兵与辟等略许下。关羽亡归先主。曹公遣曹仁将兵击先主，先主还绍军，阴欲离绍，乃说绍南连荆州牧刘表。绍遣先主将本兵复至汝南，与贼龚都等合，众数千人。曹公遣蔡阳击之，为先主所杀。

注释

①灵等还：这里指朱灵等人回到许都。②连和：连接，联合。③不克：没有取得胜利。④败绩：打了败仗。⑤众：指部队。

译文

刘备占领了下邳。朱灵等人回去了，刘备就杀死了徐州刺史车胄，留下关羽守卫下邳，自己回到小沛去。东海人昌霸造反，很多郡县都背叛了曹操投向刘备，刘备的军队达到几万人，并派遣孙乾去和袁绍联合。曹操派刘岱和王忠去打刘备，没有战胜。

建安五年（200），曹操东进去征讨刘备，刘备打了败仗。曹操把他的军队全部收编，俘虏了他的妻小，并且捉住了关羽，然后返回许都。刘备逃往青州。青州刺史袁谭是刘备以前推举的秀才，率领步、骑兵来迎接刘备。刘备随着袁谭到了平原，袁谭派使节乘马奔驰去报告袁绍。袁绍派将领在半路迎接，亲自从邺城迎出二百里来与刘备见面。刘备住了一个多月后，他手下逃散的士兵渐渐来集合。曹操和袁绍在官渡相对峙，汝南的黄巾军刘辟等人背叛了曹操去响应袁绍。袁绍派遣刘备领兵和刘辟等人攻取许都附近。关羽逃回来归附刘备。曹操派遣曹仁率领士兵去攻打刘备。刘备回到袁绍军中，私下谋划离开袁绍，就劝说袁绍与南方的荆州牧刘表联合。袁绍派遣先主率领他自己的兵马再到汝南去，与贼军龚都等人会合，有几千人马。曹操派蔡阳去攻打他们，被刘备杀死。

原文

曹公既破绍，自南击先主。先主遣麋竺、孙乾与刘表相闻[1]，表自郊迎[2]，以上宾礼待之，益其兵，使屯新野[3]。荆州豪杰归先主者日益多，表疑其心，阴御之。使拒夏侯惇、于禁等于博望[4]。久之，先主设伏兵，一旦自烧屯伪遁[5]，惇等追之，为伏兵所破。

十二年，曹公北征乌丸，先主说表袭许，表不能用。曹公南征表，会表卒，子琮代立，遣使请降。先主屯樊，不知曹公卒至，至宛乃闻之，遂将其众去。过襄阳，诸葛亮说先主攻琮，荆州可有。先主曰："吾不忍也。"乃驻马呼琮，琮惧不能起。琮左右及荆州人多归先主。比到当阳，众十馀万，辎重数千两，日行十馀里，别遣关羽乘船数百艘，使会江陵。或谓先主曰："宜速行保江陵，今虽拥大众，被甲者少，若曹公兵至，何以拒之？"先主曰："夫济大事必以人为本，今人归吾，吾何忍弃去？"

注释

①与刘表相闻：通知刘表，让刘表知道这件事。②郊：离都城百里叫做郊，这里泛指城外，野外。③新野：县名，现在河南省新野县。④博望：古代的县名，在现在的河南省方县西南。⑤伪遁：装作逃跑。

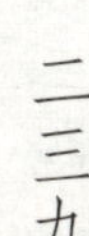

译文

曹操打败袁绍以后，亲自到南方攻打刘备。刘备派遣麋竺、孙乾去通知刘表。刘表亲自到郊外迎接刘备，用对待上等宾客的礼节接待他，给他补充兵马，让他驻扎在新野。荆州的豪杰们来投奔刘备，人数一天天增多。刘表怀疑刘备有二心，就在暗中提防他，让他到博望去抵挡夏侯惇、于禁等人。过了很久，刘备设下伏兵，一天早晨自己烧了军营假装逃跑，夏侯惇等人去追，被刘备的伏兵打败。

建安十二年（207），曹操向北征伐乌丸。刘备劝说刘表趁机袭击许都，刘表没有采纳。曹操南征刘表，恰遇上刘表去世，刘表的儿子刘琮承袭刘表做了荆州牧，他派使节向曹操投降。刘备驻在樊城，不知道曹操突然来临，曹军到了宛城后他才听说，就率领部下离开。经过襄阳时，诸葛亮劝说刘备攻打刘琮，占领荆州，刘备说：“我不忍心啊！”就停下马来呼喊刘琮，刘琮畏惧，不敢站出来答话。刘琮的部下和荆州居民中，很多人都来归附刘备。快到当阳时，刘备有了十多万人，几千辆车辆辎重，每天只能走十几里。另外派关羽领几百艘船到江陵会合。有的人劝刘备说：“应该尽快行军去保住江陵，现在虽然拥有大批人马，但能打仗的士兵很少，如果曹操的军队到了，用什么去抵挡他？”刘备说：“要办成大事必须把人当做根本，现在大家来归附我，我怎么忍心把他们抛弃了自己离开呢？”

曹公以江陵有军实[1]，恐先主据之，乃释辎重，轻军到襄阳。闻先主已过，曹公将精骑五千急追之，一日一夜行三百馀里，及于当阳之长坂。

先主弃妻子，与诸葛亮、张飞、赵云等数十骑走，曹公大获其人众辎重。先主斜趋汉津[2]，适与羽船会，得济沔[3]；遇表长子江夏太守琦众万馀人，与俱到夏口。先主遣诸葛亮自结于孙权，权遣周瑜、程普等水军数万，与先主并力，与曹公战于赤壁，大破之，焚其舟船。先主与吴军水陆并进，追到南郡，时又疾疫，北军多死，曹公引归。

先主表琦为荆州刺史，又南征四郡。武陵太守金旋、长沙太

◎大战长坂坡

东汉建安十三年(208)秋，曹操率五十万大军南征，刘备在长坂坡一带被曹军包围。刘备在混战中脱逃，他的妻小被劫陷入曹军重围。相传赵云单枪匹马，七次杀进重围，救出刘备的甘夫人和幼主。

守韩玄、桂阳太守赵范、零陵太守刘度皆降。庐江雷绪率部曲数万口稽颡。琦病死，群下推先主为荆州牧，治公安。权稍畏之，进妹固好[4]。先主至京见权，绸缪恩纪[5]。权遣使云欲共取蜀，或以为宜报听许，吴终不能越荆有蜀，蜀地可为己有。荆州主簿殷观进曰："若为吴先驱，进未能克蜀，退为吴所乘，即事去矣。今但可然赞其伐蜀，而自说新据诸郡，未可兴动，吴必不敢越我而独取蜀。如此进退之计，可以收吴、蜀之利。"先主从之，权果辍计。迁观为别驾从事。

注释

①军实：指器械，粮草等军用物资。②斜趋：斜着插过。③济：度过。④进妹：孙权把自己的妹妹进献给刘备做妻子。固好：巩固友好关系。⑤绸缪恩纪：加深恩情。绸缪：紧密缠缚。恩纪：恩情。

译文

曹操因为江陵有军用物资，恐怕刘备占据它，就丢下辎重，轻装行军到襄阳。听说刘备已经过去了，曹操率领精锐骑兵五千人急速追赶，一天一夜里跑了三百多里路，在当阳的长坂追上了他。

刘备扔下妻子儿女，和诸葛亮、张飞、赵云等几十人骑马逃走。曹操缴获了刘备的大量辎重物资，俘获了大批人马。刘备走捷径直奔汉津，正巧与关羽的战船会合，得以渡过沔水；遇到刘表的长子江夏太守刘琦领兵一万多人，和他们一起都来到夏口。刘备派诸葛亮去和孙权结盟。孙权派遣周瑜、程普等人带几万名水军，和刘备共同作战，与曹操在赤壁交战，大败曹军，烧毁曹军战船。刘备和吴军从水陆两路同时进攻，追赶到南郡。当时又流行疾病，北军士兵病死得很多，曹操只好领兵而回。

刘备上奏章立刘琦为荆州刺史，又向南去征伐四个郡。武陵太守金旋、长沙太守韩玄、桂阳太守赵范、零陵太守刘度全投降了。庐江人雷绪率领他的部曲私兵几万人来归顺。刘琦病死，部下官员们推举刘备做荆州牧，官府设在公安。孙

东吴招亲

为了巩固与刘备的关系，孙权将妹妹嫁给他，两家结为姻亲，关系就会更加密切。《三国演义》中，这段故事还延伸出了"赔了夫人又折兵"这个典故。

权逐渐有些担心刘备，就把妹妹嫁给刘备以巩固友好关系。刘备到京口去见孙权，双方亲密无间，互颂恩情。之后孙权派使节来说想要共同去夺取蜀地。刘备属下有人认为应该答应孙权的要求，因为吴国总不能跨越荆州去占有蜀地，蜀地可以自己占有。荆州主簿殷观进谏说："如果我们给吴国做先锋，进攻未必能战胜蜀军，退回来会被吴国趁机攻打，我们的宏图大业就没有生机了。现在只能赞成吴国去讨伐蜀地，而说我们自己刚占据了几个郡，尚不能兴师动众，而吴国一定不敢越过我们这里去单独夺取蜀地。这样是可进可退的计策，可以坐收吴、蜀争斗的好处。"刘备按他说的办了。孙权果然收回了伐蜀的计划。刘备把殷观升为别驾从事。

原文

十六年，益州牧刘璋遥闻曹公将遣钟繇等向汉中讨张鲁，内怀恐惧。别驾从事蜀郡张松说璋曰："曹公兵强无敌于天下，若因张鲁之资以取蜀土[1]，谁能御之者乎？"璋曰："吾固忧之而未有计。"松曰："刘豫州，使君之宗室而曹公之深仇也，善用兵，若使之讨鲁，鲁必破。鲁破，则益州强，曹公虽来，无能为也。"璋然之，遣法正将四千人迎先主[2]，前后赂遗以巨亿计[3]。正因陈益州可取之策[4]。先主留诸葛亮、关羽等据荆州，将步卒数万人入益州。至涪，璋自出迎，相见甚欢。张松令法正白先主，及谋臣庞统进说，便可于会所袭璋。先主曰："此大事也，不可仓卒[5]。"璋推先主行大司马，领司隶校尉；先主亦推璋行镇西大将军，领益州牧。璋增先主兵，使击张鲁，又令督白水军。先主并军三万馀人，车甲器械资货甚盛。是岁，璋还成都。先主北到葭萌，未即讨鲁，厚树恩德，以收众心。

《蜀道难》诗意图

古代的益州即是巴蜀地区，三国时期，属于蜀国，得到了很好的开发。唐代，有民间言语说："扬一益二"，可见益州在当时已经非常发达。

注释

①因：利用。②法正：人名。③赂遗：送给别人的财物。④因：趁机。陈：陈述。⑤仓卒：匆忙。

译文

建安十六年（211），益州牧刘璋在远方听说曹操将派钟繇等人到汉中去讨伐张鲁，心中恐惧不安。别驾从事蜀郡人张松劝说刘璋："曹操的军队强大，无敌于天下，如果凭借张鲁的物资来夺取蜀郡土地，谁能抵挡他呢？"刘璋说："我一直为这件事担忧，但没有办法。"张松说："刘备是您的本家亲属，又和曹操有深仇，他善于用兵，如果让他去攻打张鲁，张鲁一定被打垮。张鲁被打垮后，益州就强大了，曹操即使来攻也不能取胜。"刘璋认为他说得对，派遣法正率领四千人去迎接刘备，前前后后送给刘备的财物要用亿来计算。法正趁机向刘备陈述了赢取益州的策略。刘备留下诸葛亮、关羽等人据守荆州，自己率领几万名步兵进入益州。刘备到了涪城后，刘璋亲自出来迎接，见面时双方都非常高兴。张松让法正告诉刘备，同时谋臣庞统也进言劝说，他们都认为刘备当时就可以在会见的地方袭击刘璋。刘备说："这是大事，不能匆忙决定。"刘璋推举刘备代理大司马，兼任司隶校尉；刘备也推举刘璋代理镇西大将军，兼任益州牧。刘璋给刘备补充士兵，让他去攻打张鲁，又任命他统领白水的驻军。刘备会集的军队共三万多人，战车、甲胄、兵器和物资财物等十分充足。当年，刘璋回到成都。刘备向北到达葭萌，没有马上讨伐张鲁，却广布恩德，来收取军民之心。

原文

明年，曹公征孙权，权呼先主自救[1]。先主遣使告璋曰："曹公征吴，吴忧危急。孙氏与孤本为唇齿[2]，又乐进在青泥与关羽相拒[3]，今不往救羽，进必大克，转侵州界，其忧有甚于鲁。鲁自守之贼，不足虑也。"乃从璋求万兵及资实，欲以东行，璋但许兵四千，其馀皆给半。张松书与先主及法正曰："今大事垂可立[4]，如何释此去乎？"松兄广汉太守肃，惧祸逮己[5]，白璋发其谋。于是璋收斩松，嫌隙始构矣。璋敕关戍诸将文书勿复关通先主。先主大怒，召璋白水军督杨怀，责以无礼，斩之。乃使黄忠、卓膺勒兵向璋。先主径至关中，质诸将并士卒妻子，引兵与忠、膺等进到涪，据其城。璋遣刘璝、冷苞、张任、邓贤等拒先主于涪，皆破败，退保绵竹。璋复遣李严督绵竹诸军，严率众降先主。先主军益强，分遣诸将平下属县，诸葛亮、张飞、赵云等将兵泝流定白帝、江州、江阳，惟关羽留镇荆州。先主进军

长江万里图（局部）

三国时期的东吴位于长江中下游地区。它与益州是唇齿相依的关系。曹操南下攻打孙权，若是任其行动，益州也会马上受到威胁。

围雒；时璋子循守城，被攻且一年。

注释

①自救：救自己。②唇齿：比喻关系很密切。③相拒：相互抗击。④大事：指袭击刘璋，占据益州。垂：临近。⑤逮己：连累自己。

译文

第二年，曹操征伐孙权，孙权向刘备呼救。刘备派使节告诉刘璋："曹操征伐吴国，吴国的形势危急，令人担忧。孙氏和我本来是唇齿相依的邻邦，又有乐进在青泥关和关羽相对峙，现在不去救关羽，乐进一定会大胜，进一步侵犯益州境界，那会比张鲁更让人担忧。张鲁只是自己守护一方的贼寇，不值得担心。"刘备向刘璋要求给一万名士兵和物资供应，想向东行军。刘璋只答应给四千士兵，其余的物资全只给一半。张松给刘备和法正写信，说："现在大事马上就能成功了，为什么丢下它走开呢？"张松的哥哥广汉太守张肃，害怕张松惹出灾祸连累自己，告诉刘璋，揭发了张松的阴谋。于是刘璋把张松抓起来杀死，刘璋和刘备的仇怨和裂痕也开始形成。刘璋命令守关的众将领不要再把文书交给刘备。刘备大怒，把刘璋的白水军督杨怀叫来，责备他无礼，并杀了他。刘备派黄忠、卓膺领兵攻打刘璋。刘备一直到白水关中，把各个将官和士兵们的妻子儿女扣做人质，领兵和黄忠、卓膺等人进攻到涪城，占据了它。刘璋派刘璝、冷苞、张任、邓贤等人在涪城抵挡先主，全被打败，退回去保卫绵竹。刘璋又派李严去督领绵竹的各支军队，可李严又率领军队投降了刘备。刘备的军队更加强大，把各个将领分别派出去平定下属各县，诸葛亮、张飞、赵云等人领兵逆流而上，平定了白帝、江州、江阳等地，只把关羽留下来镇守荆州。刘备进军围攻雒城。当时刘璋的儿子刘循守雒城，被围攻了近一年。

原文

十九年夏，雒城破，进围成都数十日，璋出降。蜀中殷盛丰乐[1]，先主置酒大飨士卒，取蜀城中金银分赐将士，还其谷帛[2]。先主复领益州牧，诸葛亮为股肱[3]，法正为谋主，关羽、张飞、马超为爪牙[4]，许靖、麋竺、简雍为宾友[5]。及董和、黄权、李严等本璋之所授用也，吴壹、费观等又璋之婚亲也，彭羕又璋之所排摈也，刘巴者宿昔之所嫉恨也，皆处之显任，尽其器能。有志之士，无不竞劝。

二十年，孙权以先主已得益州，使使报欲得荆州。先主言："须得凉州，当以荆州相与。"权忿之，乃遣吕蒙袭夺长沙、零陵、桂阳三郡。先主引兵五万下公安，令关羽入益阳。是岁，曹公定汉中，张鲁遁走巴西。先主闻之，与权连和，分荆州江夏、长沙、桂阳东属；南郡、零陵、武陵西属，引军还江州。遣黄权将兵迎张鲁，张鲁已降曹公。曹公使夏侯渊、张郃屯汉中，数数犯暴巴界。先主令张飞进兵宕渠，与郃等战于瓦口，破郃等，郃收兵还南郑。先主亦还成都。

注释

①殷盛丰乐：物资丰富，生活舒适安逸。②还其谷帛：把所掠夺来的东西都归还原主。③股肱：辅佐。股：大腿；肱：小手臂。④爪牙：比喻武臣。⑤宾友：门下的宾客。

译文

建安十九年（214）夏天，雒城被攻占，刘备进军包围成都几十天，刘璋出城投降。蜀郡中殷实富裕，物产丰富，人民安乐。刘备设置酒宴，大规模招待士兵，取出蜀城中的金银分赐给将士们，把米谷布帛交还原主。刘备又代理益州牧，诸葛亮作为辅弼，法正作为谋划的负责人，关羽、张飞、马

回荆州

建安二十年（215），孙权因为刘备已经得到了益州，就派使节告诉刘备他想要荆州。刘备说，必须得到凉州以后，才能够把荆州交给孙权，孙权为此非常气愤。

超作为猛将，许靖、麋竺、简雍是宾友。至于董和、黄权、李严等人，本来是刘璋任用的官员，吴壹、费观等人又是刘璋的姻亲，彭羕是被刘璋排挤的人，刘巴是刘璋过去忌恨的人，他们全被委任在显要的职位上，充分发挥他们的才能。有志向的士人，没有一个不是勤勉向上的。

建安二十年（215），孙权因为刘备已经得到了益州，就派使节告诉刘备他想要荆州。刘备说："必须得到凉州以后，才会把荆州交给您。"孙权为此很气愤，就派吕蒙偷袭，夺取了长沙、零陵、桂阳三郡。刘备领着五万士兵沿江而下，到了公安，命令关羽进入益阳。这一年，曹操平定了汉中，张鲁逃到巴西去。刘备听说后，和孙权讲和，结成联盟，把荆州的江夏、长沙、桂阳划归东吴，把南郡、零陵、武陵划归西蜀。刘备领兵回江州，派黄权领兵去迎战张鲁，此时张鲁已经投降了曹操。曹操派夏侯渊、张郃驻在汉中，多次侵犯骚扰巴郡境内。刘备命令张飞进军宕渠，张飞和张郃等人在瓦口交战，打败了张郃等人，张郃收拢兵马回到南郑。刘备也回到成都。

原文

二十三年，先主率诸将进兵汉中。分遣将军吴兰、雷铜等入武都，皆为曹公军所没。先主次于阳平关，与渊、郃等相拒。

二十四年春，自阳平南渡沔水，缘山稍前[1]，于定军兴势作营[2]。渊将兵来争其地。先主命黄忠乘高鼓噪攻之[3]，大破渊军，斩渊及曹公所署益州刺史赵颙等。曹公自长安举众南征。先主遥策之曰："曹公虽来，无能为也，我必有汉川矣[4]。"及曹公至，先主敛众拒险[5]，终不交锋，积月不拔，亡者日多。

夏，曹公果引军还，先主遂有汉中。遣刘封、孟达、李平等攻申耽于上庸。

注释

①缘：沿着。山：定军山。稍前：逐步前进。②作营：安营扎寨。③乘高：登上高地。鼓噪：击鼓呐喊。④必有：一定占有。⑤敛众：集合部队。拒险：抗拒危险。

译文

建安二十三年（218），刘备率领各路将领进军汉中。另派将军吴兰、雷铜等人进入武都，但他们全被曹操的军队消灭了。刘备军队到达阳平关，和夏侯渊、张郃等人相对峙。

建安二十四年（219）春天，刘备从阳平关向南渡过沔水，沿着山边逐渐前进，在定军山依势修建营垒。夏侯渊领兵来争夺这块阵地。刘备命令黄忠登上高山击鼓呐喊，向夏侯渊进攻，把他们打得大败，杀死了夏侯渊和曹操任命的益州刺史赵颙等人。曹操从长安发动军队南征。刘备事先分析说：“曹操即使来了，也无能为力。我们必定会占有汉川。”到曹操来了后，刘备把军队聚集起来守住险要地势，抵挡曹军，始终不和他们交战，曹军几个月都无法攻克，逃跑的士兵日益增多。

阳平关遗址

古阳平关，又名白马城、尽口城，始建于西汉。曹操与刘备曾再阳平关决战，刘备坚守不出，曹军终因军粮不济，将士伤亡过大，而败退关中。自此，汉中归刘备管辖。

夏天，曹操果然领兵回去了。刘备就占有了汉中，派刘封、孟达、李平等人到上庸去攻打申耽。

原文

秋，群下上先主为汉中王[1]，表于汉帝曰：“平西将军都亭侯臣马超、左将军长史领镇军将军臣许靖、营司马臣庞羲、议曹从事中郎军议中郎将臣射援、军师将军臣诸葛亮、荡寇将军汉寿亭侯臣关羽、征虏将军新亭侯臣张飞、征西将军臣黄忠、镇远将军臣赖恭、扬武将军臣法正、兴业将军臣李严等一百二十人上言曰：昔唐尧至圣而四凶在朝，周成仁贤而四国作难，高后称制而诸吕窃命，孝昭幼冲而上官逆谋[2]，皆冯世宠[3]，藉履国权[4]，穷凶机乱[5]，社稷几危。非大舜、周公、朱虚、博陆，则不能流放禽讨，安危定倾。

“伏惟陛下诞姿圣德，统理万邦，而遭厄运不造之艰。董卓首难，荡覆京畿，曹操阶祸，窃执天衡；皇后太子，鸩杀见害，剥乱天下，残毁民物。久令陛下蒙尘忧厄，幽处虚邑。人神无主，遏绝王命，厌昧皇极，欲盗神器。左将军领司隶校尉豫、荆、益三州牧宜城亭侯备，受朝爵秩，念在输力，以殉国难。睹其机兆，赫然愤发，与车骑将军董承同谋诛操，将安国家，克宁旧都。会承机事不密，令操游魂得遂长恶，残泯海内。臣等每惧王室大有阎乐之祸，小有定安之变，夙夜惴惴，战慄累息。

谏鼓谤木

尧是上古时期一位非常有作为的帝王。相传，他曾在庭中设鼓，让百姓击鼓进谏。后来的明君都以他为榜样，常常倾听百姓的心声，只有这样，国家才能够不断前进，人民才能安居乐业。

“昔在《虞书》，敦序九族，周监二代，封建同姓，《诗》著其义，历载长久。汉兴之初，割裂疆土，尊王子弟，是以卒折诸吕之难，而成太宗之基。臣等以备肺腑枝叶，宗子藩翰，心存国家，念在弭乱。自操破于汉中，海内英雄望风蚁附，而爵号不显，九锡未加，非所以镇卫社稷，光昭万世也。奉辞在外，礼命断绝。昔河西太守梁统等值汉中兴，限于山河，位同权均，不能相率，咸推窦融以为元帅，卒立效绩，摧破隗嚣。今社稷之难，急于陇、蜀，操外吞天下，内残群寮，朝廷有萧墙之危，而御侮未建，可为寒心。臣等辄依旧典，封备汉中王，拜大司马，董齐六军，纠合同盟，扫灭凶逆。以汉中、巴、蜀、广汉、犍为为国，所署置依汉初诸侯王故典。夫权宜之制，苟利社稷，专之可也。然后功成事立，臣等退伏矫罪，虽死无恨。”遂于沔阳设坛场，陈兵列众，群臣陪位，读奏讫，御王冠于先主。

注释

①上：同“尚”，劝说。②逆谋：阴谋作乱，想篡权。③冯：同“凭”，凭借。世宠：世代所受到的恩宠。④藉履国权：践踏，引申为掌握。⑤穷凶机乱：也就是说穷凶极恶。机，几乎。

译文

秋天，部下官员们推举刘备做汉中王，给汉献帝上奏章说：“平西将军都亭侯臣马超、左将军长史领镇军将军臣许靖、营司马臣庞羲、议曹从事中郎军议中郎将臣射援、军师将军臣诸葛亮、荡寇将军汉寿亭侯臣关羽、征虏将军新亭侯臣张飞、征西将军臣黄忠、镇远将军臣赖恭、扬武将军臣法正、兴业将军臣李严等一百二十人进言上奏：过去唐尧是至高的圣人，但朝廷中有四凶；周成王仁义贤明，但属下有四国叛乱；汉高祖执掌朝政，而吕氏想窃取君权；孝昭帝年幼，上官桀便阴谋叛逆；他们全是凭借世代受宠幸，利用掌握了国家大权，穷凶极恶地作乱，几乎颠覆国家社稷。不是大舜、周公、朱虚侯、博陆侯他们出面，征讨他们，就不能把凶徒们擒获、流放，使处于危难中的国家安定。

“臣子们想到陛下天生有圣明的德行和帝王的姿容，统治天下万国，却遭到厄运，受到无法救助的艰难。董卓首先发难，动摇颠覆了京都；曹操接着制造灾祸，窃取了国家权力。皇后太子都被毒死和杀害；天下百姓受到剥削，遭受动乱，民间财力被破坏。陛下长久地蒙受流亡之苦，忧愁困苦，被软禁在空旷的城里。人民和神灵都没有了主人，帝王的命令被阻挡和断绝，曹操抑制和遮掩着皇帝的权力，要盗窃国家政权。左将军领司隶校尉豫、荆、益三州牧宜城亭侯刘备，接受了朝廷的官秩和爵位，想为国家尽力，献身于国难。他看到变化的征兆，在关键时刻猛然奋起，和车骑将军董承一同谋划诛杀曹操，准备安定国家，使京城恢复旧日的安宁。但董承对机要保密不够，使曹操这个游魂得以继续作恶，残害海内志士。臣子们经常害怕王室大则遭到阎乐杀秦二世那样的灾祸，小则遭到王莽把皇帝废为定安公那样的政变，昼夜惴惴不安，浑身战栗，呼吸急促。

“过去《虞书》记载，天子的九族亲属要依照远近次序给予厚待。周朝鉴于夏、商两代的教训，给天子的同姓封地建国。《诗经》记载了它们的意义，传诵了很多年。汉朝建立的初年，分割疆土，尊崇君王的子弟，因此最终挫败了吕氏的叛乱，而成就了刘氏的基业。臣子们认为刘备是帝王的后裔、刘氏同宗子弟，是国家的屏障。他一心为国担忧，想要平定暴乱。自从曹操在汉中被打败，国内各地的英雄纷纷投奔刘备，向他归附。但是他的爵位不够显赫，朝廷还没有封赐给他九锡，这不是用来镇守住国家社稷、光照万代的做法。臣等奉命在外，朝廷的礼仪和命令都被隔绝了。过去河西太守梁统等人遇上汉朝中兴，被山河险阻隔断，众将们地位相同，权力均等，不能相互统率，就一致推举窦融做元帅，终于能建立功绩，打垮了隗嚣。现在国家遭到的危难，比光武帝时陇西、蜀郡被割据的形势更严重。曹操在外吞并天下，在朝内残害百官。朝廷有祸起萧墙的危险，但抵御危难的宗室还没有被封王，实在令人寒心。臣子们就依照先前的典章，推举刘备为汉中王，拜他为大司马，统帅六军，纠集同盟者，扫除凶恶的叛逆。把汉中、巴、蜀、广汉、犍为等郡作为汉中王的封国，所设置的官署和官员都依照汉代初年诸侯王的旧典章。这是权宜之计，如果对国家有利，臣子们擅自专权也是可以的。等到以后功业成就，大事完成，臣子们退伏在地承受假借圣意的罪责，即使被处死也不会悔恨。”于是就在沔阳设下祭坛和场地，排列军队和民众，大臣们陪同站立，读完奏章，给刘备戴上王冠。

原文

先主上言汉帝曰：“臣以具臣之才，荷上将之任[1]，董督三军，奉辞于外，不得扫除寇难，靖匡王室[2]，久使陛下圣教陵迟[3]，六合之内，否而未泰[4]，惟忧反侧[5]，疢如疾首。曩者董卓造为乱阶，自是之后，群凶纵横，残剥海内。赖陛下圣德威灵，人神同应，或忠义奋讨，或上天降罚，暴逆并殪，以渐冰消。惟独曹操，久未枭除，侵擅国权，恣心极乱，臣昔与车骑将军董承图谋讨操，机事不密，承见陷害，臣播越失据，忠义不果。遂得使操穷凶极逆，主后戮杀，皇子鸩害。虽纠合同盟，念在奋力，懦弱不武，历年未效。常恐殒没，孤负国恩，寤寐永叹，夕惕若厉。

关龙逄捧黄金图劝谏夏桀

周朝建国以后，吸取了夏商两代亡国的教训。两代的末代皇帝都荒淫无道，草菅人命。但是，周王朝最后还是逃脱不了灭亡的命运。周幽王、周厉王等周朝国君也常常弄得民怨沸腾。

"今臣群寮以为在昔《虞书》敦叙九族，庶明励翼，五帝损益，此道不废。周监二代，并建诸姬，实赖晋、郑夹辅之福。高祖龙兴，尊王子弟，大启九国，卒斩诸吕，以安大宗。今操恶直丑正，实繁有徒，包藏祸心，篡盗已显。既宗室微弱，帝族无位，斟酌古式，依假权宜，上臣大司马汉中王。臣伏自三省，受国厚恩，荷任一方，陈力未效，所获已过，不宜复忝高位以重罪谤。群寮见逼，迫臣以义。臣退惟寇贼不枭，国难未已，宗庙倾危，社稷将坠，成臣忧责碎首之负。若应权通变，以宁靖圣朝，虽赴水火，所不得辞，敢虑常宜，以防后悔。辄顺众议，拜受印玺，以崇国威。仰惟爵号，位高宠厚，俯思报效，忧深责重，惊怖累息，如临于谷。尽力输诚，奖厉六师，率齐群义，应天顺时，扑讨凶逆，以宁社稷，以报万分。谨拜章因驿上还所假左将军、宜城亭侯印绶。"于是还治成都。拔魏延为都督，镇汉中。时关羽攻曹公将曹仁，禽于禁于樊。俄而孙权袭杀羽，取荆州。

注释

①荷：担任。上将：高级武官，也就是大将，主帅。②靖匡王室：安定辅佐王室。③陵迟：引申为衰颓。④否而未泰：世道衰退却不兴盛。⑤惟忧反侧：辗转不安，翻来覆去。

译文

刘备向汉献帝上书说："臣子以勉强充当臣佐的微末才能，蒙受了上将的重任，统率三军，奉命在外地，没有能够扫除贼寇的危害，扶正安定王室，使陛下的圣明教化长期衰微下去，全国各地动荡混乱，没有得到

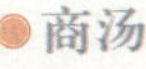
商汤

商汤是商朝的开国皇帝。他顺应百姓的要求，推翻了夏桀的统治，建立了商朝，他的功德，名垂千古。但是商朝最后一代皇帝纣王却走上了夏桀的老路，这真是值得借鉴的啊。

太平。对此我心中忧虑，辗转反侧，像患头痛病一样难受。过去董卓首先制造了动乱的根源，从那以后，凶恶的贼人四处横行，残害和掠夺全国百姓。倚仗陛下神圣的德行和威望，人和神灵共同响应，有时忠臣义士奋起讨伐，有时上天降下惩罚，消灭叛逆的暴徒，使他们如同严冰逐渐消融。只有曹操长久以来没有被消除，他侵夺国家权力，随心所欲地制造混乱。臣子过去和车骑将军董承谋划讨伐曹操，事情保密不够，董承被杀害。臣子到处流亡，没有根据地，忠义之心没有成效。如此便使得曹操穷凶极恶，大逆不道，皇后被杀死，皇子被毒害。臣子虽然大举缔结同盟，想要奋力作战，但生性懦弱没有武功，多年没收到效果。臣子经常害怕中途死去，辜负了国家的恩典，无时无刻不在叹息，昼夜警惕恐惧，像处在危险之中。

"现在臣子的属官们认为过去《虞书》讲天子的九族亲属要依照远近次序给予厚待，用贤明的群臣作为国家的羽翼。五帝对制度有所增减，但这个原则没有废除过。周朝看到夏、商两代的教训，同时设立了很多姬姓王国，后来也确实依赖晋、郑两国的辅助得到了福祉。汉高祖建立汉朝后，尊崇自己的子弟们，设立了九个大王国，终于杀死了吕氏，安定了嫡亲的大宗子孙。现在曹操憎恶排斥正直的官员，在朝中大量安插他的党徒，包藏祸心，其篡夺国家政权的用心已经很明显了。宗室已经衰弱，皇帝的亲族没有地位，众人根据古代的范例斟酌，依照先例临时借用权力，推举臣子为大司马、汉中王。臣子多次反省自己，已经受到国家的大恩，受任管理一方，为国尽力还没有得到成效，所获得的恩惠已经过了头，不应该再占据不应有的高位，加重自己的罪责，招致诽谤。但群臣们用道义迫使臣子接受。臣子退下来想到贼寇不消灭，国家的危难就没有终结，宗庙摇摇欲坠，社稷将被推翻，这些成为臣子担忧自己职责未尽、要粉身碎骨救国家的思想负担。如果能适应临时需要采取变通方法，使圣朝平定安宁，臣子就是赴汤蹈火也在所不辞，怎么敢只考虑常规的要求，去避免以后追悔呢？臣子就依从众人的建议，拜受

洛神赋图卷（局部）

《河图》是用10个黑白圆点来表示阴阳、五行、四象的，其图为四方形。而将《河图》四方的八个数旋转而排成八方而为八卦，每方一个数纳地支十二气象，就是《洛书》。传说这两本书是宓妃与河伯找来的。

了印玺，以提高国家的威望。考虑到爵号地位崇高，国家对臣子的恩宠十分优厚，想到报效国家，忧思深切，责任重大，战战兢兢，像面临深谷一样。臣子尽力奉献忠诚，奖赏鼓励六军，率领忠臣义士们整齐队伍，顺应天时，去打击凶恶的叛逆，来使国家安宁，报答国家恩情的万分之一。谨行礼叩拜，送上奏章，并通过驿站送上授予臣的左将军、宜城亭侯印信与绶带。”于是刘备把成都作为王都，提拔魏延任都督，镇守汉中。当时关羽攻打曹操的将领曹仁，在樊城活捉了于禁。不久孙权袭击关羽，杀死了他，夺取了荆州。

原文

二十五年，魏文帝称尊号，改年曰黄初。或传闻汉帝见害，先主乃发丧制服[1]，追谥曰孝愍皇帝。是后在所并言众瑞[2]，日月相属。故议郎阳泉侯刘豹、青衣侯向举、偏将军张裔、黄权、大司马属殷纯、益州别驾从事赵莋、治中从事杨洪、从事祭酒何宗、议曹从事杜琼、劝学从事张爽、尹默、谯周等上言：“臣闻《河图》、《洛书》，五经谶、纬，孔子所甄，验应自远。谨案《洛书甄曜度》曰：‘赤三日德昌，九世会备[3]，合为帝际。’《洛书宝号命》曰：‘天度帝道备称皇，以统握契，百成不败。’《洛书录运期》曰：‘九侯七杰争命民炊骸[4]，道路籍籍履人头[5]，谁使主者玄且来。’《孝经钩命决录》曰：‘帝三建九会备。’臣父群未亡时，言西南数有黄气，直立数丈，见来积年，时时有景云祥风，从璇玑下来应之，此为异瑞。又二十二年中，数有气如旗，从西竟东，中天而行，《图》、《书》曰：‘必有天子出其方。’加是年太白、荧惑、填星，常从岁星相追。近汉初兴，五星从岁星谋；岁星主义，汉位在西，义之上方，故汉法常以岁星候人主。当有圣主起于此州，以致中兴。时许帝尚存，故群下不敢漏言。顷者荧惑复追岁星，见在胃昴毕；昴毕

五星二十八宿神形图（局部）

中国古人已经开始观察星象了。汉代的张衡还发明了浑天仪。中国的天文学以及天文学的记载发展得很早，这体现了古代人的智慧。

为天纲，《经》曰：'帝星处之，众邪消亡。'圣讳豫睹，推揆期验，符合数至，若此非一。臣闻圣王先天而天不违，后天而奉天时，故应际而生，与神合契。愿大王应天顺民，速即洪业，以宁海内。"

注释

①发丧：发布布告。制服：制造丧服。②瑞：吉祥，古代的迷信说法，某将登皇位，就有吉祥的征兆出现。③会：当，遇到。④炊骸：用人骨头烧火做饭，指百姓伤痕累累。⑤籍履：践踏。

译文

建安二十五年（220），魏文帝曹丕自称皇帝，改年号为黄初。有传闻说汉献帝被害，刘备就为汉献帝发丧，穿上丧服，追上谥号，称汉献帝为孝愍皇帝。这以后各地都说出现种种瑞兆，日日月月接连不断。因此前任议郎阳泉侯刘豹、青衣侯向举、偏将军张裔、黄权、大司马属殷纯、益州别驾从事赵莋、治中从事杨洪、从事祭酒何宗、议曹从事杜琼、劝学从事张爽、尹默、谯周等人上奏说："臣子们听说《河图》、《洛书》、五经谶纬这些书，经过孔子的甄选，在很早就有灵验。谨根据《洛书甄曜度》记载：'崇尚红色的第三个太阳德行昌盛，九代遇到备这个人，合起来是成为皇帝的时机。'《洛书宝号命》说：'天的规律和皇帝的大道都认定备这个人该称皇，以正统皇族的身份掌握皇权，事事成功不会失败。'《洛书录运期》说：'九个诸侯七个豪杰争夺天下，人民烧骨殖做饭，道路上行人都得踏着死人头走，谁能主宰天下呢？名字是玄的人就要来了。'《孝经钩命决录》说：'皇帝三次建国，第九代遇上备这个人。'臣子的父亲没有去世时，就说西南多次出现黄气，直升起几丈高，几年间，经常有彩云和祥和的风从天空上的璇玑方位下来与黄气应和，这是非凡的瑞兆。又在建安二十二年（217）中，几次有一股气像旗子一样从西向东，在天正中行走。

八卦

八卦是中国古代社会各阶层广泛运用的一种思想文化理论体系。许多政治家、军事家用其运筹帷幄，治国安邦；百姓则将其作为养生、预测祸福、经商盈利的工具。毕万就是用占卜、看卦来预测自己做官的运势。

《河图》、《洛书》上说：‘一定有天子从那个方向出现。’加上这一年太白、荧惑、填星等经常追赶岁星。汉朝刚兴起时，五颗星星聚集在岁星周围。岁星表示五常中的‘义’，汉的位置在西方，是‘义’的上方，所以汉代常常用岁星来占卜皇帝的出现。应该有圣主在这个州里兴起，并使汉朝中兴。当时许都的献帝还活着，所以群臣不敢把这情况泄漏出来。不久前荧惑又来追赶岁星，出现在胃、昴、毕三个区域中；昴、毕这个方位是天的中央枢纽，《经》记载：‘帝星处在这里，各种邪恶消亡。’您的名字已经被预示出来，推算出的时机有了验证，符兆和气数相合，像这样的瑞兆不止一件。臣子听说圣明的君王在天象之前行事，天也不会违背他；在天象出现后行事，就依照天时；所以他能顺应时机出生，与神灵相符合。希望大王顺应天意和民心，迅速完成伟大的事业，来使国内安宁。”

原文

太傅许靖、安汉将军糜竺、军师将军诸葛亮、太常赖恭、光禄勋黄柱、少府王谋等上言：“曹丕篡弑[1]，湮灭汉室[2]，窃据神器，劫迫忠良，酷烈无道。人鬼忿毒[3]，咸思刘氏。今上无天子，海内惶惶[4]，靡所式仰[5]。群下前后上书者八百馀人，咸称述符瑞，图、谶明征。间黄龙见武阳赤水，九日乃去。《孝经援神契》曰‘德至渊泉则黄龙见’，龙者，君之象也。《易》乾九五‘飞龙在天’，大王当龙升，登帝位也。又前关羽围樊、襄阳，襄阳男子张嘉、王休献玉玺，玺潜汉水，伏于渊泉，晖景烛耀，灵光彻天。夫汉者，高祖本所起定天下之国号也，大王袭先帝轨迹，亦兴于汉中也。今天子玉玺神光先见，玺出襄阳，汉水之末，明大王承其下流，授与大王以天子之位；瑞命符应，非人力所致。昔周有乌鱼之瑞，咸曰休哉。二祖受命，《图》、《书》先著，以为征验。今上天告祥，群儒英俊，并起《河》、《洛》，孔子谶、记，咸悉具至。

“伏惟大王出自孝景皇帝中山靖王之胄，本支百世，乾祇降祚，圣姿硕茂，神武在躬，仁覆积德，爱人好士，是以四方归心焉。考省《灵图》，启发谶、纬，神明之表，名讳昭著。宜即帝位，以纂二祖，绍嗣昭穆，天下幸甚。臣等谨与博士许慈、议郎孟光，建立礼仪，择令辰，上尊号。”即皇帝位于成都武担之南。为文曰：“惟建安二十六年四月丙午，皇帝备敢用玄牡，昭告皇天上帝后土神祇：汉有天下，历数无疆。曩者王莽篡盗，光武皇帝震怒致诛，社稷复存。今曹操阻兵安忍，戮杀主后，滔天泯夏，罔顾天显。操子丕，载其凶逆，窃居神器。群臣将士以为社稷堕废，备宜

修之，嗣武二祖，龚行天罚。备惟否德，惧忝帝位。询于庶民，外及蛮夷君长，佥曰‘天命不可以不答，祖业不可以久替，四海不可以无主’。率土式望，在备一人。备畏天明命，又惧汉祚将湮于地，谨择元日，与百寮登坛，受皇帝玺绶。修燔瘗，告类于天神，惟神飨祚于汉家，永绥四海！”

注释

①篡：臣子夺取皇上的皇位。弑：下级杀上级，臣子杀皇上。②湮灭：埋灭。③毒：痛恨。④海内：中原地区，也指全国。⑤靡：没有。式：榜样。仰：仰仗。这里指内心无主。

译文

太傅许靖、安汉将军糜竺、军师将军诸葛亮、太常赖恭、光禄勋黄柱、少府王谋等人上奏说：“曹丕杀死皇帝篡夺皇位，灭掉了汉朝皇室，窃夺了天下大权，胁迫忠良，极端残酷，不讲道义。人民和鬼神都愤恨他们的罪恶行径，全在思念刘氏。现在上无天子，国内人心惶惶，没有敬仰效法的榜样。群臣前后有八百多人上书，全称颂各种符兆祥瑞，讲述图谶的明显征兆。近日武阳的赤水中出现黄龙，过了九天才离去。《孝经援神契》说：‘德行达到了深涧中的泉水里，就出现黄龙。’龙是君王的象征。《易经·乾卦》九五‘飞龙在天’，大王应该像龙一样升起来登上帝位。又有，前些时日关羽包围了樊城和襄阳，襄阳男子张嘉、王休献上玉玺。玉玺沉入汉水，落在深深的水底，发出火炬一样的光辉，神奇的光芒一直照射到天上。汉是高祖从汉中兴起并平定了天下的国号。大王沿袭先帝的足迹，也在汉中兴起。现在天子玉玺的神光先显现出来，玉玺出在襄阳，是汉水的下游，表明大王要承继汉朝的下游，这是授给大王天子的位置；瑞兆显示的天命与符契相合，不是人力所能达到的。过去周朝有白鱼、赤乌的祥瑞，大家都说多么美好啊！汉高祖和汉世祖（光武帝）接受天命，《河图》、《洛书》上都预先有记载，作为征兆应验的先例。现在上天显示出祥瑞，杰出的人才和儒生们共同

周文王

《易经》被誉为“群经之首，大道之源”。在古代是帝王之学，政治家、军事家、商家的必修之术。但本质上来讲，《易经》是一本关于“卜筮”之书。“文王八卦”是其中的内容。

指出《河图》、《洛书》和孔子的谶、记等著作中都有记载，十分全面详尽。

“臣子们想到大王是孝景皇帝中山靖王的后裔，主干和支系传了上百代，天神降下福气；大王的姿容魁梧雄壮，身具神一样的威武气势，仁爱施予百姓，积蓄德行，喜爱人才，好交结士人，因此四方百姓诚心归附您。考察审视《灵图》，打开谶纬书籍查寻，神明显示出的名字明显昭著。大王应该立即登上帝位，以继承高祖、世祖，接续宗庙祭祀的次序，这是天下人民的幸事。臣子等人谨与博士许慈、议郎孟光，建立礼仪制度，选择吉祥的时辰，向大王奉上尊号。”刘备在成都武担山的南面即皇帝位。撰写文告说：“在建安二十六年（221）四月丙午这一天，皇帝刘备斗胆用黑色公牛祭祀，向皇天上帝后土等神祇明确宣告：汉朝统治天下经历了无数年。过去王莽篡夺大权，光武皇帝震怒，诛灭王莽，社稷得以重新存在下去。现在曹操倚仗武力，何等残忍，杀害了君主皇后，毁灭中原，罪恶滔天，不顾天神显示的警告。曹操的儿子曹丕，继承了曹操的凶恶叛逆心理，窃取了国家大权，群臣和将士们都认为国家社稷被毁坏成废墟，刘备应该去修复它，继承高祖、世祖的功业，施行上天对贼人的惩罚。刘备德行不足，害怕自己辱没帝位。向平民百姓询问，外边一直问到蛮夷部族的首领，大家都说：‘天命给予不可以不应允，祖先的事业不可以长久荒废，四海之内不可以没有君主。’全国土地上的人民都把希望寄托在刘备一个人身上。刘备畏惧上天明确显示的命令，又担心汉朝的政权将坠毁在地下，谨选择吉日，和百官们登上祭坛，接受皇帝的玺印绶带。置备了燔祭和瘗祭的祭品，向天神祭告，希望神灵享用，赐福于汉朝皇室，使四海之内永远和平安定。”

原文

章武元年夏四月，大赦[1]，改年[2]。以诸葛亮为丞相，许靖为司徒。置百官[3]，立宗庙[4]，祫祭高皇帝以下[5]。五月，立皇后吴氏，子禅为皇太子。六月，以子永为鲁王，理为梁王。车骑将军张飞为其左右所害。初，先生忿孙权之袭关羽，将东征，秋七月，遂帅诸军伐吴。孙权遣书请和，先主盛怒不许，吴将陆议、李异、刘阿等屯巫、秭归；将军吴班、冯习自巫攻破异等，军次秭归，武陵五溪蛮夷遣使请兵。

二年春正月，先主军还秭归，将军吴班、陈式水军屯夷陵，夹江东西岸。二月，先主自秭归率诸将进军，缘山截岭，于夷道猇亭，驻营，自佷山，通武陵，遣侍中马良安慰五谿蛮夷，咸相率响应。镇北将军黄权督江北诸军，与吴军相拒于夷陵道。夏六月，黄气见自秭归十馀里中，广数十丈。后十馀日，陆议大破先主军于猇亭，将军冯习、张南等皆没。先主自猇亭

孔明出山图

刘备三顾茅庐，才将诸葛亮请出山。出山之后，刘备任命诸葛亮做宰相，诸葛亮可谓鞠躬尽瘁、死而后已，不但辅佐刘备，还扶持刘备之子刘禅。

还秭归，收合离散兵，遂弃船舫，由步道还鱼复，改鱼复县曰永安。吴遣将军李异、刘阿等踵蹑先主军，屯驻南山。秋八月，收兵还巫。司徒许靖卒。冬十月，诏丞相亮营南北郊于成都。孙权闻先主住白帝，甚惧，遣使请和。先主许之，遣太中大夫宗玮报命。冬十二月，汉嘉太守黄元闻先主疾不豫，举兵拒守。

注释

①大赦：对已经判刑的罪犯施行减刑或者免刑。②改年：改年号，改元。③置：设置。④立：设立。⑤祫祭：宗庙中的一种祭祀的礼节，集合远近祖先的神主于太庙进行大合祭。

译文

夏季四月，大赦，改年号为章武元年（221）。刘备任命诸葛亮做丞相，许靖做司徒。设置百官，建立了宗庙，一起祭祀了高皇帝以下的各位皇帝。五月，册封了皇后吴氏，立儿子刘禅为皇太子。六月，封儿子刘永为鲁王，刘理为梁王。车骑将军张飞被他的手下所害。当初，刘备愤恨孙权袭击关羽，准备东征，秋季七月，就率领各路军队征伐吴国。孙权送信来请求讲和，刘备盛怒之下没有答应。吴国的将领陆议、李异、刘阿等人驻扎在巫县和秭归；刘备的将军吴班、冯习从巫县打垮了李异等人，军队到达秭归，武陵郡的五谿地区蛮夷部落派使者来请求刘备允许他们出兵帮忙。

章武二年（222）春季正月，刘备的军队回到秭归，将军吴班、陈式的水军驻扎在夷陵，夹着长江在东西两岸扎营。二月，刘备从秭归率领众将进军，沿着山路，开凿山岭，在夷道的猇亭扎下营垒，从佷山修筑了通到武陵的道路，派侍中马良去安慰五谿蛮夷，他们全都纷纷相继来响应刘备。镇北将军黄权统领江北的各支军队，与吴军在夷陵道上相对峙。夏季六月，秭归一带十几里地里出现了一股黄气，有几十丈宽。十几天以后，陆议在猇亭大败刘备军队，将军冯习、张南等人全战死了。刘备从猇亭回到秭归，收集离散的军队，于是放弃了战船，从陆路步行回到鱼复，把鱼复县改名叫永安。吴国派遣将军李异、刘阿等人追跟在刘备军队的后面，驻扎在南山上。秋季八月，他们才收兵回巫县。司徒许靖去世。冬季十月，下诏书让丞相诸葛亮在成都修建南北郊的祭坛。孙权听说刘备驻在白帝城，非常担心，派使节来请求讲和。刘备答应了，派遣太中大夫宗玮去复命。冬季十二月，汉嘉太守黄元听说刘备患病不能治愈，起兵反叛。

原文

三年春二月，丞相亮自成都到永安。三月，黄元进兵攻临邛县。遣将军陈曶讨元，元军败，顺流下江，为其亲兵所缚，生致成都，斩之。先主病笃，托孤于丞相亮[①]，尚书令李严为副。夏四月癸巳，先主殂于永安宫[②]，时年六十三。

亮上言于后主曰："伏惟大行皇帝迈仁树德[③]，覆焘无疆，昊天不吊[④]，寝疾弥留[⑤]，今月二十四日奄忽升遐，臣妾号咷，若丧考妣。乃顾遗诏，事惟大宗，动容损益；百寮发哀，满三日除服，到葬期复如礼；其郡国太守、相、都尉、县令长，三日便除服。臣亮亲受敕戒，震畏神灵，不敢有违。臣请宣下奉行。"

五月，梓宫自永安还成都，谥曰昭烈皇帝。秋，八月，葬惠陵。

评曰：先主之弘毅宽厚，知人待士，盖有高祖之风，英雄之器焉。及其举国托孤于诸葛亮，而心神无贰，诚君臣之至公，古今之盛轨也。机权干略，不逮魏武，是以基宇亦狭。然折而不挠，终不为下者，抑揆彼之量必不容己，非唯竞利，且以避害云尔。

武侯祠

刘备所葬的地方叫做惠陵，位于四川成都的武侯祠内。刘备这个三国时候的风云人物，就埋葬在这一片宁静的土地之下。

注释

①托孤：把儿子托付给别人。②殂：去世。③大行：一去不复返，臣子忌讳皇上死亡，

用大行做比喻。汉以后称皇帝死为大行。④昊天：苍天；不吊：不善良。⑤弥留：本来说人久病不愈，后来用来称重病要死了。

章武三年（223）春季二月，丞相诸葛亮从成都来到永安。三月，黄元的军队进攻临邛县。诸葛亮派遣将军陈曶去讨伐黄元，黄元的军队被打败。黄元顺流而下，进入长江，被他的亲兵绑起来活着送到成都，砍了头。刘备病重，把儿子托付给丞相诸葛亮，尚书令李严做诸葛亮的副手。夏季四月癸巳，刘备在永安宫去世，当时六十三岁。

诸葛亮上奏章对继任皇帝刘禅说："故去的皇帝广布仁义，树立德政，覆盖着无边无际的土地，苍天不行善，使皇帝卧病不起，在这个月的二十四日忽然升天，臣子等号啕痛哭，像丧失了父母一样。看到遗诏写明，丧事遵奉大宗嗣子的安排，举动和哀容都要适度。百官发丧哀悼，满三天后就除去丧服，到了下葬的时候再依照礼仪行事；郡国的太守、相、都尉和县令们，三天后就除去丧服。臣诸葛亮亲自接受告诫和敕令，被先帝的神灵震慑，不敢违背他的诏令。臣子请求向下面宣布，依照执行。"

五月，刘备的棺柩从永安运回成都，定谥号为昭烈皇帝。秋季八月，刘备被葬在惠陵。

评论说：刘备胸怀广阔，刚毅宽厚，识别人才，礼遇士人，具有高祖的风度、英雄的气质。至于他把全国和儿子都托付给诸葛亮，而心中毫无怀疑，确实是君臣都有最大的公心，是古往今来最高尚的楷模。刘备在智谋、权变、才干与方略等方面都赶不上曹操，因此拥有的国土也狭小。然而他百折不挠，始终不肯屈居曹操之下的原因，可能只是估计曹操的度量一定容不下自己，不仅是与曹操争利，而且用以避免危害罢了。

诸葛亮传

诸葛亮字孔明，琅邪阳都人也。汉司隶校尉诸葛丰后也。父珪，字君贡，汉末为太山郡丞。亮早孤[1]，从父玄为袁术所署豫章太守，玄将亮及亮弟均之官。会汉朝更选朱皓代玄[2]。玄素与荆州牧刘表有旧[3]，往依之[4]。玄卒，亮躬耕陇亩，好为《梁父吟》。身长八尺，每自比于管仲、乐毅，时人莫之许也。惟博陵崔州平、颍川徐庶元直与亮友善，谓为信然。

注释

①孤：年幼死去父亲。②会：恰巧。朱皓：人名。③有旧：有交情，有交往。④依：依附，倚靠。

武候高卧图

公元223年4月，诸葛亮领蜀相一职，受托孤之任。他安抚百姓，袒露诚心，推行公道，赏罚分明，因此，人民既敬畏又热爱他，后世也因此将他与管仲、萧何相提并论。

译文

诸葛亮，字孔明，琅邪郡阳都人。他是汉代司隶校尉诸葛丰的后代。父亲诸葛珪，字君贡，在东汉末年做过泰山郡的郡丞。诸葛亮很早就成了孤儿。他的叔父诸葛玄被袁术任命为豫章太守。诸葛玄带着诸葛亮及其弟弟诸葛均到豫章去上任，正赶上朝廷又选派了朱皓去代替诸葛玄任职。诸葛玄以前一直与荆州牧刘表交好，就去依附刘表。诸葛玄去世后，诸葛亮亲自在田地上耕种，喜欢吟诵《梁父吟》。他身高八尺，常常把自己比做管仲、乐毅。当时没有人认为他有这样的才能，只有博陵人崔州平、颍川人徐庶（字元直）和诸葛亮是好朋友，他们认为确实是这样。

原文

时先主屯新野。徐庶见先主，先主器之，谓先主曰："诸葛孔明者，卧龙也，将军岂愿见之乎？"先主曰："君与俱来。"庶曰："此人可就见，不可屈致也。将军宜枉驾顾之[1]。"

由是先主遂诣亮，凡三往[2]，乃见。因屏人曰："汉室倾颓，奸臣窃命，主上蒙尘。孤不度德量力，欲信大义于天下，而智术短浅，遂用猖獗[3]，至于今日。然志犹未已，君谓计将安出？"亮答曰："自董卓已来，豪杰并起，跨州连郡者不可胜数。曹操比于袁绍，则名微而众寡，然操遂能克绍，以弱为强者，非惟天时，抑亦人谋也[4]。今操已拥百万之众，挟天子而令诸侯，此诚不可与争锋。孙权据有江东，已历三世，国险而民附，贤能为之用，此可以为援而不可图也[5]。

"荆州北据汉、沔，利尽南海[6]，东连吴会，西通巴、蜀，此用武之国，而其主不能守，此殆天所以资将军，将军岂有意乎？益州险塞，沃野千里，天府之土，高祖因之以成帝业。刘璋暗弱，张鲁在北，民殷国富而不知存恤，

智能之士思得明君。将军既帝室之胄，信义著于四海，总揽英雄，思贤如渴，若跨有荆、益，保其岩阻，西和诸戎，南抚夷越，外结好孙权，内修政理；天下有变，则命一上将将荆州之军以向宛、洛，将军身率益州之众出于秦川，百姓孰敢不箪食壶浆以迎将军者乎？诚如是，则霸业可成，汉室可兴矣。”先主曰：“善！”于是与亮情好日密。关羽、张飞等不悦，先主解之曰：“孤之有孔明，犹鱼之有水也。愿诸君勿复言。”羽、飞乃止。

注释

①枉驾：亲自前往。②凡：总共。③用：因此。猖獗：挫折，覆败。④抑：连词，表示递进的关系。⑤援：外援，支援。图：图此处指夺取。⑥利：利益，资源。尽：全部，全部占有。

译文

当时蜀先主刘备在新野驻军。徐庶拜见刘备，刘备很器重他。徐庶对刘备说：“诸葛孔明这个人是一条卧龙。将军您难道不愿意见他吗？”刘备说：“你带他一起来吧。”徐庶说：“这个人只可以去拜访求见，不可以委屈他，硬把他找来。将军应该屈尊亲自去拜访他。”

因此刘备就去拜见诸葛亮，一共去了三次，才见到诸葛亮。刘备就让周围的人都退开，说：“汉朝衰微，奸臣盗取了国家大权，皇帝蒙受风尘，颠沛流离。我没有衡量自己的德行，自不量力，想要在天下伸张大义，却苦于智谋短浅，所以遭到失败，到了今天这步田地。然而我矢志不渝。您认为我该采用什么计策呢？”诸葛亮回答说：“自从董卓以来，豪杰同时兴起，拥有几州或几郡土地的人数不胜数。曹操比起袁绍来，名望低微，兵马很少，但是曹操就能打败袁绍，由弱变强，其原因不只是曹操占有天时，也是善于用人的结果。现在曹操已经拥有上百万的军队，挟制了皇帝，向诸侯发号施令。这确实无法与他正面较量。孙权占据江东，已经经历了三代人。江东地区地势险要，人民归附了他，贤人为他所用，这是可以作为外援却不能图谋夺取的。

“荆州北面占有汉水、沔水，南面可以得到一直到南海边上的全部利益，东面与吴郡的都城相连，西面通向巴郡、蜀郡。这是个用兵作战的好地区，但它的主人却不能守住它，这可能是上天用它来资助将军的，将军可有心夺取它吗？益州地区四周有险要关塞，里面有上千里的肥沃土地，是天然宝库一样的国土。高祖皇帝依靠它建成了皇帝的事业。刘璋昏庸软弱，张鲁在北面，虽然人民殷实，国家富裕，却不知道关怀体贴百姓，有才能、有智慧的人都想要得到一个明智的君主。将军您既是皇室的后代，又有闻名天下的重信义的声誉；您大量收揽英雄豪杰，如饥似渴地思慕人才。如果能据有荆、益两州土地，守住它的险要关隘，向西与各戎族部落和好，向南安抚夷族、越族的百姓，外面和孙权结成同盟，内部整顿政治。天下形势有了变化时，就命令一员上将率领荆州的军队向宛城、洛阳地区进攻，将军亲自率领益州的大军从秦川出击。百姓们能有谁不用竹篮装着食物，用壶装着酒浆来迎接您呢？果然像这样的话，您称霸的大业就可以成功，汉王室也可以兴旺了。”刘备说：“好！”于是和诸葛亮的感情日益加深，关系日益亲密。关羽、张飞等人不高兴，刘备向他们解释说：“我有了孔明，就像鱼到了水中一样。请你们不要再说什么了。”关羽、张飞才停止议论。

原文

刘表长子琦，亦深器亮。表受后妻之言，爱少子琮，不悦于琦。琦每欲与亮谋自安之术[1]，亮辄拒塞[2]，未与处画[3]。琦乃将亮游观后园，共上高楼，饮宴之间，令人去梯，因谓亮曰：“今日上不至天，下不至地，言出子口，入于吾耳，可以言未？”亮答曰：“君不见申生在内而危，重耳在外而安乎[4]？”

琦意感悟，阴规出计[5]。会黄祖死，得出，遂为江夏太守。俄而表卒[6]，琮闻曹公来征，遣使请降。先主在樊闻之，率其众南行，亮与徐庶并从，为曹公所追破，获庶母。庶辞先主而指其心曰：“本欲与将军共图王霸之业者，以此方寸之地也[7]。今已失老母，方寸乱矣，无益于事，请从此别。”遂诣曹公。

晋文公复国图（局部）

诸葛亮说：“您没有见到申生在宫中遭到杀害，重耳在外地就平安无事吗？”晋文公重耳继位前在外流浪十九年，终于回国继承了王位。

注释

①自安之术：保全自己的办法。②辄：每，常常；拒塞：拒绝阻止。③处画：处理谋划。④申生、重耳：都是春秋时期晋献公的儿子。申生：是太子，被晋献公的妃子骊姬谗害。重耳流亡在外，后来回国做了国君。⑤规：规划、图谋。⑥俄而：没过多久。⑦方寸之地：指人的心。

译文

刘表的长子刘琦，也非常器重诸葛亮。刘表偏信后妻的话，疼爱小儿子刘琮，不喜欢刘琦。刘琦常常想与诸葛亮商议一个让自己保全的方法，诸葛亮动不动就推托敷衍，不肯给他谋划。刘琦就带着诸葛亮到后花园去游玩，一起登上高楼，在饮酒中间，让人撤去梯子，借机对诸葛亮说："今天我们上不接天，下不着地，话从您嘴里说出来，进入我的耳中，您可不可以说呢？"诸葛亮回答说："您没有见到申生在宫中遭到杀害，重耳在外地就平安无事吗？"

刘琦领悟到了诸葛亮的意思，就在暗地里谋划离开襄阳的主意。正巧黄祖死了，刘琦得到机会外出，就去做江夏太守。不久刘表去世了，刘琮听说曹操来进攻，就派使节去向曹操投降。刘备在樊城听到这个消息，率领他的部下向南撤退，诸葛亮和徐庶一起跟着刘备走，被曹操的追兵打败，曹军抓住了徐庶的母亲。徐庶向刘备告辞，指着自己的心说："我本来想要和将军您一起谋划建立称霸天下的王侯大业，凭的是这颗心。现在失去了老母，心里乱了，对您的事业没有益处，请让我就此和您分手吧。"他便到曹操那里去了。

原文

先主至于夏口，亮曰："事急矣，请奉命求救于孙将军。"时权拥军在柴桑，观望成败。亮说权曰："海内大乱，将军起兵据有江东，刘豫州亦收众汉南，与曹操并争天下。今操芟夷大难，略已平矣，遂破荆州，威震四海。英雄无所用武，故豫州遁逃至此。将军量力而处之：若能以吴、越之众与中国抗衡，不如早与之绝；若不能当，何不案兵束甲[1]，北面而事之[2]！今将军外托服从之名[3]，而内怀犹豫之计，事急而不断[4]，祸至无日矣[5]！"权曰："苟如君言，刘豫州何不遂事之乎[6]？"亮曰："田横，齐之壮士耳，犹守义不辱，况刘豫州王室之胄，英才盖世，众士慕仰，若水之归海，若事之不济[7]，此乃天也，安能复为之下乎！"

权勃然曰："吾不能举全吴之地，十万之众，受制于人。吾计决矣！非刘豫州莫可以当曹操者，然豫州新败之后，安能抗此难乎？"亮曰："豫

州军虽败于长阪，今战士还者及关羽水军精甲万人，刘琦合江夏战士亦不下万人。曹操之众，远来疲敝，闻追豫州，轻骑一日一夜行三百馀里，此所谓‘强弩之末，势不能穿鲁缟’者也。故兵法忌之，曰‘必蹶上将军’。且北方之人，不习水战；又荆州之民附操者，逼兵势耳，非心服也。今将军诚能命猛将统兵数万，与豫州协规同力，破操军必矣。操军破，必北还，如此则荆、吴之势强，鼎足之形成矣。成败之机，在于今日。”

权大悦，即遣周瑜、程普、鲁肃等水军三万，随亮诣先主，并力拒曹公。曹公败于赤壁，引军归邺。先主遂收江南，以亮为军师中郎将，使督零陵、桂阳、长沙三郡，调其赋税，以充军实。

注释

①案兵：按兵不动。束甲：把铠甲包裹起来。②北面而事之：在封建时代君主坐北朝南，臣子脸向着北面朝见天子。这里指曹操投向称臣。③面：表面上。托：假托。④断：决断。⑤无日：没有几天。⑥遂：成就。⑦事：与曹操抗衡，夺取天下的事情。不济：不成功。

译文

刘备到了夏口。诸葛亮说：“形势很危急了，请让我带着您的使命去向孙将军求救。”当时孙权带领军队驻在柴桑，观望曹操和刘备之间的胜败情况。诸葛亮劝说孙权道：“海内大乱，您起兵占据了江东，刘豫州也在汉水以南招纳士兵，和曹操争夺天下。现在曹操把国内各处的大敌基本上都消灭掉了，接着攻占了荆州，威震四海。现在英雄无用武之地，所以刘豫州逃到了这里。您应该根据自己的力量来处理当前局势：如果您能用吴、越的军队和中原军队抗衡，不如早日和曹操绝交；如果不能抵挡他，为什么不放下武器，捆起甲胄，向曹操称臣投降呢？现在您表面上假借服从朝廷的名义，内心却犹豫不定，形势危急却不早决断，大祸没有几天就会降临了。”孙权说：“假如像您说的这样，刘豫州为什么不马上投降曹

诸葛亮

诸葛亮来到东吴，说服孙权与刘备联合抵抗曹操的入侵。他的分析有理有据，终于说服了孙权，他雄辩的才能令人赞叹啊。

赤壁夜游

公元208年七月到十二月，孙权、刘备联军在长江赤壁一带大败曹操军队，奠定了三国鼎立的基础。此图即是赤壁的夜景。

操呢？”诸葛亮说：“田横只是一个齐国的壮士罢了，他还能坚守道义，不肯受辱。何况刘豫州是皇室的后裔，是盖世无双的英才，士大夫们都仰慕他，像河水流向大海一样奔来投靠他。如果大事不能成功，那就是天意了。他怎么能再做曹操的手下人呢！”

孙权勃然大怒说：“我不能拿整个吴郡的土地和十万军队去接受别人的控制。我的主意已经决定了！除了刘豫州以外没有人可以抵挡曹操，但是刘豫州在刚打了败仗后，怎么能够抗击这个强敌呢？”诸葛亮说：“刘豫州的军队虽然在长阪失败了，现在回来的士兵和关羽的水军一共还有上万名精兵。刘琦集合的江夏军队士兵也不少于一万人。曹操的军队从远方而来，已疲惫不堪。听说在追击刘豫州时，轻骑兵一天一夜里赶三百多里路，这就是所说的‘强弩射出的箭射到尽头时，它的力量连鲁地出产的薄纱也穿不透了’。所以兵法上忌讳这种情况，说它‘一定会损失军队的统帅’。而且北方的人不熟悉水战；再有荆州的人民依附曹操只是迫于军队的威胁罢了，并不是真心服从。现在将军真能够命令猛将统领几万军队，和刘豫州同心协力，一齐谋划，就一定能打败曹军。曹操的军队失败后，一定会退回北方，这样荆州和东吴的势力增强，就形成三足鼎立的形势。成败的关键就在今天了。”

孙权非常高兴，就派周瑜、程普、鲁肃等人带三万水军，和诸葛亮一起去见刘备，合力抵御曹操。曹操在赤壁打了败仗，领兵回到邺城。刘备就占据了江南地区，任命诸葛亮做军师中郎将，让他管理零陵、桂阳、长沙三个郡，调用那里的赋税来供应军队使用。

原文

建安十六年，益州牧刘璋遣法正迎先主[1]，使击张鲁。亮与关羽镇荆州。先主自葭萌还攻璋，亮与张飞、赵云等率众溯江[2]，分定郡县，与先主共围成都。成都平，以亮为军师将军，署左将军府事[3]。先主外出，亮常镇守成都，足食足兵。

二十六年，群下劝先主称尊号，先主未许，亮说曰：“昔吴汉、耿弇

等初劝世祖即帝位，世祖辞让，前后数四，耿纯进言曰：‘天下英雄喁喁[4]，冀有所望[5]。如不从议者，士大夫各归求主，无为从公也。’世祖感纯言深至，遂然诺之[6]。今曹氏篡汉，天下无主，大王刘氏苗族，绍世而起[7]，今即帝位，乃其宜也。士大夫随大王久勤苦者，亦欲望尺寸之功如纯言耳。”

先主于是即帝位，策亮为丞相曰：“朕遭家不造，奉承大统，兢兢业业，不敢康宁，思靖百姓，惧未能绥。于戏！丞相亮其悉朕意，无怠辅朕之阙，助宣重光，以照明天下，君其勖哉！”亮以丞相录尚书事，假节。张飞卒后，领司隶校尉。

注释

①先主：指刘备。②溯江：沿着长江水线行走。③署：兼任。④喁喁：本来是用来指鱼嘴巴露出水面的样子，这里用来比喻众人都景仰和向往。⑤冀：希望。⑥诺：答应。⑦绍世：继世，绍：继承。

译文

建安十六年（211），益州牧刘璋派遣法正来迎接刘备，让他去攻打张鲁。诸葛亮和关羽镇守荆州。刘备从葭萌回来攻打刘璋，诸葛亮和张飞、赵云等人率领军队沿长江向上游进攻，分别平定了各个郡县，和刘备一起包围了成都。成都平定以后，刘备任命诸葛亮做军师将军，署理左将军府事。刘备外出时，诸葛亮经常在成都镇守，操办的粮食和军用物资都很充足。

建安二十六年（221），部属们劝说刘备称皇帝。刘备没有答应。诸葛亮劝说道：“过去吴汉和耿弇等人开始劝世祖刘秀做皇帝时，世祖谦让，不肯即位，前后多次推辞，耿纯去劝说：‘天下的英雄景仰您，追随您，都希望能跟着您达到自己的愿望。如果您不接受大家的建议，大家就会各自回去另找主人，没有理由一直跟

关圣帝君像

关羽被后人尊称为“关公”。后来的统治者尊崇他为“武圣”，与“文圣”孔子齐名，还被封为“盖天古佛”。许多行业的人都会供奉关公。

随您了。'世祖感到耿纯的话非常深刻中肯，就答应了。现在曹氏篡夺了汉朝的政权，天下没有君主了。大王您是刘氏皇族的后代，继承了帝王世系而兴起。现在您即皇帝位，正是应当的。士大夫们长久以来跟随大王吃苦效力的原因，也是像耿纯讲的那样想要建立一点儿功勋罢了。"

刘备于是即位为皇帝，策封诸葛亮为丞相。刘备下诏对诸葛亮说："朕遭遇到家族的不幸，被推举继承了皇帝位，将兢兢业业地执政，不敢安逸享乐，想要让百姓生活安宁，但总怕不能让天下平定。啊！丞相诸葛亮要了解朕的心意，不要怠慢，辅助朕弥补疏漏不足，协助我宣扬王室的功德，像日月一样照亮天下。您要多加勉励自己啊！"诸葛亮以丞相身份管理尚书事务，借给他符节代行王权。张飞死后，诸葛亮又兼任司隶校尉。

原文

章武三年春，先主于永安病笃[1]，召亮于成都，属以后事[2]，谓亮曰："君才十倍曹丕，必能安国，终定大事。若嗣子可辅[3]，辅之；如其不才，君可自取。"亮涕泣曰："臣敢竭股肱之力[4]，效忠贞之节[5]，继之以死！"先主又为诏敕后主曰："汝与丞相从事，事之如父。"

白帝城托孤

公元223年4月，刘备在白帝城过世，去世前授诸葛亮蜀相一职，并将其子刘禅托孤于他。诸葛孔明誓言要辅佐幼主，袒露诚心，推行公道，将蜀汉大业进行到底。

建兴元年，封亮武乡侯，开府治事[6]。顷之，又领益州牧。政事无巨细，咸决于亮。南中诸郡，并皆叛乱，亮以新遭大丧，故未便加兵，且遣使聘吴，因结和亲，遂为与国。

注释

①病笃：病得很严重。②属：同“嘱”嘱托。③嗣子：帝王和诸侯的嫡长子。这里指刘备的长子刘禅。④股肱之力：这里用来比喻帝王的辅佐。⑤效：贡献。⑥开府：建立官署，设置署官。

译文

章武三年（223）春天，刘备在永安病危，从成都把诸葛亮召来，向他托付后事。刘备对诸葛亮说：“您的才能是曹丕的十倍，一定能够安定国家，最终完成统一大业。如果继位的皇子可以辅佐，您就辅佐他；如果他没有才能，您就取而代之。”诸葛亮哭着说：“臣子一定竭尽全力辅助皇子，贡献忠贞的节操，一直坚持到死为止。”刘备又写了诏书给刘禅：“你要跟着丞相学习治理国家，像对父亲一样地对待他。”

建兴元年（223），后主刘禅封诸葛亮为武乡侯，设立官署处理政事。不久，后主又让诸葛亮兼任益州牧。国家政务不论大小，全都由诸葛亮决定。南方的几个郡一起叛乱，诸葛亮因为国家刚丧失了君主，就没有派兵去讨伐，暂时派出使节去吴国访问，趁势和他们结为姻亲，友好相处，成为盟国。

原文

三年春，亮率众南征[1]，其秋悉平[2]。军资所出，国以富饶，乃治戎讲武[3]，以俟大举[4]。

五年，率诸军北驻汉中，临发，上疏曰：

先帝创业未半而中道崩殂，今天下三分，益州疲弊[5]，此诚危急存亡之秋也[6]。然侍卫之臣不懈于内[7]，忠志之士忘身于外者，盖追先帝之殊遇，欲报之于陛下也。诚宜开张圣听，以光先帝遗德，恢弘志士之气，不宜妄自菲薄，引喻失义，以塞忠谏之路也。宫中府中俱为一体，陟罚臧否，不宜异同。若有作奸犯科及为忠善者，宜付有司论其刑赏，以昭陛下平明之理，不宜偏私，使内外异法也。侍中、侍郎郭攸之、费祎、董允等，此皆良实，志虑忠纯，是以先帝简拔以遗陛下。愚以为宫中之事，事无大小，悉以咨之，然后施行，必能裨补阙漏，有所广益。将军向宠，性行淑均，晓畅军事，

张果见明皇图

唐玄宗亲近贤臣，疏远小人，所以前期统治比较清明；而他后期亲近小人，疏远贤臣，使唐朝由盛而衰，差点亡国。

试用于昔日，先帝称之曰能，是以众议举宠为督。愚以为营中之事，悉以咨之，必能使行陈和睦，优劣得所。

亲贤臣，远小人，此先汉所以兴隆也；亲小人，远贤臣，此后汉所以倾颓也。先帝在时。每与臣论此事，未尝不叹息痛恨于桓、灵也。侍中、尚书、长史、参军，此悉贞良死节之臣，愿陛下亲之信之，则汉室之隆，可计日而待也。

注释

①南征：征伐南中地区。②悉：全部。③治戎：政治军队。讲武：讲习军事，即进行军事训练。④以俟：用这个来等待。大举：大的军事行动。⑤疲弊：困乏，凋敝。⑥此诚危急存亡之秋：是在是关系到国家生死存亡的时候了。⑦不懈于内：内，指朝廷，懈：懈怠，松懈。

译文

建兴三年（225）春天，诸葛亮领兵讨伐南方，当年秋天就把南方全部平定。军需物资都从这些南方郡县征调，国家财政变得富裕起来。诸葛亮就整顿军队，训练武功，等待时间大举进攻曹操。

建兴五年（227），诸葛亮率领各路军队向北去驻守汉中，临出发前，给后主上奏章说：

先帝开创的事业还没有完成一半，中途就去世了。现在天下分为魏、蜀、吴三国，益州地区人力疲惫，经济残破，这确实是决定存亡的危急关头。然而侍卫的臣子们在朝廷内能毫不懈怠，忠诚的将士在外面奋不顾身地战斗，都是追念先帝给他们的深厚恩德，想要为此报答陛下的缘故。陛下确实是应该广泛听取建议，把先帝遗留的德行发扬光大，大力振奋有志之士，不应该妄自菲薄，不要在说话时采用不符合道义的不恰当比喻，以免使得群臣尽忠进谏的道路被堵塞。皇宫和丞相府中的官属都是一个整体，升降赏罚，办事对错，不应有两个标准。如果有作恶犯法的和忠心行善的，都应该交付主管官府评定对他们的刑罚或奖励，以昭示陛下公平严明的治理，不应该有所偏袒，使宫内外的奖惩制度不同。侍中、侍郎郭攸之、费祎、董允等人，都是善良忠实的人，他们心怀忠诚，思想纯洁，因此先帝把他们挑选出来留给陛下。我认为宫中的事情，不管大小，都可以去征求他们的意见，然后再去施行，一定能弥补疏漏和不足，获取许多好处。将军向宠，性情和善，办事公正，通晓军事，以前曾经试用过，先帝称赞他有能力，因此众人公议推举他做都督。我认为军营中的事务都可以去征求他的意见，一定能够让军队内部和睦，优秀人才和低劣的将士都各得其所。

亲近贤臣，疏远小人，这是前汉兴隆的原因；亲近小人，疏远贤臣，这是后汉覆灭的原因。先帝在世时经常和我谈论这件事，没有一次不叹息，为桓、灵二帝感到痛心和遗憾。侍中、尚书、长史、参军，这些人全都是正直善良忠贞不二的大臣，希望陛下亲近他们，相信他们，那么汉王朝的兴隆就指日可待了。

原文

臣本布衣[1]，躬耕于南阳[2]，苟全性命于乱世，不求闻达于诸侯[3]。先帝不以臣卑鄙[4]，猥自枉屈[5]，三顾臣于草庐之中，谘臣以当世之事，由是感激，遂许先帝以驱驰。后值倾覆[6]，受任于败军之际，奉命于危难之间，尔来二十有一年矣。

先帝知臣谨慎，故临崩寄臣以大事也[7]。受命以来，夙夜忧叹，恐托付不效，以伤先帝之明，故五月渡泸，深入不毛。今南方已定，兵甲已足，当奖率三军，北定中原，庶竭驽钝，攘除奸凶，兴复汉室，还于旧都。此臣所以报先帝，而忠陛下之职分也。

至于斟酌损益，进尽忠言，则攸之、祎、允之任也。愿陛下托臣以讨贼兴复之效；不效，则治臣之罪，以告先帝之灵。若无兴德之言，则责

攸之、袆、允等之慢，以彰其咎。陛下亦宜自谋，以谘诹善道，察纳雅言，深追先帝遗诏。臣不胜受恩感激。今当远离，临表涕零，不知所言。

遂行，屯于沔阳。

注释

①布衣：平民百姓的代称。②躬耕：亲自耕种。南阳：郡名，治所在苑县。③闻达：扬名显达。诸侯：指东汉末年割据四方的军阀和州郡长官。④卑鄙：身份低下，学识浅薄，这里指谦虚的说法。⑤猥自枉屈：降低身份，亲自拜访。⑥后值倾覆：指汉献帝建安十三年刘备在当阳长坂坡被曹操打败。⑦大事：国家大事。

译文

臣子本是平民百姓，在南阳亲身耕种田地，在乱世中苟且保全性命，不想在诸侯中间做官扬名。先帝不因为我地位低下，学识浅薄，降低身份屈尊来访，三次到草房里来拜访我，向我咨询当今天下大势。我因此非常感激，就答应先帝为他奔走效力。后来遇到战败，在军队失利的时刻接受了重任，在危难之中承受了命令，到现在已经二十一年了。

先帝知道臣子办事谨慎，所以在临去世时将国家大事托付给我。我接受命令以来，昼夜担忧叹息，恐怕完不成先帝的托付，有损先帝的知人之明。所以在五月中渡过泸水，深入不毛之地。现在南方已经被平定，士兵和武器都准备充足，应当鼓励三军，率领他们进攻，向北平定中原。希望能竭尽我愚钝的能力，铲除奸恶凶徒，恢复并振兴汉王朝，回到旧都去。这是臣子用来报答先帝并效忠陛下的本职。

至于斟酌事务的利弊，进献忠谏，就是郭攸之、费袆、董允他们的任务了，希望陛下把讨伐贼人、恢复汉朝王室的任务委托给我；没有成效，就惩办我的罪过，来向先帝的神灵报告。如果听不到勉励陛下树立德行的言论，就

陶渊明像

诸葛亮原先过的日子就像是晋代的陶渊明：“采菊东篱下，悠然见南山”。但是他心怀天下，在刘备三请之下终于出山，辅佐刘备，建立蜀国。

要责罚郭攸之、费祎、董允他们怠慢失职，明确揭露他们的过错。陛下自己也应该谋划国事，咨询和寻找治国的好办法，察觉并采纳正确的建议，深刻地领会先帝的遗诏。我就蒙受深恩，不胜感激了。现在要远离陛下，在写这篇奏章时，流泪不止，不知道该说什么才好。

于是诸葛亮出征，驻扎在沔阳。

原文

六年春，扬声由斜谷道取郿，使赵云、邓芝为疑军，据箕谷，魏大将军曹真举众拒之。亮身率诸军攻祁山，戎陈整齐，赏罚肃而号令明，南安、天水、安定三郡叛魏应亮，关中响震。魏明帝西镇长安，命张郃拒亮，亮使马谡督诸军在前，与郃战于街亭。谡违亮节度，举动失宜，大为郃所破。

亮拔西县千馀家，还于汉中，戮谡以谢众[①]。上疏曰："臣以弱才，叨窃非据，亲秉旄钺以厉三军[②]，不能训章明法[③]，临事而惧[④]，至有街亭违命之阙，箕谷不戒之失，咎皆在臣授任无方[⑤]。臣明不知人，恤事多暗[⑥]，《春秋》责帅，臣职是当[⑦]。请自贬三等，以督厥咎。"于是以亮为右将军，行丞相事，所总统如前。

注释

①谢众：向众人谢罪。②秉：执掌，掌握。旄钺：古代天子所用的仪仗。③训章：训导法规。明法：严明章法。④临事而惧：用兵时心存戒备之心，不可以轻敌。⑤无方：没有固定的法度，这里指处理事情不恰当。⑥恤：顾，考虑。暗：糊涂不明。⑦臣职是当：我应当担当的责任。

译文

建兴六年（228）春天，诸葛亮扬言要从斜谷道攻打郿县，派赵云、邓芝作为疑兵，占据箕谷。魏国大将军曹真领兵去阻挡他们。诸葛亮亲自率领各军攻打祁山，军队阵容整齐，赏罚严格而且号令明确。南安、天水、安定三个郡背叛魏国来响应诸葛亮，关中地区都被震动。魏明帝到长安镇守，命令张郃去抵挡诸葛亮。诸葛亮派马谡在前方督管各军，和张郃在街亭交战。马谡违背了诸葛亮的部署安排，作战行动失误，被张郃打得大败。

诸葛亮把西县的一千多户人口迁移走，领兵回到汉中，处死马谡向大家谢罪，并且送上奏章，说："臣子以自己薄弱的才能，却担当了无法胜任的重任，亲自手执旄头和斧钺，激励三军出征，但是不能向将士训导军规，明确法纪，面临大事时周详考虑，致使造成马谡在街亭违背命令的失败，以及在箕谷戒备不严的失利。过失都在于臣子用人不当。臣子没有知人之明，办理事务中又有很多昏庸不明之处，《春秋》记载，战争失利要责罚领兵的主将，臣子的职务正是应该负责的。请求贬斥我三级官职，用来惩戒这次的过失。”于是朝廷将诸葛亮降为右将军，代理丞相事务，总管的政务和以前一样。

冬，亮复出散关，围陈仓，曹真拒之，亮粮尽而还。魏将王双率骑追亮，亮与战，破之，斩双。

七年，亮遣陈式攻武都、阴平。魏雍州刺史郭淮率众欲击式[1]，亮自出至建威，淮退还，遂平二郡。诏策亮曰：“街亭之役，咎由马谡，而君引愆[2]，深自贬抑，重违君意[3]，听顺所守[4]。前年耀师[5]，馘斩王双[6]；今岁爰征，郭淮遁走；降集氐、羌，兴复二郡，威镇凶暴，功勋显然。方今天下骚扰，元恶未枭[7]，君受大任，干国之重，而久自挹损，非所以光扬洪烈矣。今复君丞相，君其勿辞。”

诸葛亮病危留锦囊

建兴十二年（234），诸葛亮患病，留下锦囊给杨仪，认为魏延有反叛之心，必须除掉。诸葛亮的一生充满传奇色彩，在历史上被人神化了。至今，人们还将他作为智慧的化身。

九年，亮复出祁山，以木牛运，粮尽退军，与魏将张郃交战，射杀郃。

十二年春，亮悉大众由斜谷出，以流马运，据武功五丈原，与司马宣王对于渭南。亮每患粮不继，使己志不申，是以分兵屯田，为久驻之基。耕者杂于渭滨居民之间，而百姓安堵，军无私焉。相持百馀日。其年八月，亮疾病，卒于军，时年五十四。及军退，宣王案行其营垒处所，曰："天下奇才也！"

注释

①刺史：官名，掌管一州的监查。②引愆：过失。③重违：难以违背。重，难。④守：请求。⑤耀师：带领军队示威。⑥馘斩：斩杀。馘：割下耳朵。⑦元恶：大恶之人。指魏明帝曹睿。枭：把头悬挂在木桩上示众，这里是诛杀的意思。

译文

冬季，诸葛亮又从散关出兵，包围了陈仓，曹真抵挡他，诸葛亮因粮食用完而退兵。魏将王双率领骑兵追赶诸葛亮，诸葛亮和王双交战，杀死了王双。

建兴七年（229），诸葛亮派陈式去攻打武都和阴平。魏雍州刺史郭淮率领军队准备攻打陈式，诸葛亮亲自出兵打到建威，郭淮退了回去，蜀国平定了武都、阴平二郡。后主下诏书策封诸葛亮说："街亭一仗的过失在马谡，而您把责任归于自己，深刻地自责，降低自己的官职。我不愿违背您的意愿，答应了您的要求，降职为代理丞相。去年您指挥军队，杀死了王双。今年去征讨魏国，郭淮败逃。您招降了氐族、羌族百姓，收复了武都、阴平二郡。您的威严震慑了凶恶的暴徒，功勋显赫。现在天下战乱不定，首恶还没有被处死。您承受重大的责任，肩负国家的重担，却长期自己压抑自己，这不利于发扬光大宏伟的统一功业。现在恢复您丞相的官职，请您不要推辞。"

建兴九年（231），诸葛亮再次从祁山出击，用木牛运粮，因为粮食吃光而退兵，与魏将张郃交战，射死了张郃。

建兴十二年（234）春季，诸葛亮出动全部军队从斜谷进军，用流马运粮，占领了武功的五丈原，和司马懿在渭南相对垒。诸葛亮经常担心粮食不能及时供应，使得自己的志向不能实现，因此分派一部分军队屯田，作为长久驻守的基础。耕田的士兵分散杂住在渭水边上的居民中，百姓们仍能安居乐业，士兵也没有私自去谋利的。双方相对峙了一百多天。这一年的八月，诸葛亮患病，在军营中去世，时年才五十四岁。到蜀军退走后，司马懿去巡视蜀军原来的营垒和住所，感叹道："诸葛亮真是天下的奇才啊！"

原文

亮遗命葬汉中定军山，因山为坟，冢足容棺[1]，敛以时服[2]，不须器物。诏策曰：“惟君体资文武[3]，明睿笃诚[4]，受遗托孤[5]，匡辅朕躬[6]，继绝兴微，志存靖乱[7]；爰整六师，无岁不征，神武赫然，威镇八荒，将建殊功于季汉，参伊、周之臣勋。如何不吊，事临垂克，遘疾陨丧！朕用伤悼，肝心若裂。夫崇德序功，纪行命谥，所以光昭将来，刊载不朽。今使使持节左中郎杜琼，赠君丞相武乡侯印绶，谥君为忠武侯。魂而有灵，嘉兹宠荣。呜呼哀哉！呜呼哀哉！”

初，亮自表后主曰：“成都有桑八百株，薄田十五顷，子弟衣食，自有馀饶。至于臣在外任，无别调度，随身衣食，悉仰于官，不别治生，以长尺寸。若臣死之日，不使内有馀帛，外有赢财，以负陛下。”及卒，如其所言。

定军山

定军山就是当年诸葛亮大布“八阵图”、“设督军坛”的武侯坪，是黄忠大战夏侯渊的战场。诸葛亮希望自己死后可以葬在此地。

注释

①冢：坟墓。②敛：给尸体穿上衣服下棺材。时服：合乎当时时令的衣服。③体资：天资。文武：文才武略方面都很出色。④明睿笃诚：非常智慧，忠贞诚信。⑤托孤：接受遗孤。⑥匡：辅助。⑦靖：平定。

译文

诸葛亮遗嘱中命令把他葬在汉中的定军山，就着山势建坟墓，墓穴可以容下棺材就足够了，用日常穿的衣服收殓他，不要其他的器物。后主下诏书说：“您具有文武兼备的才能，聪明睿智，忠厚诚恳，接受先帝托孤的遗命，辅佐和指正我，继承了灭绝的帝室，振兴衰微的国家。您的心中总想着讨平暴乱，整顿军队，没有一年不去出征。您天神一样的武功十分显赫，威严震慑四面八方，将要为汉代子孙建立伟大的功绩，可以与伊尹、周公的巨大功勋相媲美。为什么上天不发慈悲，在事业接近成功的时候，却让您患病去世！我因此悲伤哀悼，心肝都要破裂了。要崇尚您的德行，评定您的功勋，记录您的行为，确定您的谥号，用来向后代昭示您的光辉业绩，把它铭刻下来，永不磨灭。现在派左中郎将杜琼去赠给您丞相武乡侯的印章与绶带，给您的谥号为忠武侯。您的魂灵如果有知，也会为这种恩宠和荣耀而欣慰的。唉呀，真悲伤啊！唉呀，真悲伤啊！”

早年，诸葛亮曾给后主上奏章说：“我在成都有八百棵桑树、十五顷薄田。我的亲戚和子孙们需要的衣食，可以靠它们保障，还有些富余。至于我在外面任职，没有别的花销，自己的吃穿，都靠官府供给，不再经营别的产业，来增加一些家财。到了我死的那一天，不会让家中有多余的布帛，也不让家人在外面有多余的钱财，以免辜负陛下的重托。”到了诸葛亮死时，家中财产就和他讲的一样。

原文

亮性长于巧思，损益连弩[1]，木牛流马，皆出其意；推演兵法，作八陈图，咸得其要云。亮言教书奏多可观[2]，别为一集。景耀六年春，诏为亮立庙于沔阳。秋，魏镇西将军钟会征蜀，至汉川，祭亮之庙，令军士不得于亮墓所左右刍牧樵采[3]。亮弟均，官至长水校尉。亮子瞻，嗣爵[4]。

诸葛氏集目录：开府作牧第一、权制第二、南征第三、北出第四、计算第五、训厉第六、综核上第七、综核下第八、杂言上第九、杂言下第十、贵和第十一、兵要第十二、传运第十三、与孙权书第十四、与诸葛瑾书第十五、与孟达书第十六、废李平第十七、法检上第十八、法检下第十九、科令上第二十、科令下第二十一、军令上第二十二、军令中第二十三、军令下第二十四。右二十四篇，凡十万四千一百一十二字。

臣寿等言[5]：臣前在著作郎，侍中领中书监济北侯臣荀勖、中书令关内侯臣和峤奏，使臣定故蜀丞相诸葛亮故事[6]。亮毗佐危国[7]，负阻不宾，然犹存录其言，耻善有遗，诚是大晋光明至德，泽被无疆，自古以来，未之有伦也。辄删除复重，随类相从，凡为二十四篇，篇名如右。

注释

①损益：改革。连弩：装有机栝，可以连接发射箭的弓。②言教：言论教诲。③刍：割草。牧：放牧。樵：砍柴。采：采摘。④嗣爵：继承爵位。⑤臣寿：指代陈寿自己。⑥故事：过去的事情。⑦毗佐：辅佐。

译文

诸葛亮的天性擅长发明，有很多巧妙的思想。能连续发射的弩箭、木牛流马，

● 鲁班造云梯

古人的智慧没有穷尽。春秋时期的鲁班是一位大发明家，发明了许多实用的物件。而三国时期的诸葛亮，不仅谋略过人，而且长于发明创造。连发的箭弩、木牛流马、孔明灯等都是他的发明创造。

都出自他的设计。他推算演练兵法，加以发展，创出八阵图，都深得其中的要领。诸葛亮的言论、教令、书信、奏章中，很多都值得观看，这些被另外编成一集。

景耀六年（263）春天，刘禅下诏书为诸葛亮在沔阳建立祠庙。秋天，魏国镇西将军钟会征伐蜀国，到了汉川，去祭祀诸葛亮的祠庙，命令军队士兵们不许在诸葛亮墓地周围打柴、放牧。诸葛亮的弟弟诸葛均，做到长水校尉的官职。诸葛亮的儿子诸葛瞻继承了他的爵位。

《诸葛亮集》目录：开府作牧第一、权制第二、南征第三、北出第四、计算第五、训厉第六、综核上第七、综核下第八、杂言上第九、杂言下第十、贵和第十一、兵要第十二、传运第十三、与孙权书第十四、与诸葛瑾书第十五、与孟达书第十六、废李平第十七、法检上第十八、法检下第十九、科令上第二十、科令下第二十一、军令上第二十二、军令中第二十三、军令下第二十四。以上二十四篇，一共十万四千一百一十二字。

臣子陈寿等人奏言：我在以前任著作郎的时候，侍中领中书监济北侯荀勖、中书令关内侯和峤上奏，委派我整理已故的蜀国丞相诸葛亮的事迹。诸葛亮辅佐处于危境的蜀国，凭借险阻，不向魏国称臣。但是现在当朝仍然保存了他的言论，把遗漏有益的记载当做羞耻，这确实是表明大晋王朝有至高的德行，光明正大，恩泽普及天下，自古以来，没有一个朝代可以与之相比。我就删掉重复的内容，把相同类型的文章排在一起，一共编成二十四篇，篇名如上所述。

亮少有逸群之才[1]，英霸之器[2]，身长八尺，容貌甚伟，时人异焉[3]。

遭汉末扰乱，随叔父玄避难荆州，躬耕于野，不求闻达。时左将军刘备以亮有殊量[4]，乃三顾亮于草庐之中；亮深谓备雄姿杰出，遂解带写诚[5]，厚相结纳。及魏武帝南征荆州，刘琮举州委质[6]，而备失势众寡，无立锥之地。

亮时年二十七，乃建奇策[7]，身使孙权，求援吴会。权既宿服仰备，又睹亮奇雅，甚敬重之，即遣兵三万人以助备。备得用与武帝交战，大破其军，乘胜克捷，江南悉平。后备又西取益州。益州既定，以亮为军师将军。备称尊号，拜亮为丞相，录尚书事。及备殂没，嗣子幼弱，事无巨细，亮皆专之。于是外连东吴，内平南越，立法施度，整理戎旅，工械技巧，物究其极，科教严明，赏罚必信，无恶不惩，无善不显，至于吏不容奸，人怀自厉，道不拾遗，强不侵弱，风化肃然也。

注释

①逸群：超群。②英霸：英雄宏伟。器：气量，度量。③异：惊奇。④殊量：特殊的胆识，才能。⑤解带写诚：以诚信相待。解带：比喻敞开胸怀。写：倾泻。⑥举州：带领全州。⑦建：拿出，献出。

译文

诸葛亮年幼时就有出众的才华和豪迈的英雄气魄。他身高八尺，相貌不凡，当时的人们都看出他不寻常。正遇上汉代末年动乱不安，诸葛亮随叔叔诸葛玄到荆州去避难，自己在田地中耕种，不追求做官扬名。当时左将军刘备认为诸葛亮有特殊的才能，就三次到草房中去访问诸葛亮；诸葛亮也深深感到刘备有杰出的英雄气势，就坦诚地向他倾吐心声，两个人结成了深厚的友谊。到曹操南征荆州时，刘琮献

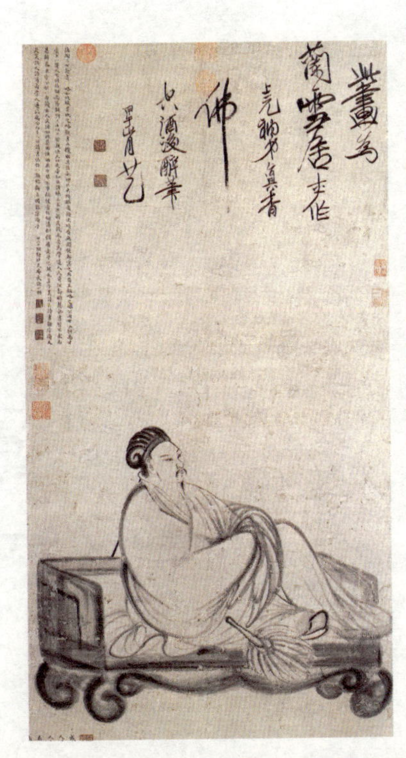

诸葛亮像

诸葛亮年幼时就有出众的才华和豪迈的英雄气魄。他身高八尺，相貌不凡，当时的人们都看出他不寻常。刘备更是三顾茅庐才请到了他。

出全州投降，刘备失势，兵力弱小，没有一点儿土地。

诸葛亮当时才二十七岁，就献上奇计，亲自出使孙权那里，向吴国求援。孙权以前就佩服尊敬刘备，又看到诸葛亮的奇才和高雅风度，非常敬重他，就派出三万士兵援助刘备。刘备得以和曹操交战，把曹军打得大败。又乘胜连续进攻，取得胜利，把长江以南全部平定。以后刘备又向西攻取了益州。平定益州之后，刘备任命诸葛亮做军师将军。刘备称皇帝以后，拜诸葛亮为丞相，管理尚书事务。到了刘备去世后，继位的皇子年纪幼小，不论大小事务，都由诸葛亮决定。于是在外面和东吴联盟，在国内平定南越，确定法律制度，整顿军队，各种军用器械的制作技术都达到极度精巧的程度，法规号令严明，赏罚一定兑现，没有一个恶人不被惩处，没有一件好事不受到表彰，官吏中不容许有营私舞弊存在，每个人都自己奋发努力，道路上丢失了东西没有人拾，强壮的人不欺侮弱小，社会风气安定而有秩序。

当此之时，亮之素志，进欲龙骧虎视[1]，苞括四海[2]，退欲跨陵边疆[3]，震荡宇内。又自以为无身之日[4]，则未有能蹈涉中原、抗衡上国者，是以

萧何月下追韩信

韩信原来是项羽的谋臣，后来投奔了刘邦，但一直没有被重用，不过深得萧何的赏识。正当韩信认为不会再被重用要走时，萧何赶紧将他追了回来，萧何月下追韩信的故事就源于此。

用兵不戢[5]，屡耀其武。然亮才，于治戎为长，奇谋为短；理民之干，优于将略。而所与对敌，或值人杰，加众寡不侔，攻守异体，故虽连年动众，未能有克。昔萧何荐韩信，管仲举王子城父，皆忖己之长，未能兼有故也。亮之器能政理[6]，抑亦管、萧之亚匹也[7]，而时之名将无城父、韩信，故使功业陵迟，大义不及邪？盖天命有归，不可以智力争也。

青龙二年春，亮帅众出武功，分兵屯田，为久驻之基。其秋病卒，黎庶追思，以为口实。至今梁、益之民，咨述亮者，言犹在耳，虽《甘棠》之咏召公，郑人之歌子产，无以远譬也。孟轲有云："以逸道使民，虽劳不怨；以生道杀人，虽死不忿。"信矣！论者或怪亮文彩不艳，而过于丁宁周至。

臣愚以为咎繇大贤也，周公圣人也，考之《尚书》，咎繇之谟略而雅，周公之诰烦而悉。何则？咎繇与舜、禹共谈，周公与群下矢誓故也。亮所与言，尽众人凡士，故其文指不得及远也。然其声教遗言，皆经事综物，公诚之心，形于文墨，足以知其人之意理，而有补于当世。

注释

①龙骧虎视：是说志气高远，顾盼自雄。②苞：同包，包含，包括。③跨陵：跨越。④无身之日：也就是说死了的时候。⑤用兵不戢：不收敛停止。⑥政理：治理政治。⑦亚匹：同类人物。

译文

在这时，诸葛亮的夙愿是：最高时准备像蛟龙奔驰、猛虎环视一样统一全国；至少也要跨越边境进攻，使天下震动不安。他又认为自己死去以后，蜀国就没有能踏进中原、与魏国相抗衡的人了，因此不断用兵，多次显示他的武力。然而诸葛亮在治理军队上擅长，但出奇制胜就显然有所不足；他治理国家民众的才干，比他指挥作战的本领更强。而与他为敌的对手，有些正是杰出的人才，加上众寡不敌，进攻和防守的优劣不同，所以虽然他连年出兵进攻，却没有取胜。过去萧何推荐韩信，管仲推举王子城父，全都是由于揣度了自己的特长，觉得自己不能同时兼有各方面才能的原因。诸葛亮的才能和治理国家的本领，和管仲、萧何他们相同，但当时蜀国却没有王子城父、韩信那样的名将，所以使得他的功业受挫，没有能达到最终目的。这可能是天命注定的，不是靠人的智慧和力量去争夺到的。

魏青龙二年（234）春天，诸葛亮率领军队从武功出击，分出一部分士兵屯田，作为长期驻扎的基地。当年秋天因病去世，百姓们怀念他，传颂他的事迹。直到现在，梁州、益州的人民还在称赞诸葛亮；讲述诸葛亮事迹的言语，还在耳边回响。就是用古人用《甘棠》称颂召公、郑国人歌颂子产这样的例子来比喻，也无法比拟人们对诸葛亮的怀念。孟轲有句话是："为了让人民安乐的目的去使用人民，人民即使劳累也不埋怨；为了让人民生存的目的去作战杀人，即使死了人民也不会怨恨。"这话真正确啊！议论的人们有时责怪诸葛亮的文辞不够华丽，却过于细致周密。

我的愚见是：咎繇是大贤人，周公是圣人，考察一下《尚书》,《咎繇谟》的文辞简略又典雅,《周公之诰》的文辞繁琐又详细。为什么呢？是因为咎繇是和舜、禹谈话，周公是和部下们共同约定誓言的原因。诸葛亮讲话的对象都是平凡的士人和民众，所以他的文章意旨不能达到深远奥妙的地步。然而他的教令和留下的言论，全都是他经历的事件和综合总结出的经验，公正诚实的心情在文辞中全表现了出来，足可以从中了解诸葛亮的思想品质，对当代有所裨益。

●子产

子产是春秋时期的政治家。公元前554年任郑国卿后，实行一系列政治改革：承认私田的合法性；铸刑书于鼎，为我国最早的成文法律；听取"国人"意见，将郑国治理得秩序井然。

原文

伏惟陛下迈踪古圣[1]，荡然无忌，故虽敌国诽谤之言，咸肆其辞而无所革讳[2]，所以明大通之道也。谨录写上诣著作。臣寿诚惶诚恐，顿首顿首[3]，死罪死罪。泰始十年二月一日癸巳，平阳侯相臣陈寿上。

乔字伯松，亮兄瑾之第二子也，本字仲慎。与兄元逊俱有名于时，论者以为乔才不及兄，而性业过之。初，亮未有子，求乔为嗣，瑾启孙权遣乔来西，亮以乔为己適子，故易其字焉。拜为驸马都尉，随亮至汉中。年二十五，建兴六年卒。子攀，官至行护军翊武将军，亦早卒。诸葛恪见诛于吴，子孙皆尽，而亮自有胄裔，故攀还复为瑾后。

注释

①伏惟：下级对上级的敬辞。迈踪古圣：跟踪顾圣的足迹。荡然无忌：

为人坦坦荡荡没有任何顾忌。②革讳：修改和隐晦。③顿首顿首：古代常常用顿首来指代谢罪。

因为陛下效法古代的圣主，胸怀坦荡，无所顾忌，所以即使是敌对国家诽谤的语言，我也全部保留下来，没有避讳和改动，以此表明宽通的道理。谨抄录了诸葛亮的著作送上。臣陈寿诚惶诚恐，向陛下叩头再叩头，死罪死罪。泰始十年（274）二月一日癸巳，平阳侯相臣陈寿上。

诸葛乔，字伯松，是诸葛亮的哥哥诸葛瑾的第二个儿子，本来的表字是仲慎。他和哥哥诸葛元逊（恪）都在当时很有名气。议论的人认为诸葛乔的才能不如他哥哥，而性情和为人都超过了他哥哥。当初，诸葛亮没有儿子，要求诸葛乔过继给他，诸葛瑾禀告孙权后，送诸葛乔到西蜀来。诸葛亮把诸葛乔作为自己的嫡长子，所以把他的字改成伯松。诸葛乔被拜为驸马都尉，随着诸葛亮到汉中。他在建兴六年（228）去世，年仅二十五岁。诸葛乔的儿子诸葛攀，官做到行护军翊武将军，也很早去世。诸葛恪在吴国被诛杀，子孙都被杀光了，而诸葛亮自己也有了后代，所以诸葛攀又重新回去成为诸葛瑾的后代。

原文

瞻字思远。建兴十二年，亮出武功，与兄瑾书曰："瞻今已八岁，聪慧可爱，嫌其早成[1]，恐不为重器耳[2]。"

年十七，尚公主[3]，拜骑都尉。其明年为羽林中郎将，屡迁射声校尉、侍中、尚书仆射，加军师将军。瞻工书画，强识念[4]，蜀人追思亮，咸爱其才敏。每朝廷有一善政佳事[5]，虽非瞻所建倡，百姓皆传相告曰："葛侯之所为也。"是以美声溢誉，有过其实。

景耀四年，为行都护卫将军，与辅国大将军南乡侯董厥并平尚书事。六年冬，魏征西将军邓艾伐蜀，自阴平由景谷道旁入。瞻督诸军至涪停住，前锋破，退还，住绵竹。艾遣书诱瞻曰："若降者必表为琅邪王。"瞻怒，斩艾使。遂战，大败，临陈死，时年三十七。众皆离散，艾长驱至成都。瞻长子尚，与瞻俱没。次子京及攀子显等，咸熙元年内移河东。

注释

①早成：成熟得早。②重器：大器，能胜任大事的人。③尚公主：娶了帝王的女儿做妻子。④强识念：记忆能力强，又刻苦用心。⑤善政佳事：好的朝廷政策和好的事情。

●邓艾

邓艾，字士载，义阳郡棘阳人。三国时期魏国杰出的军事家。公元263年，与钟会分别率军攻打蜀汉，最后他率先进入成都，使得蜀汉灭亡。后因擅自行事，被司马昭被收押，后被卫瓘派人杀害。

译文

诸葛瞻，字思远。建兴十二年（234），诸葛亮从武功出兵，给哥哥诸葛瑾写信说："诸葛瞻现在已经八岁了，聪明可爱，但我担心他过早成熟，恐怕不会成为国家的栋梁之才。"

诸葛瞻十七岁时，娶了公主，被任命为骑都尉。第二年被任命为羽林中郎将，历任射声校尉、侍中、尚书仆射，加封军师将军。诸葛瞻工于书画，博识强记。蜀国人怀念诸葛亮，全都喜爱他的才华和聪敏。每当朝廷有了一件好的政策，办了好事，即使不是诸葛瞻所提倡的，百姓们也都传说："这是诸葛侯爷所做的。"因此诸葛瞻得到的美好名声和过分赞誉，有些言过其实。

景耀四年（261），诸葛瞻任行都护卫将军，和辅国大将军南乡侯董厥一起处理尚书事务。景耀六年（263）冬天，魏国征西将军邓艾攻打蜀国，从阴平经过景谷道旁边进入蜀地。诸葛瞻统领各军到涪县停住，前锋部队被打败，退回来驻守绵竹。邓艾派人送信诱惑诸葛瞻说："如果您投降，我一定上表封您做琅琊王。"诸葛瞻大怒，杀死了邓艾的信使。诸葛瞻就和邓艾交战，大败，在战场上战死，当时他只有三十七岁。蜀军士兵全逃散了，邓艾长驱直入，到达成都。诸葛瞻的长子诸葛尚和诸葛瞻一起战死。他的二儿子诸葛京和诸葛攀的儿子诸葛显等人，都在咸熙元年（264）迁移到了河东。

原文

董厥者，丞相亮时为府令史，亮称之曰："董令史，良士也。吾每与之言，思慎宜适[1]。"徙为主簿。亮卒后，稍迁至尚书仆射，代陈祗为尚书令，迁大将军[2]，平台事[3]，而义阳樊建代焉。

延熙十四年，以校尉使吴[4]，值孙权病笃，不自见建。权问诸葛恪曰："樊建何如宗豫也[5]？"恪对曰："才识不及豫，而雅性过之。"后为侍中，守尚书令[6]。自瞻、厥、建统事，姜维常征伐在外，宦人黄皓窃弄机柄，

咸共将护，无能匡矫，然建特不与皓和好往来。蜀破之明年春，厥、建俱诣京都，同为相国参军，其秋并兼散骑常侍，使蜀慰劳。

评曰：诸葛亮之为相国也，抚百姓，示仪轨[7]，约官职[8]，从权制[9]，开诚心，布公道[10]；尽忠益时者虽仇必赏；犯法怠慢者虽亲必罚。服罪输情者虽重必释；辞巧饰者虽轻必戮。善无微而不赏，恶无纤而不贬。庶事精练，物理其本，循名责实，虚伪不齿。终于邦域之内，咸畏而爱之，刑政虽峻而无怨者，以其用心平而劝戒明也。可谓识治之良才，管、萧之亚匹矣。然连年动众，未能成功，盖应变将略，非其所长欤！

诸葛亮

《三国志》评论诸葛亮说：诸葛亮是懂得如何治理国家的人才，但他连年兴师动众出兵作战，却没有能取得成功，大概随机应变的机智与指挥战争的谋略方面稍稍逊色。

注释

①令史：丞相府属吏，分掌众事。思慎宜适：思虑谨慎而且恰当。②迁：升官，提升。③平台事：东汉以来，政权都归尚书管，尚书令的权力越来越大，逐渐成为中央的最高行政长官。④校尉：汉朝仅次于将军的武官职位。⑤宗豫：人名。⑥守：古代的官阶低但是所人的职务高，叫守，也就是代理。⑦仪轨：礼仪，法度。⑧约官职：减少官职。⑨从：依从。权制：合乎时宜的制度。⑩布：展示。

译文

董厥，在丞相诸葛亮在世时做丞相府的令史。诸葛亮称赞他说："董令史是优秀的人才。我每次和他谈话，都感到他考虑问题慎重适宜。"把他升为主簿。诸葛亮去世后，董厥逐渐升到尚书仆射，代替陈祗做尚书令，升任大将军，处理尚书台的事务，后来由义阳人樊建代替他做尚书令。

延熙十四年（251），樊建以校尉的身份出使吴国，正遇上孙权病重，不能亲自接见樊建，孙权问诸葛恪："樊建比起宗豫来怎么样？"诸葛恪回答说："樊建的才能见识不如宗豫，但是高雅的性情要超过他。"后来樊建任侍中、代理尚书令。自从诸葛瞻、董厥、樊建统管政事以来，姜维经常在外地征伐作战，宦官黄皓暗

姜维

姜维，字伯约，蜀国大将军，第五代执政大臣。诸葛亮北伐事业的继承者。他勤于政事、思虑精密，既有胆义，又心存汉室，深得诸葛亮的器重。

中玩弄权术，诸葛瞻等人全维护黄皓，没有人能纠正他，然而只有樊建不和黄皓往来交好。蜀国被占领后的第二年春天，董厥、樊建全都到了京城拜见魏帝，两个人都被任命为相国参军，当年秋天一同兼任散骑常侍，出使蜀郡去慰劳百姓。

评论说：诸葛亮作为丞相，安抚百姓，宣布仪范规矩，限定官员的职权，依从临时合宜的制度，袒露诚心，推行公道。对尽忠并有益于时代的人，即使是仇敌也一定给以奖赏；对违犯法令，怠慢官府的人，即使是亲戚也一定处罚。认罪并供出实情的犯人，即使是重罪也会宽释；供词犹豫不定，巧言掩饰的犯人，即使是轻罪也一定处死。对做了好事的人，没有因为事情微小而不奖赏的；对做恶的人，没有因为坏事细小而不贬斥的。诸葛亮对各项日常事务都精通，能抓住事物的根本，根据人的名声去核查他的实质，对虚伪的人不屑一顾。在蜀国国境之内，人民都敬畏他又热爱他，他施行的刑法政令虽然严峻，却没有人怨恨他，是因为他能够心地公平而且明确地告诫大家。诸葛亮可以说是懂得如何治理国家的杰出人才，可以与管仲、萧何相提并论。然而他连年兴师动众出兵作战，却没有能取得成功，大概是因为随机应变的机智与指挥战争的谋略等方面，不是他所擅长的缘故吧！

关张马黄赵传

关羽字云长，本字长生，河东解人也。亡命奔涿郡。先主于乡里合徒众，而羽与张飞为之御侮。先主为平原相，以羽、飞为别部司马，分统部曲[1]。先主与二人寝则同床，恩若兄弟。而稠人广坐，侍立终日[2]，随先主周旋[3]，不避艰险。先主之袭杀徐州刺史车胄，使羽守下邳城，行太守事，而身还小沛。

◎ 桃园三结义

东汉末年，朝政腐败，连年灾荒，人民生活困苦。刘备有意拯救百姓，张飞、关羽又愿与刘备共同干一番事业。三人情投意合，选定桃园。焚香礼拜，宣誓完毕，结为生死异姓兄弟。

注释

①部曲：私人招募的武装。②侍立：在尊长身侧陪立。③周旋：交接应酬。

译文

关羽字云长，本字是长生，是河东解人。曾经逃跑到了涿郡。这时候，刘备正在乡里聚集兵马，让关羽和张飞替他效力，抵御侵侮。刘备当了平原相让关羽、张飞做别部司马，分别统领部分军队。刘备和他们两人睡觉一床睡，他们的恩情就像亲兄弟一样。厅中人很多的场合下，他们两个整天侍立在刘备身边，跟随着刘备应酬，不躲避艰险。刘备袭击、杀害了徐州刺史车胄，他命令关羽镇守下邳城，代理太守的职务，他自己回到了小沛。

原文

建安五年，曹公东征，先主奔袁绍。曹公禽羽以归①，拜为偏将军，礼之甚厚。绍遣大将颜良攻东郡太守刘延于白马，曹公使张辽及羽为先锋击之。羽望见良麾盖②，策马刺良于万众之中，斩其首还，绍诸将莫能当者③，遂解白马围。曹公即表封羽为汉寿亭侯。初，曹公壮羽为人，而察其心神无久留之意，谓张辽曰:“卿试以情问之。”既而辽以问羽，羽叹曰:

“吾极知曹公待我厚，然吾受刘将军厚恩，誓以共死，不可背之。吾终不留，吾要当立效以报曹公乃去。”辽以羽言报曹公，曹公义之。及羽杀颜良，曹公知其必去，重加赏赐。羽尽封其所赐，拜书告辞，而奔先主于袁军。左右欲追之，曹公曰：“彼各为其主，勿追也。”

关羽擒将图

建安五年（公元200年），冀州牧袁绍调动十万人马进军黎阳，征伐曹操并派大将颜良进围白马，曹操依荀攸之计派张辽、关羽为先锋，率部进击。关羽跃马阵前，远远望见颜良麾盖，直冲过去，在万众之中刺死颜良，斩其首级而归，袁绍诸将“莫能当者”。

注释

①禽：通“擒”。②麾盖：旗帜和车盖。③当：抵挡。

译文

建安五年，曹公向东征发，刘备投奔到袁绍门下。曹操捉拿到了关羽回师，授予他偏将军的官职，对他非常客气。袁绍派大将颜良在白马攻打东郡的太守刘延，曹操派张辽和关羽作为先锋去攻打他们。关羽远远地就看到了颜良的战旗和车盖，于是打马前进，在千军万马之中杀死颜良，获得他的首级回来了，袁绍的所有将领没有能阻挡他的，于是白马之围就被解了。曹操立即上表封关羽担当汉寿亭侯。当初，曹操很欣赏关羽的为人，但是他看出关羽不想久留在曹操的身旁，就对张辽说：“你以私人的感情去帮我试试他。”不久张辽私下里询问关羽，关羽叹息道：“我非常明白曹公对我深厚的情谊，但是我还受到过刘将军的知遇之恩，我发誓要和他生死一起，是不可以违背的。我还是不能留下啊，我一定立下功劳报答了曹公才会离开的。”张辽把关羽的话报告给了曹公，曹公认为他是义士。等到关羽杀了颜良，曹公知道他一定会离开的，于是大大赏赐他。关羽把曹操所赐的东西都封存了起来，呈上书信告辞了，向袁绍的军中投奔刘备去了。曹操身边的人想追他，曹公说：“每个人都是为了自己的主人，不要追了。”

原文

从先主就刘表。表卒，曹公定荆州，先主自樊将南渡江，别遣羽乘船数百艘会江陵。曹公追至当阳长阪，先主斜趣汉津，适与羽船相值，共至夏口。孙权遣兵佐先主拒曹公，曹公引军退归。先主收江南诸郡，乃封拜

元勋，以羽为襄阳太守、荡寇将军，驻江北。先主西定益州，拜羽董督荆州事。羽闻马超来降，旧非故人[①]，羽书与诸葛亮，问超人才可谁比类[②]。亮知羽护前[③]，乃答之曰："孟起兼资文武，雄烈过人，一世之杰，黥、彭之徒，当与益德并驱争先，犹未及髯之绝伦逸群也。"羽美须髯，故亮谓之髯。羽省书大悦，以示宾客。

注释

①故人：旧友。②比类：相比。③护前：护短。

译文

关羽跟从刘备归附了刘表。刘表死了，曹操平定了荆州，刘备从樊城出发打算向南渡江，另外派关羽带领船只数百艘在江陵相会。曹操追到当阳长阪，刘备抄小路快速到达汉津，正好和关羽的船相遇，以期到了夏口。孙权派兵辅佐刘备抵抗曹操，曹操带领军队撤退回到驻地。刘备收复了江南的各个郡，于是赏赐、加封有大功的人，任命关羽担任襄阳太守、荡寇将军，驻守江北。刘备向西平定了益州，于是授予关羽担任董督荆州的职务。关羽听说马超要来归降，他又不是关羽的老朋友，于是关羽给诸葛亮写信询问，他问马超的才能能和谁相比。诸葛亮知道关羽好强护短，于是答复他说："孟起这个人能文善武，他的勇猛超过了一般人，是一代的人才，是和黥布、彭略是一类人，马超这个人可以和益德争个高下，但是还不如你美髯公那么超出众人。"关羽的胡须很好看，诸葛亮称他为美髯公。关羽看了回信非常高兴，把信给宾客看。

原文

羽尝为流矢所中，贯其左臂，后创虽愈[①]，每至阴雨，骨常疼痛，医曰："矢镞有毒，毒入于骨，当破臂作创，刮骨去毒，然后此患乃除耳。"羽便伸臂令医劈之。时羽适请诸将饮食相对，臂血流离[②]，盈于盘器，而羽割炙引酒，言笑自若。

二十四年，先主为汉中王，拜羽为前将军，假节钺。是岁，羽率众攻曹仁于樊。曹公遣于禁助仁。秋，大霖雨，汉水泛溢，禁所督七军皆没。禁降羽，羽又斩将军庞德。梁、郏、陆浑群盗或遥受羽印号，为之支党，羽威震华夏。曹公议徙许都以避其锐[③]，司马宣王、蒋济以为关羽得志，孙权必不愿也。可遣人劝权蹑其后，许割江南以封权，则樊围自解。曹公从之。先是，权遣使为子索羽女，羽骂辱其使，不许婚，权大怒。又南郡

●关羽

关羽曾被乱箭射中，箭穿透其左臂。后伤口虽然愈合，但一到阴雨天气，骨头就常常疼痛。医生说要刮骨，关羽便伸臂让医生切开伤口。当时关羽正在宴请诸将，他一边刮骨，还一边谈笑风声。

太守麋芳在江陵，将军士仁屯公安，素皆嫌羽轻己。自羽之出军，芳、仁供给军资，不悉相救。羽言“还当治之”，芳、仁咸怀惧不安。于是权阴诱芳、仁，芳、仁使人迎权。而曹公遣徐晃救曹仁，羽不能克，引军退还。权已据江陵，尽虏羽士众妻子，羽军遂散。权遣将逆击羽，斩羽及子平于临沮。

追谥羽曰壮缪侯。子兴嗣。兴字安国，少有令问④，丞相诸葛亮深器异之。弱冠为侍中、中监军，数岁卒。子统嗣，尚公主，官至虎贲中郎将。卒，无子，以兴庶子彝续封⑤。

注释

①创：创伤、伤口。②流离：淋漓，往下滴的样子。③锐：锋锐。④令问：好名声。⑤庶子：妾所生的儿子。

译文

关羽曾经被流箭射中了，箭穿透了他的左臂，后来箭伤虽然愈合了，但是每到阴雨天，他的骨头就十分疼痛，医生说：“箭头上有毒，而且那毒已经渗入到骨头里了，应该割开手臂到受伤的地方，刮去骨头上的馀毒，然后这种病痛才能消除。”关羽于是伸出手臂让医生开刀。当时关羽恰好请了将领们一起喝酒，手臂上的血一直往下流，居然流满了一盘子，但是关羽却能割着烤肉拿着酒杯，像往常一样谈笑。

建安二十四年，刘备做了汉中的王，授予关羽前将军的官职，授予符节黄钺。就是这一年，关羽带领军队在樊城攻打曹仁。曹操派于禁帮助曹仁。这年秋天，大雨一直不停，汉水泛滥，于禁所带领的七路人马都被淹死了。于禁投降了关羽，关羽又斩了将军庞德。梁县、郏县、陆浑等地方的各种强盗，有的在远处接受了关羽的官印和称号，成为了他的支系党羽，关羽于是在中原地区很有名声了。曹操商量着迁到许都去来避开他的锋芒，司马宣王、蒋济都认为关羽现在很得志了，孙权一定很不愿意。可以派人去劝说孙权偷袭关羽的后方，答应割江南这个地方封给孙权，那么这样就能解开樊城的围困。曹操听从了他的意见。开始的时候，孙权派使者向关羽请求娶他的女儿做孙权儿子的妻子，关羽大骂孙权的使者，不答应这门婚事，孙权非常气愤。加上南郡太守麋芳在江陵，驻守在公安的将军士仁，向来很憎恨关羽看不起自己。每次关羽出兵征战，都是麋芳、士仁给他供给军资，但不是全力援救。关羽说“回去就整治他们”，麋芳、士仁都非常害怕。于是孙权暗中诱惑麋芳、士仁，麋芳、士仁派人迎接孙权。并且曹操又派徐晃来援救曹仁，关羽不能攻下樊城，带领军队回去了。孙权已经盘踞了江陵，俘虏了关羽的全部人马和妻子儿女，关羽的军队于是溃败了。孙权派将领迎接抗击关羽，在临沮把关羽和他的儿子关平杀了。

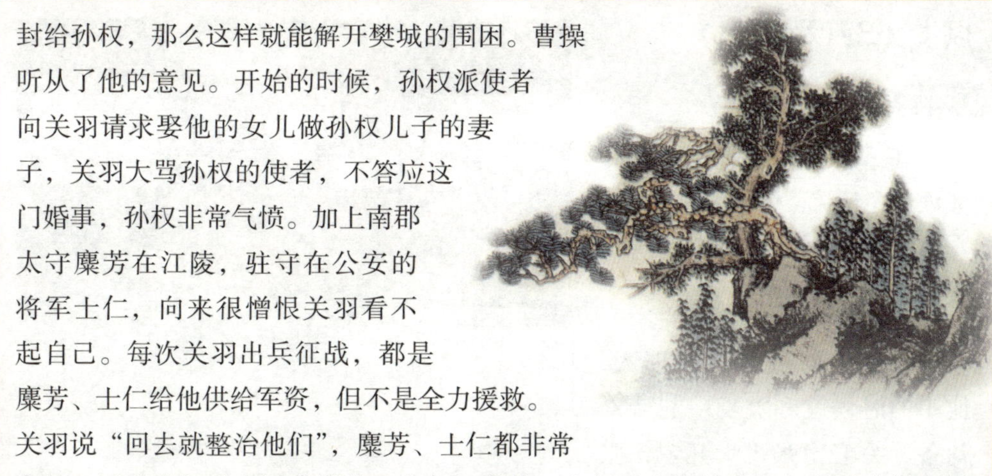

刘备追封关羽的谥号为壮缪侯。他的儿子继承了父业。关兴字安国，很小的时候就有好的名声，丞相诸葛亮非常器重赏识他。他二十岁的时候就做了侍中、中监军，几年后就去世了。关兴的儿子关统继承了父业，娶了公主做妻子，官职到了虎贲中郎将。等他死的时候还没有儿子，让关兴的庶子彝继承了封赐。

原文

张飞字益德，涿郡人也，少与关羽俱事先主。羽年长数岁，飞兄事之。先主从曹公破吕布，随还许，曹公拜飞为中郎将。

先主背曹公依袁绍、刘表。表卒，曹公入荆州，先主奔江南。曹公追之，一日一夜，及于当阳之长阪。先主闻曹公卒至[1]，弃妻子走，使飞将二十骑拒后。飞据水断桥，瞋目横矛曰：“身是张益德也，可来共决死！”敌皆无敢近者，故遂得免。

先主既定江南，以飞为宜都太守、征虏将军，封新亭侯，后转在南郡。

先主入益州，还攻刘璋，飞与诸葛亮等溯流而上[2]，分定郡县。至江州，破璋将巴郡太守严颜，生获颜。飞呵颜曰：“大军至，何以不降而敢拒战？”颜答曰：“卿等无状[3]，侵夺我州，我州但有断头将军，无有降将军也。”飞怒，令左右牵去斫头[4]，颜色不变，曰：“斫头便斫头，何为怒邪！”飞壮而释之，引为宾客。飞所过战克，与先主会于成都。益州既平，赐诸葛亮、法正、飞及关羽金各五百斤，银千斤，钱五千万，锦千匹，其馀颁赐各有差，

以飞领巴西太守。

张翼德大闹长坂桥

在曹操的紧追之下，刘备留下赵云和张飞压阵。至长坂桥，只见张飞倒竖虎须，手绰蛇矛，立马桥上，大喝曰："我乃燕人张翼德也！谁敢与我决一死战？"曹军闻之，尽皆股栗。曹操疑有伏兵，遂退兵。

注释

①卒：通"猝"，仓促。②泝流：逆流。③无状：无礼。④斫：砍。

译文

张飞字益德，是涿郡人，他小的时候就和关羽一起侍奉刘备。关羽比张飞大几岁，张飞像对待兄长一样对待他。刘备跟随曹操打败吕布，又跟随他回到许昌，曹操授予张飞官职为中郎将。

后来，刘备背叛了曹操归顺了袁绍、刘表。等刘表死了，曹操进入荆州，刘备逃奔到了江南。曹操一路追赶他，赶了一天一夜，一直到了当阳之长阪。刘备听说曹操也来了，就撇下了妻子儿女逃跑了，命令张飞率二十多个骑兵为他断后。张飞依据水断桥，瞪大眼睛举着长矛说："我就是张益德，谁来一起决一死战吧！"敌人没有敢近前的，于是刘备等才有机会脱免了。

刘备平定江南以后，任命张飞担任宜都太守、征虏将军，又封他做新亭侯，后来又转到了南郡。

刘备到达益州，后来又回师攻打刘璋，张飞和诸葛亮等沿着水流一路而上，分头平定了郡县。等到了江州，击破刘璋的大将巴郡太守严颜，并且活捉了严颜。张飞责备严颜说："大军已经来了，你为什么不投降却还抵抗呢？"严颜回答说："是你们无礼，入侵并抢夺我们的州县，我们的州县里只有可以被砍下头的将军，没有投降的将军。"张飞非常愤怒，命令身边的人把他拉出去砍头，严颜脸上没有害怕的表情，他说："砍头就砍头，生气干什么！"张飞很欣赏他就把他给放了，把他引为自己的宾客。张飞所到的地方都被攻下了，在成都和刘备会合了。益州已经被平定，刘备于是赏赐诸葛亮、法正、张飞和关羽各人黄金五百斤，白银一千斤，钱五千万，锦帛上千匹，其余人的赏赐都有差别，让张飞担任巴西太守。

原文

曹公破张鲁，留夏侯渊、张郃守汉川。郃别督诸军下巴西，欲徙其民于汉中，进军宕渠、蒙头、盪石，与飞相拒五十馀日。飞率精卒万馀人，

从他道邀郃军交战，山道迮狭[1]，前后不得相救，飞遂破郃。郃弃马缘山，独与麾下十馀人从间道退[2]，引军还南郑，巴土获安。

先主为汉中王，拜飞为右将军、假节。

章武元年，迁车骑将军，领司隶校尉，进封西乡侯，策曰："朕承天序，嗣奉洪业，除残靖乱[3]，未烛厥理[4]。今寇虏作害，民被荼毒，思汉之士，延颈鹤望。朕用怛然，坐不安席，食不甘味，整军诰誓，将行天罚。以君忠毅，侔踪召虎，名宣遐迩，故特显命，高墉进爵，兼司于京。其诞将天威，柔服以德，伐叛以刑，称朕意焉。《诗》不云乎，'匪疚匪棘，王国来极。肇敏戎功，用锡尔祉。'可不勉欤！"

注释

①迮：狭窄。②间道：小道。③靖：平。④烛：明；厥：其。

译文

曹操打败张鲁，留下夏侯渊、张郃镇守汉川。张郃另外统率各路人马南下巴西，打算把那里的民众迁到汉中，他于是向宕渠、蒙头、荡石进军，和张飞相持了五十多天。张飞带领上万名士兵，从另外的路线进军寻找张郃的部队交战，这个地方的山道很狭窄，部队的前面和后面不能相互营救，就被张飞的部队打败了。张郃放弃了马沿着山爬行，仅仅和他部下的十几个人从小路退出来了，率领部队返还到南郑，巴西地区才得到了安宁。

刘备为汉中王时，授予张飞为右将军、给予符节。

章武元年，又升张飞做车骑将军，兼任司隶校尉，进封为西乡侯，策书说："我继承帝王的世系，继承祖先的大业，除去残余势力，消除叛乱，还没有理出一个头绪。现在贼寇作乱，民众受到伤害，我想念汉室的人，每天盼望着见到他们。我为这件事伤心难过，坐卧不安，吃饭不知道滋味，整治军队训诫发誓，将要对他们实行上天的惩罚。因为你的忠诚和毅力，你的事迹可以和召穆公相比，

鹿鸣之什图

鹿鸣之什是《诗经·小雅》中的重要篇章，是贵族的诗歌，非常优美。此图卷是南宋马和之的作品。

美好的名声远近扬名，特以帝王的名义向你授命，修筑府第，提升封号，在京都兼任京官。希望你能继续发挥你的才能，用恩德使人归顺你，对叛逆的人实行刑罚，使我能够满意。《诗经》不也这么说，'不要伤害百姓，不要心急，以王国作为准则。对于军事一定要迅速敏捷，会赐给你福禄的'。一定要勉励自己啊！"

原文

初，飞雄壮威猛，亚于关羽，魏谋臣程昱等咸称羽、飞万人之敌也。羽善待卒伍而骄于士大夫，飞爱敬君子而不恤小人[①]。先主常戒之曰："卿刑杀既过差，又日鞭挝健儿[②]，而令在左右，此取祸之道也。"飞犹不悛。

先主伐吴，飞当率兵万人，自阆中会江州。临发，其帐下将张达、范彊杀飞，持其首，顺流而奔孙权。飞营都督表报先主[③]，先主闻飞都督之有表也，曰："噫！飞死矣。"追谥飞曰桓侯。长子苞，早夭。次子绍嗣，官至侍中尚书仆射。苞子遵为尚书，随诸葛瞻于绵竹，与邓艾战，死。

马超字孟起，扶风茂陵人也。父腾，灵帝末与边章、韩遂等俱起事于西州。初平三年，遂、腾率众诣长安。汉朝以遂为镇西将军，遣还金城，腾为征西将军，遣屯郿。后腾袭长安，败走，退还凉州。司隶校尉钟繇镇关中，移书遂、腾，为陈祸福[④]。腾遣超随繇讨郭援、高幹于平阳，超将庞德亲斩援首。后腾与韩遂不和，求还京畿。于是征为卫尉，以超为偏将军，封都亭侯，领腾部曲。

● 张飞庙

张飞庙，又名张桓侯庙，位于长江南岸飞凤山麓，离重庆市区382千米，是为纪念三国时期蜀汉名将张飞而修建的，始建于蜀汉末期，距今已有一千七百余年的历史。

注释

①小人：指普通士兵。②鞭挝：鞭打。③都督：官名。④陈：陈述。

译文

开始时，张飞胆子很大作战威猛，仅次于关羽，魏国的谋臣程昱等都称关羽、张飞的勇力比得上一万人。关羽对待士兵很善良，但是对于士大夫却很傲慢，张飞喜爱敬重君子却不爱惜普通的军士。刘备常常告诫他说："你杀人就已经过分了，天天鞭打士兵，却又把他们放在身边，这样会引起祸患的。"张飞还是不改。

刘备讨伐吴国时，张飞正带领士兵上万人，从阆中出发到江州相会合。在出发之前，他帐下的将领张达、范强把张飞杀了，拿着他的首级，顺着水流投奔孙权去了。张飞营里的都督上表报告了刘备这件事，刘备听说张飞的都督上了表文，叹息道："唉！张飞死了。"追加张飞的谥号为桓侯。张飞的长子张苞，很小的时候就死了。他的第二个儿子张绍继成父业，官职到了侍中尚书仆射。张苞的儿子张遵担任尚书，跟随着诸葛瞻到了绵竹，和邓艾交战时战死了。

马超字孟起，是扶风茂陵人。他的父亲是马腾，在灵帝末年和边章、韩遂等在西州举兵起义。初平三年，韩遂、马腾带领着部队到达了长安。汉朝封韩遂做了镇西将军，派他驻守金城，马腾担任征西将军，派他驻兵郿县。后来马腾偷袭长安，打了败仗之后撤退到了凉州。司隶校尉钟繇镇守关中，写信给韩遂、马腾，向他们陈述祸福。马腾派马超跟随钟繇到平阳讨伐郭援、高幹，马超手下的将领庞德亲自把郭援斩杀了。后来马腾和韩遂不和，要求返回到京城。于是朝廷封他做卫尉，任命马超做偏将军，加封都亭侯，带领马腾的部分人马。

原文

超既统众，遂与韩遂合从[1]，及杨秋、李堪、成宜等相结，进军至潼关。曹公与遂、超单马会语，超负其多力，阴欲突前捉曹公，曹公左右将许褚瞋目眄之，超乃不敢动。曹公用贾诩谋，离间超、遂，更相猜疑，军以大败。超走保诸戎，曹公追至安定，会北方有事，引军东还。杨阜说曹公曰："超有信、布之勇[2]，甚得羌、胡心。若大军还，不严为其备，陇上诸郡非国家之有也。"超果率诸戎以击陇上郡县，陇上郡县皆应之，杀凉州刺史韦康，据冀城，有其众。超自称征西将军，领并州牧，督凉州军事。康故吏民杨阜、姜叙、梁宽、赵衢等，合谋击超。阜、叙起于卤城，超出攻之，不能下；宽、衢闭冀城门，超不得入。进退狼狈，乃奔汉中依张鲁。鲁不足与计事，内怀于邑，闻先主围刘璋于成都，密书请降[3]。

先主遣人迎超，超将兵径到城下。城中震怖，璋即稽首[4]，以超为平西将军，督临沮，因为前都亭侯。先主为汉中王，拜超为左将军，假节。章武元年，迁骠骑将军，领凉州牧，进封斄乡侯，策曰："朕以不德，获继至尊，奉承宗庙。曹操父子，世载其罪，朕用惨怛[5]，疢如疾首。海内怨愤，归正反本，暨于氐、羌率服，獯鬻慕义。以君信著北土，威武并昭，是以委任授君，抗飏虓虎，兼董万里，求民之瘼。其明宣朝化，怀保远迩，肃慎赏罚，以笃汉祜，以对于天下。"二年卒，时年四十七。临没上疏

潼关

潼关历史悠久，闻名遐迩。古潼关居中华十大名关的第二位，历史文化源远流长。马超刺槐、十二连城、仰韶文化遗址等名胜古迹在潼关四处分布着。

曰："臣门宗二百馀口，为孟德所诛略尽，惟有从弟岱，当为微宗血食之继，深托陛下，馀无复言。"追谥超曰威侯，子承嗣。岱位至平北将军，进爵陈仓侯。超女配安平王理。

注释

①合从：联合。②信、布：人名。信：韩信；布：吕布。③密书：秘密写信。④稽首：古代的一种拜礼，叩头至地。⑤惨怛：忧伤，痛悼。

译文

马超统领这些军队，不久与韩遂联合，又与杨秋、李堪、成宜等相联合，进军到了潼关。曹操和韩遂、马超单独会面交谈，马超倚仗自己的势力最大，暗中准备偷袭曹操并捉拿他，曹操身边的将领许褚瞪着眼愤怒地看着他，马超不敢轻举妄动。曹操采用贾诩的谋略，离间马超、韩遂之间的关系，使他们相互猜疑，于是他们的军队打败了。马超为了保命逃跑到了少数民族地区，曹操追他追到了安定，正赶上北方有事变，于是就带领军马向东回师。杨阜劝说曹操说："马超有韩信、吕布的勇力，很会取得羌族、胡族的心。要是大军回去了，不对他严加防备，陇上的各郡都不会属于国家了。"马超果然带领各个少数民族的人袭击了陇上的郡县，陇上的郡县都响应他，杀死了凉州的刺史韦康，占据了冀城，收复了那里的民众。马超自立为征西将军，兼任并州牧，总督凉州的军务。韦康以前的官吏杨阜、姜叙、梁宽、赵衢等联合起来打算袭击马超。杨阜、姜叙在卤城起义，马超出城攻打他们，没能把他们拿下；梁宽、赵衢关上了冀城的城门，马超不能回到城里。进退都不能，于是投奔到汉中依附了张鲁。他认为不值得和张鲁一起议论商量大事，内心还是怀念京城，听说刘备在成都包围了刘璋，于是秘密写信给刘备请求投降。

刘备派人迎接马超，马超带领兵马直接到了城下。城中的人都十分震惊，刘璋很快投降了，任命马超做平西将军，管理临沮，沿袭以前的封号为都亭侯。刘

韩信九里山十面埋伏

公元前202年，楚汉在垓下决战。在韩信的领导下，汉军用十面埋伏的阵法击败楚军，于是项羽自刎于乌江，刘邦取得胜利。这场战役还被谱成了琵琶曲，流传至今。

备当了汉中王，授予马超做了左将军，赐给他符节。章武元年，由把他升为骠骑将军，统领凉州牧，进封为斄乡侯，下策书说："朕很没有才能，却继承了帝位，供奉汉室宗庙。曹操父子，世代充满罪恶，朕非常伤心，非常头痛。海内的民众都很怨愤，都归依正统返回根本，以至于氐族、羌族都要求臣服，獯鬻仰慕大义。因为你在北方好的声誉，威仪武勇在当世都很显要，于是把重大责任委派给你，希望你继续发扬猛虎般的雄风，管理万里，关心百姓的疾苦。希望你传播给他们朝廷的教化，使远近的百姓得到安抚，严肃公平地奖罚他们，增加汉室的福分，答谢天下。"章武二年，马超去世了，当时才四十七岁。他在临死时上疏说："我的门宗有二百多口，被曹孟德都诛杀了，只有同宗的弟弟马岱还活着，是这个微弱宗族祭祀的继承人，希望陛下善待他，其余没有可以托付的了。"刘备追封他的谥号为威侯，他的儿子继承了父业。马岱官位达到了平北将军，进爵为陈仓侯。马超的女儿配给了安平王刘理。

原文

黄忠字汉升，南阳人也。荆州牧刘表以为中郎将，与表从子磐共守长

沙攸县。及曹公克荆州，假行裨将军，仍就故任，统属长沙守韩玄。先主南定诸郡，忠遂委质，随从入蜀。自葭萌受任，还攻刘璋，忠常先登陷陈，勇毅冠三军。益州既定，拜为讨虏将军。建安二十四年，于汉中定军山击夏侯渊。渊众甚精，忠推锋必进[1]，劝率士卒，金鼓振天，欢声动谷，一战斩渊，渊军大败。迁征西将军。是岁，先主为汉中王，欲用忠为后将军，诸葛亮说先主曰："忠之名望，素非关、马之伦也。而今便令同列。马、张在近，亲见其功，尚可喻指[2]；关遥闻之，恐必不悦，得无不可乎！"先主曰："吾自当解之[3]。"遂与羽等齐位，赐爵关内侯。明年卒，追谥刚侯。子叙，早没，无后。

注释

①推锋：冲锋。②喻指：说明用意。③解：解释。

译文

黄忠字汉升，是南阳人。荆州牧刘表任命他做中郎将，他与刘表的侄子刘磐一起镇守长沙攸县。等到曹操攻下荆州时，黄忠暂时代理副将军，仍旧担任仍原职，归长沙太守韩玄统领。刘备向南平定了各郡，黄忠于是归顺了刘备，跟随他回到了蜀国。黄忠自从在葭萌接受了委任后，回师攻打刘璋，黄忠常常率先冲锋陷阵，他的勇敢和刚毅在三军中是最突出的。益州被平定之后，授予他官职讨虏将军。建安二十四年，在汉中定军山黄忠袭击夏侯渊。夏侯渊的部队非常精良，黄忠冲锋在前奋勇前进，他鼓励士兵，战鼓被擂得震天，兵士的呐喊震动山谷，一交战就斩杀了夏侯渊，夏侯渊的部队大败。升黄忠做征西将军。这一年，刘备做了汉中王，想让黄忠做后将军，诸葛亮劝说刘备道："黄忠的名望，不能与关羽、马超相比。现在把他们放在一个行列里，马超、张飞在近处，您亲眼看到了他们的功劳，尚且还可以说明用意；关羽却是在远处听说，恐怕他会很不高兴的，这样做实在是不行的！"刘备说："我自然会解释这件事的。"于是把他和关羽等放在一个行列，赐给他爵位为关内侯。第二年黄忠去世，追封他的谥号为刚侯。他的儿子黄叙，很早就去世了，没有后代。

原文

赵云字子龙，常山真定人也。本属公孙瓒，瓒遣先主为田楷拒袁绍，云遂随从，为先主主骑。及先主为曹公所追于当阳长阪，弃妻子南走，云身抱弱子[1]，即后主也，保护甘夫人，即后主母也，皆得免难。迁为牙门将军。先主入蜀，云留荆州。

先主自葭萌还攻刘璋，召诸葛亮。亮率云与张飞等俱泝江西上，平定郡县。至江州，分遣云从外水上江阳，与亮会于成都。成都既定，以云为翊军将军。建兴元年，为中护军、征南将军，封永昌亭侯，迁镇东将军。五年，随诸葛亮驻汉中。明年，亮出军，扬声由斜谷道，曹真遣大众当之。亮令云与邓芝往拒[2]，而身攻祁山。云、芝兵弱敌强，失利于箕谷，然敛众固守[3]，不至大败。军退，贬为镇军将军。

七年卒，追谥顺平侯。

● 清代年画《借赵云》

赵云，字子龙，三国时期蜀汉名将。追随刘备，功绩卓著。有勇有谋，善始善终。曹操取荆州，刘备败于当阳长阪，他力战救护甘夫人和备子刘禅。刘备得益州，任为翊军将军，从攻汉中。

注释

①弱子：幼子。②拒：阻挡。③敛：收拢。

译文

赵云字子龙，是常山真定人。他原来归附在公孙瓒的手下，公孙瓒派刘备代替田楷抵抗袁绍，赵云于是也跟随刘备一起去，为刘备掌管骑兵。等到刘备被曹操追到当阳长阪时，刘备抛弃了妻子儿女向南逃命，赵云抱着刘备的弱子，也就是刘禅，保护甘夫人，也就是刘禅的母亲，使得他们免于灾难。后来封他为牙门将军。刘备到了蜀国，赵云留守荆州。

刘备从葭萌还师攻打刘璋，召见诸葛亮。诸葛亮带领赵云和张飞等一起逆着江水向西而上，平定了各个郡县。到了江州，分别派赵云从外水上江阳，与诸葛亮在成都相会。成都被平定后，任命赵云为翊军将军。建兴元年，赵云担任中护军、征南将军，封永昌亭侯，升为镇东将军。建兴五年，赵云跟随诸葛亮驻守汉中。第二年，诸葛亮出军，传播说自己从斜阳谷道走，曹真在那里安排了大量人马。诸葛亮命令赵云和邓芝一起前往抗拒他，他自己带领军队进攻祁山。赵云、邓芝的军队处于弱势但是敌人很强大，在箕谷失败了，但是他们仍然收拢兵马坚守着，没有遭到很大的损失。军队退回以后，赵云被贬为镇军将军。建兴七年赵云去世，追封谥号为顺平侯。

原文

初，先主时，惟法正见谥；后主时，诸葛亮功德盖世，蒋琬、费祎荷国之重，亦见谥；陈祗宠待，特加殊奖，夏侯霸远来归国，故复得谥；于是关羽、张飞、马超、庞统、黄忠及云乃追谥，时论以为荣。云子统嗣，官至虎贲中郎，督行领军。次子广，牙门将，随姜维沓中，临陈战死。

评曰：关羽、张飞皆称万人之敌，为世虎臣[①]。羽报效曹公，飞义释严颜，并有国士之风[②]。然羽刚而自矜[③]，飞暴而无恩，以短取败，理数之常也。马超阻戎负勇，以覆其族，惜哉！能因穷致泰，不犹愈乎[④]！黄忠、赵云强挚壮猛，并作爪牙，其灌、滕之徒欤？

注释

①虎臣：勇猛的臣子。②国士：国中才能、品质出众的人。③自矜：骄傲自负。④愈：通“愉”，愉快。

●张飞

张飞，字益德，三国时期蜀国著名的将领，勇猛异常。但是，他对士兵十分的粗暴。正是因为这样，张飞被他的部将所杀，实在令人感慨。

译文

当初，刘备在位时，只有法正被授予谥号；后主时，诸葛亮的因为功德盖世，蒋琬、费祎担负着国家的重任，也被加封了谥号；陈祗受到恩宠和厚待，对他加以特殊奖赏，夏侯霸从远方来归顺蜀国，也得到了谥号；这时候，关羽、张飞、马超、庞统、黄忠和赵云都被追加了谥号，当时的人认为这是一件很荣耀的事情。赵云的儿子赵统继承了父业，官职到了虎贲中郎，统领行领军。他的二儿子赵广，做了牙门将，跟随姜维到了沓中，死在战场上。

评论说：关羽、张飞都可以称得上是万人之敌，是当代勇猛的臣子。关羽报答了曹操，张飞讲究仁义释放了严颜，他们都有国士的风范。可是关羽性格刚烈骄傲自负，张飞性情暴虐不知道对部下施恩，都是因为短处招致失败，这也符合道理。马超依靠着少数民族和自身的勇气，却导致了全族的覆灭，实在是可惜啊！他们能够因为穷困变得显达，不也是愉快的事情吗！黄忠、赵云强意志坚强雄壮果敢，是辅佐君主的得力助手，他们应该是灌婴、滕公那样的人吧。

庞统法正传

原文

庞统字士元，襄阳人也。少时朴钝[1]，未有识者。颍川司马徽清雅有知人鉴[2]，统弱冠往见徽[3]，徽采桑于树上，坐统在树下，共语自昼至夜。徽甚异之，称统当南州士之冠冕，由是渐显。后郡命为功曹。性好人伦，勤于长养。每所称述，多过其才，时人怪而问之，统答曰：“当今天下大乱，雅道陵迟，善人少而恶人多。方欲兴风俗，长道业，不美其谭即声名不足慕企，不足慕企而为善者少矣。今拔十失五，犹得其半，而可以崇迈世教，使有志者自励，不亦可乎？”吴将周瑜助先主取荆州，因领南郡太守。瑜卒，统送丧至吴，吴人多闻其名。及当西还，并会昌门，陆绩、顾劭、全琮皆往[4]。统曰：“陆子可谓驽马有逸足之力，顾子可谓驽牛能负重致远也。”谓全琮曰：“卿好施慕名[5]，有似汝南樊子昭。虽智力不多，亦一时之佳也。”绩、劭谓统曰：“使天下太平，当与卿共料四海之士。”深与统相结而还。

先主领荆州，统以从事守耒阳令，在县不治，免官。吴将鲁肃遗先主书曰：“庞士元非百里才也，使处治中、别驾之任，始当展其骥足耳。”诸葛亮亦言之于先主，先主见与善谭，大器之，以为治中从事。亲待亚于诸葛亮，遂与亮并为军师中郎将。亮留镇荆州。统随从入蜀。

蚕桑图

庞统二十岁左右的时候，去拜见司马徽。恰巧司马徽在树上采摘桑叶，他让庞统坐在树下，他们从白天一直交谈到晚上。司马徽认为庞统在南郡士人中是很出众的。从此，庞统渐渐出名了。

注释

①朴钝：刀刃不锋利，这里比喻才能未能显露。②鉴：镜子，引申为洞察力。③徽：司马徽，人名。④往：到。⑤慕名：喜爱。

译文

庞统字士元，是襄阳人。他年轻的时候人很质朴驽钝，没有人注意他。颍川的司马徽为人高尚，很有雅量，非常会看人。庞统二十岁左右的时候，去拜见司马徽。恰巧司马徽在树上采摘桑叶，他让庞统坐在树下，他们从白天一直交谈到晚上。庞统让司马徽很吃惊，他认为庞统在南郡士人中是很出众的。从此，庞统渐渐出名了。后来他被郡里委任为功曹。庞统为人讲究人伦规范，尽自己的力量全心全意照顾老人，养育孩子。每当他称赞别人，自己的才能往往超过被称赞的人。当时人们很是不解，就问他，他总是回答说："现在天下不太平，正道衰微被败坏，好人少坏人多。现在最需要的是兴起好的风俗，增强道德观念，不夸赞他们的美德就不足以引起人们羡慕景仰，不引起人羡慕景仰，那么做好事的人就更少了。现在提拔的人十个中就有五个失当，我们还是能得到一半好人，这一半人就能够使世风教化得到改进，使有志者自我勉励，这样不也可以吗？"吴国将领周瑜帮助刘备夺得荆州之后，就做了南郡太守。周瑜死后，庞统替他送葬到吴国。吴国的人听说庞统人品很好，庞统回国的时候，老百姓都会集到昌门，陆绩、顾劭、全琮都去了。庞统说："陆先生可以说是驽马但是有余力，顾先生就好比是笨牛，可是能够背得动重物前行。"他又对全琮说："您喜欢施舍仰慕声名，就好比汝南郡的樊子昭，虽然不那么聪慧，却也是其中的佼佼者。"陆绩、顾劭对庞统说："要是天下太平的话，我们要和您一起评价天下的名士。"他们直到和庞统结成知己后才肯离去。

柳塘呼犊图

庞统评价陆绩、顾劭说："陆先生可以说是驽马但是有余力，顾先生就好比是笨牛，可是能够背得动重物前行。"这个评价十分中肯。

刘备在统领荆州时，庞统以从事的身份担任耒阳县令。因为在任上不治理政事被罢免官职。吴国的将领鲁肃给刘备写书信，写道："庞士元不是一个只能治理百里之地的人才，要是让他处在治中、别驾的位置上，才能让他充分施展开才华。” 诸葛亮也这样对刘备举荐庞统。刘备于是接见庞统并和他交谈得很好，就很器重他，让他做治中从事，对待他很热情，仅次于诸葛亮。从这以后，庞统和诸葛亮一起做军师中郎将。诸葛亮留守荆州，庞统随着刘备进入蜀国。

原文

益州牧刘璋与先主会涪，统进策曰[1]：“今因此会，便可执之，则将军无用兵之劳而坐定一州也。”先主曰：“初入他国，恩信未著，此不可也。”璋既还成都，先主当为璋北征汉中，统复说曰：“阴选精兵，昼夜兼道，径袭成都；璋既不武，又素无预备，大军卒至，一举便定，此上计也。杨怀、高沛，璋之名将，各仗强兵，据守关头，闻数有笺谏璋，使发遣将军还荆州。将军未至，遣与相闻，说荆州有急，欲还救之，并使装束[2]，外作归形[3]；此二子既服将军英名，又喜将军之去，计必乘轻骑来见，将军因此执之，进取其兵，乃向成都，此中计也。退还白帝，连引荆州，徐还图之，此下计也。若沈吟不去，将致大困[4]，不可久矣。”先主然其中计，即斩怀、沛，还向成都，所过辄克[5]。于涪大会，置酒作乐，谓统曰：“今日之会，可谓乐矣。”统曰：“伐人之国而以为欢，非仁者之兵也。”先主醉，怒曰：“武王伐纣，前歌后舞，非仁者邪？卿言不当，宜速起出！”于是统逡巡引退。先主寻悔，请还。统复故位，初不顾谢，饮食自若。先主谓曰：“向者之论，阿谁为失？”统对曰：“君臣俱失。”先主大笑，宴乐如初。

注释

①策：计谋。②装束：装卸整理行装。③外作归形：表面上装作回去的样子。④致：招致。⑤辄：总是，常常。

庞统祠

庞统祠位于老陕路旁，距德阳仅15公里左右，古代由秦入蜀的最后一道关隘。这是后人为了纪念庞统而建造的。其真实的墓不在此。

译文

益州的州牧刘璋和刘备在涪县会谈，庞统献策说："趁着这次相会的机会，把他捉起来。那么将军您没有用兵的辛劳但是能稳坐一州。"刘备说："刚到达别人的州郡里，恩德和威信都还没有建立，这样做恐怕是不行的。"庞统又说："暗中挑选良兵，日夜兼程，抄小路偷袭成都；刘璋自己不勇武，也没有任何防备，大军突然来袭，一举就可以平定的，这是上上之策。杨怀、高沛，都是刘璋的名将，各自依据兵强，据守关卡。听说他们多次写信劝谏刘璋，要刘璋打发将军回荆州去。我建议您还没有到达他们的住地时，先派人告诉他们，说荆州发生了急事，马上回去救急，而且让大家打起行装，从表面上看是回荆州的样子；这两个人是很佩服将军的为人的，也很高兴您回去，相信他们一定会坐轻车快马来见您。将军要趁这个机会把他们捉住，把他们的军队招收，然后向成都出兵，这是中策；您退回白帝城，接着带领军队回荆州，慢慢再做打算，这是下策。如果犹豫不定的话，您一定会招来大难的。不能再拖延时间了。"刘备很赞同他的中策。把杨怀、高沛杀了，然后回师转向成都，所经过的地方都攻克下来。在涪县大会师，设酒犒劳军士。对庞统说："今天的聚会可以说是很快乐的！"庞统说："攻打别人的国家却在这作乐，不是仁义军队所为的。"刘备已经喝醉了，愤怒说道："武王伐纣，前歌后舞的，他不是仁者吗？你说的错误，赶紧出去吧！"庞统于是犹豫不定地出去了。没过多久，刘备就后悔了，赶忙请庞统回来。庞统又回到自己的座位上，但是并不低头认罪，照常吃喝。刘备对他说："刚才的事情，到底谁对谁错？"庞统答道："您和我都是有过错的。"刘备大笑，就和开始时一样宴饮，没有芥蒂。

原文

进围雒县，统率众攻城，为流矢所中[1]，卒，时年三十六。先主痛惜，言则流涕。拜统父议郎，迁谏议大夫，诸葛亮亲为之拜。追赐统爵关内侯，谥曰靖侯。统子宏，字巨师，刚简有臧否[2]，轻傲尚书令陈祗，为祗所抑，卒于涪陵太守。统弟林，以荆州治中从事参镇北将军黄权征吴，值军败，随权入魏，魏封列侯，至钜鹿太守。

注释

①流矢：乱箭。②臧否：善恶，褒贬，这里指敢于褒贬人物。

译文

刘备围攻雒县时，庞统率领军队攻打城池，被乱箭所伤而死，死时才三十六岁。刘备非常痛惜，一说起他就大哭不止。他拜庞统的父亲为议郎，后来又升为谏议大夫，诸葛亮亲自为他授官。追赐庞统为关内侯，加封谥号为靖侯。庞统的儿子庞宏，字巨师，性情刚直敢于直言善恶。但是他对尚书令陈祗很轻视傲慢，一直受压制。在涪陵太守的任上他去世了。庞统的弟弟庞林，是以荆州治中从事的身份参加镇压北将军黄权征讨东吴的战事的。军队败北之后，他跟随黄权去了魏国，魏国封他做列侯，最后官至钜鹿太守。

原文

法正字孝直，扶风郿人也。祖父真，有清节高名[1]。建安初，天下饥荒，正与同郡孟达俱入蜀依刘璋，久之为新都令，后召署军议校尉。既不任用，又为其州邑俱侨客者所谤无行，志意不得。益州别驾张松与正相善，忖璋不足与有为[2]，常窃叹息。松于荆州见曹公还[3]，劝璋绝曹公而自结先主。璋曰："谁可使者？"松乃举正，正辞让，不得已而往。正既还，为松称说先主有雄略，密谋协规，愿共戴奉，而未有缘。后因璋闻曹公欲遣将征张鲁之有惧心也，松遂说璋宜迎先主，使之讨鲁，复令正衔命。正既宣旨，阴献策于先主曰："以明将军之英才，乘刘牧之懦弱；张松，州之股肱[4]，以响应于内；然后资益州之殷富，冯天府之险阻，以此成业，犹反掌也。"先主然之，泝江而西，与璋会涪。北至葭萌，南还取璋。

注释

①清节高名：清廉的节操，高尚的名声。②忖：考虑。③曹公：曹操。④股肱：比喻得力的辅助者。

译文

法正字号是孝直，他是扶风郿县人。他的祖父叫法真，本性清廉有气节，名声很好。建安初年，天下闹饥荒。法正和同郡的孟达一起到了蜀国投靠刘璋，过了很长时间才被封为新都令，后来招他做了署军代议校尉。法正既不能被重用，又被侨居蜀地的同乡诽谤品行不好，因此他常常不得志。益州别驾张松和法正交情很好，他考虑到自己不足以被刘璋重用，于是常常独自叹息。张松在荆州拜见曹操回来后，他劝谏刘璋和曹操断绝来往而和刘备交好。刘璋说："那么谁可以

姜尚

法正早期怀才不遇，没有受到重用。这就如同姜子牙，大器晚成。是金子总会发光，说的就是法正、姜子牙这样的人吧。

做使者呢？”张松于是举荐法正，法正推辞，最后不得不去。法正回来以后，对张松大加称赞刘备的雄才大略，他们密谋商定，一起规划，想一起拥护刘备，为他效力，可是苦于没有机会。后来刘璋听说曹操要派将领讨伐张鲁，他心里很害怕。张松于是趁机劝说刘璋应该迎接刘备，让刘备去征讨张鲁。刘璋再次派法正去见刘备。法正说完刘璋的意思后，暗地里向刘备献策说：“凭您的才能，可以对刘璋的懦弱的特点加以利用，张松是州里最得力的助手，让他在城里做内应，然后凭借益州的富有，凭借天国的险要，足可以成就一份大业，一切易如反掌啊！”刘备很赞同他的说法。他沿着长江向西而行，与刘璋在涪县会见。向北取得了葭萌，回头向南攻下了刘璋。

原文

郑度说璋曰：“左将军县军袭我，兵不满万，士众未附，野谷是资[1]，军无辎重[2]。其计莫若尽驱巴西、梓潼民内涪水以西，其仓廪野谷，一皆烧除，高垒深沟，静以待之。彼至，请战，勿许，久无所资，不过百日，必将自走。走而击之，则必禽耳。”先主闻而恶之[3]，以问正。正曰：“终不能用，无可忧也。”璋果如正言，谓其群下曰：“吾闻拒敌以安民，未闻动民以避敌也。”于是黜度[4]，不用其计。及军围雒城，正笺与璋曰：“正受性无术，盟好违损，惧左右不明本末，必并归咎，蒙耻没身，辱及执事，是以损身于外，不敢反命。恐圣听秽恶其声，故中间不有笺敬，顾念宿遇，瞻望悢悢。然惟前后披露腹心，自从始初以至于终，实不藏情，有所不尽，但愚暗策薄，精诚不感，以致于此耳。今国事已危，祸害在速，虽捐放于外，言足憎尤，犹贪极所怀，以尽馀忠。明将军本心，正之所知也，实为区区不欲失左将军之意，而卒至于是者，左右不达英雄从事之道，谓可违信黩誓[5]，而以意气相致，日月相迁，趋求顺耳悦目，随阿遂指，不图远虑为国深计故也。事变既成，又不量强弱之势，以为左将军县远之众，粮谷无储，欲得以多击少，旷日相持[6]。而从关至此，所历辄破，离宫别屯，日自零落。雒下虽有万兵，皆坏陈之卒，破军之将，若欲争一旦之战，则兵将势力，实不相当。各欲远期计粮者，今此营守已固，谷米已积，而明将军土地日削，百姓日困，敌对遂多，所供远旷。愚意计之，谓必先竭，将不复以持久也。空尔相守，犹不相堪，今张益德数万之众，已定巴东，入犍为界，分平资中、德阳，三道并侵，将何以御之？本为明将军计者，必谓此军县远无粮，馈运不及，兵少无继。今荆州道通，众数十倍，加孙车骑遣弟及李异、甘宁等为其后继。若争客主之势，以土地相胜者，今此全有巴东，广汉、犍为，过半已定，巴西一郡，复非明将军之有也。计益州所仰惟蜀，蜀亦破坏；三分亡二，吏民疲困，思为乱者十户而八；若敌远则百姓不能堪役，敌近则一旦易主矣。广汉诸县，是明比也。又鱼复与关头实为益州福祸之门，今二门悉开，坚城皆下，诸军并破，兵将俱尽，而敌家数道并进，已入心腹，坐守都、雒，存亡之势，昭然可见。斯乃大略，其外较耳，其馀屈曲，难以辞极也。以正下愚，犹知此事不可复成，况明将军左右明智用谋之士，岂当不见此数哉？旦夕偷幸，求容取媚，不虑远图，莫肯尽心献良计耳。若事穷势迫，将各索生，求济门户，展转反覆，与今计异，不为明将军尽死难也。而尊门犹当受其忧。正虽获不忠之谤，然心自谓不负圣德，顾惟分义，实窃痛心。左将军从本举来，旧心依依，实无薄意。愚以为可图变化，以保尊门。”

注释

①野谷：民间收集的粮食。②辎重：军用物资。③恶：忧虑，担心。④黜：贬斥，罢免。⑤黩誓：违背誓言。黩，轻慢不敬，这里指不履行盟誓。⑥旷日：长期。

流民图（局部）

法正说：打仗是为了保护百姓，没听说过靠驱赶百姓来打败敌人的。百姓使社稷的根本，战争给百姓带来的灾难是无法计量的。此图描绘的就是流离失所的人民。

译文

郑度劝说刘璋说：“左将军刘备只身来袭击我军，他们的兵力还不到一万，兵士和百姓都没有归顺他，他要靠从民间征集粮食，军队缺兵少食，没有物质基础。应对他不如驱赶巴西、梓潼的百姓到内涪水以西的地方，然后把原来的粮仓都烧毁，筑起高高的堡垒，挖出深深的壕沟，静候他们的到来。只要他一来和我们请战，我们不必出战，因为他们没有物质储备，过不了一百天就会自己逃回去的。只要他们逃跑我们就出击，一定会捉拿住他们的。”刘备听说后非常讨厌郑度，问法正有没有这件事。法正说：“最终不会用郑度之计，不用担心。”刘璋果然像法正说的那样，对下属说：“我听说过通过抵抗敌人来保护百姓的，没听说过靠驱赶百姓来打败敌人的。”于是罢免郑度，不再用他的计策。刘备的军队围攻雒城时，法正给刘璋写信道：“法正我天生没什么能耐，现在盟誓的关系已被破坏，我担心你身边的人不明白事情的原委，一定会把所有的罪过归到我身上，使我蒙受耻辱断送性命，连累你一起受到侮辱，倒不如我一个人出来，不敢再返回去了。我还怕您听到污秽的声音，所以这段时间我没有给您写信表示敬意。我还挂念过去的交情，我远远地看着城府惆怅万分。可是我思前想后还是把我自己的心思和您说清楚吧：从开始跟随您到现在，我实在没有对您隐瞒什么，我所想的都彻底和您说了。只是我生性愚钝，才识浅薄，没有被您的真诚所感动，所以才会到了今天这样。现在的国家形势已经很危急了，祸患就在眼前，虽然我是个放逐在外的人，我说的话足以使人憎恶、怨恨，但是我还是想把我的心里话说出来，来尽我最后的忠心。法正我是明白您的心意的，这就是我小心翼翼不想失去左将军您的原因。只不过您身边的人不懂得为人处世的原则，他们以为做人是可以背信弃义，违背誓言的，人和人交往是靠意气相投，随着时间的深入，大家都追求顺耳之言，喜欢悦耳之事，喜欢随声附和顺从意旨，这恰恰就是不顾及将来只考虑眼前，不为国家做长远打算的缘由。现在事变已经发生了，却不能正确估算强弱的形势。只是认为左将军刘备孤军远征，没有储备足够的粮草，就想靠自己粮草足备，兵力多跟他打持久战。却没有想到从白水关到这里，只要是刘备经过的地方都被攻破了，帝王的行宫和军营都已经破败了。雒县虽然还有上万的兵力，但他们都是被打败的败兵、败将。要是真要决战，那么双方的兵将的实力是相差很远的。要是从长久相持需要粮食储备来说，现在您已经

比干

俗话说：“忠言逆耳。”人都喜欢听好听的话，而不愿意听中肯却难听的话。比干忠心直谏纣王，却落得剖心的下场。

加固了战垒，储备了足够的粮食，可是您的领地却日益减少，百姓也越来越穷，敌对的势力就会越来越强大，百姓对您的供给也不会及时跟上。据我认为，先弹尽粮绝的是您而不是刘备，您先不能打持久战。这种白地相持，您还不能坚持，况且张飞已经带领数万兵力平定了巴东郡，进入了犍为郡的地界，又兵分三路平定了资中、德阳，您凭什么能抵御他们呢？原来为将军您出谋划策的那个人肯定会说这支军队是孤军奋战没有足够的粮食，供给又跟不上，兵力得不到及时补充。可是现在到荆州的路已经被打通了，人马也增加了数十倍，再加上孙权派他的弟弟和李异、甘宁等在后面援助刘备。要是还要考虑两军攻守的形势，靠土地决定胜负的话，刘备现在已经占据了巴东郡，广汉、犍为两郡他们已经平定了一半，巴西一郡，也不再是明将军的领地了。我认为益州现在唯一依靠的是蜀郡，但是蜀郡也已经被攻破了。三分土地已经失去了两分，无论官吏还是百姓都十分困顿，想造反的百姓有十之八九，如果从远处攻打敌人，没有一个百姓愿意为军队运送粮食，等到敌人临近了，百姓又会不用一个早上就更换了主人了。一个最有说服力的例子就是广汉郡各县。再加上鱼复和关头实在是益州因祸得福的门户，现在这两个地方的城门已经打开，城池被攻下，所有的军马都被拿下，但是敌军却兵分好几路来了，并且深入到蜀地的心腹地带，您虽然坚守成都、雒县两地，存亡的形势已经很明了了。这里我只是想说一个大体的情况，其他的细节之处，一时半会儿是说不完的。我提出一个愚钝的想法，明知道这件事不会不能再成功，何况将军本身和身边的人都很聪明，足智多谋，难道还没看出来这种命运吗？每天只知道苟且偷生，得过且过，献媚讨好获得一个容身之地，却不能为您做长远打算，不肯尽心献良策。他们要是到了紧要关头，又会只顾自己求生，保全自己的门户，他们会反复无常，做出不同的打算，更不会为将军尽忠，可是您一家还是要承受这些忧虑的啊！我的想法虽然蒙受了很多人的误解和诽谤，但是我还是顾念您和我的情意和名分的，我还是很痛心您现在的遭遇。左将军刘备打这次从根本上来解决问题的举动来看，还是十分念旧情的，没有薄情的意思。我还是认为您可以考虑改变一下主意，使得您的家室得以保存。”

原文

十九年，进围成都，璋蜀郡太守许靖将逾城降[1]，事觉，不果。璋以危亡在近，故不诛靖。璋既稽服[2]，先主以此薄靖不用也[3]。正说曰：“天下有获虚誉而无其实者，许靖是也。然今主公始创大业，天下之人不可户说[4]，靖之浮称，播流四海[5]，若其不礼，天下之人以是谓主公为贱贤也。宜加敬重，以眩远近，追昔燕王之待郭隗。”先主于是乃厚待靖。以正为蜀郡太守、扬武将军，外统都畿，内为谋主。一餐之德，睚眦之怨，无不

邹忌古琴取相

春秋时期的邹忌以他和徐公比美这件事来劝解齐王不要被周围的好话所蒙蔽。好的臣子，敢于向君主提出中肯的意见，法正正是这样的人。而刘备也是一个愿意兼听则明的明君。

报复，擅杀毁伤己者数人。或谓诸葛亮曰："法正于蜀郡太纵横，将军宜启主公，抑其威福。"亮答曰："主公之在公安也，北畏曹公之强，东惮孙权之逼，近则惧孙夫人生变于肘腋之下；当斯之时，进退狼跋，法孝直为之辅翼，令翻然翱翔，不可复制，如何禁止法正使不得行其意邪！"初，孙权以妹妻先主，妹才捷刚猛，有诸兄之风，侍婢百馀人，皆亲执刀侍立，先主每入，衷心常凛凛；亮又知先主雅爱信正，故言如此。

注释

①逾：越过。②稽服：稽首降服。③薄：鄙视，轻视。④户：这里指挨家挨户。⑤四海：全中原地区。

译文

建安十九年，刘备围攻城都，璋蜀郡太守许靖打算越城投降，事情被识破了，没有成功。因为这是在生死存亡之际，刘璋没有杀许靖。等到刘璋投降之后，刘备因为这件事瞧不起许靖，许靖得不到重用。法正劝说刘备道："天下有很多有虚名但是没什么实际作用的人，许靖就是这样的人。可是现在您是刚开始创建大业，很多事情是不能逐户向天下人解释的。许靖这人在天下还是很有名声的，如果传出去您对他不能以礼相待的话，天下的人都会说您轻视贤才。您应该对他加以敬重，使天下的人被迷惑住，您应仿照燕王厚待郭隗的做法。”刘备因此对许靖很好。他任命法正做蜀郡太守、扬武将军，对外主管京都地区，对内担当重要的谋士。法正对别人给他一顿饭的恩惠和给一瞪眼的仇恨没有不报的，还擅自杀死好几个曾经中伤自己的人。有人对诸葛亮说：“法正在蜀郡实在太骄横了，将军您应该禀告主公，打压他的作威作福。”诸葛亮回答说：“主公现在在公安，现在北面有曹操的强大，东面又担心孙权的逼迫，现在又担心孙夫人在身边发生事变，眼下这个时候，真是进退两难，只有法孝直能为他出谋划策，使他能够翻飞翱翔，使他免于受到别人的牵制，怎么可以禁锢法正不让他干自己想干的事情呢？”当初，孙权把自己的妹妹嫁给了刘备，孙权的妹妹为人才思敏捷，刚强英武，集她的各位长兄的特点于一身，身边有奴婢一百多人，都亲自拿着兵器侍立。刘备每次入宫，都心惊胆战的。诸葛亮很了解刘备喜爱法正才说出这番话。

原文

二十二年，正说先主曰：“曹操一举而降张鲁，定汉中，不因此势以图巴、蜀，而留夏侯渊、张郃屯守，身遽北还[1]，此非其智不逮而力不足也[2]，必将内有忧逼故耳。今策渊、郃才略[3]，不胜国之将帅，举众往讨，则必可克。克之之日，广农积谷，观衅伺隙，上可以倾覆寇敌，尊奖王室，中可以蚕食雍、凉，广拓境土，下可以固守要害，为持久之计。此盖天以与我，时不可失也。”先主善其策[4]，乃率诸将进兵汉中，正亦从行。二十四年，先主自阳平南渡沔水，缘山稍前，于定军兴势作营。渊将兵来争其地。正曰：“可击矣。”先主命黄忠乘高鼓噪攻之，大破渊军，渊等授首。曹公西征，闻正之策，曰：“吾故知玄德不办有此，必为人所教也。”

注释

①遽：仓促。②逮：至。③策：估计。④策：谋略。

译文

建安二十二年，法正劝说刘备：“曹操一下子就使得张鲁投降于他，平定了汉中，可是却没有乘胜攻打巴蜀，而是留下夏侯渊、张郃驻守汉中，然后匆忙返回北方，这并不是他计谋不足兵力不够，一定是有内部的忧患使得他不得不这样。现在的夏侯渊、张郃的才能和智谋与我国的将帅是不能相比的，要是您能带领军队去讨伐他，那一定会成功的。您在那里可以扩大农耕，储备军粮，上可以等待机会把敌人一举消灭，使汉室得到尊崇和辅助；中可以逐步占据雍、凉两州，扩大国土，下可以坚守要害之地，做长久的打算。这真是天赐良机啊，这种时机不能失去啊！”刘备很赞成他的这个计策，于是率领军队进军汉中，法正也随军前行。建安二十四年，刘备从阳平关南渡沔水，沿着山势一步步前进，在定军山安营扎寨。夏侯渊率领军队来争夺这个地方。法正说：“是出击的时候了！”刘备让黄忠登上高地擂鼓呐喊向敌人进攻，把夏侯渊一举打败了，夏侯渊等人被斩首。这时候，曹操正在西征，听说法正的计策后说：“我就知道刘备想不出这样的计谋，肯定是别人给他出的主意。”

原文

先主立为汉中王，以正为尚书令、护军将军。明年卒[①]，时年四十五。先主为之流涕者累日[②]。谥曰翼侯。赐子邈爵关内侯，官至奉车都尉、汉阳太守。诸葛亮与正，虽好尚不同，以公义相取。亮每奇正智术[③]。先主既即尊号，将东征孙权以复关羽之耻，群臣多谏，一不从。章武二年，大军败绩，还住白帝。亮叹曰：“法孝直若在，则能制主上，令不东行；就复东行，必不倾危矣。”

评曰：庞统雅好人流，经学思谋，于时荆、楚谓之高俊。法正著见成败，有奇画策算，然不以德素称也。拟之魏臣，统其荀彧之仲叔，正其程、郭之俦俪邪?

注释

①明年：第二年。②累日：数日。③奇：认为很奇妙。

译文

刘备在汉中自立为王时，他封法正做尚书令、护军将军。第二年，法正去世，年仅四十五岁。刘备非常伤心难过了好几天。追封他的谥号为翼侯，赐他儿子法邈为关内侯，官至奉车都尉、汉阳太守。诸葛亮和法正两个人虽然各自的喜好和崇尚的东西不一样，但是都能从国家利益出发互补长短。诸葛亮常常对法正的计谋暗暗称奇。刘备称帝之后，打算向东征讨孙权来报关羽的耻辱，大臣们都劝谏他，可是刘备还是一意孤行。章武二年，刘备大败，回到了白帝城。诸葛亮叹息说：“要是法孝直还在世的话，肯定能劝住主公，能够阻止他东行的；即使是东行也不会导致国家运势衰微的。”

评论说：庞统非常喜欢人伦，研究经学，出谋划策，在当时荆楚、楚一带是一位才智出众的奇才。法正能够成功地预见成败，能够有很多出奇的谋略，然而历来不是因为品德好受到别人称颂的。把他们和魏国的大臣相比，庞统应该和荀彧是相当的，法正大概是程煜、郭嘉那一类的人吧！

「吴」书

吴书

吴主传

原文

孙权字仲谋。兄策既定诸郡，时权年十五，以为阳羡长。郡察孝廉，州举茂才[1]，行奉义校尉[2]。汉以策远修职贡，遣使者刘琬加锡命。琬语人曰：“吾观孙氏兄弟虽各才秀明达，然皆禄祚不终，惟中弟孝廉，形貌奇伟，骨体不恒[3]，有大贵之表，年又最寿，尔试识之。”

注释

①茂才：秀才，东汉的时候，为了避光武帝刘秀讳，改称茂才。②行：代理职位。③不恒：不平常，不平凡。

译文

孙权，字仲谋。他的兄长孙策平定了江南数郡，当时孙权只有十五岁，孙策任命他为阳羡县长。当地的郡守举荐他为孝廉，刺史推举他为秀才，试用他为奉义校尉。汉王朝认为孙策虽然远在江南地区，但是却能执行职责的礼数，向朝廷进贡品，于是派遣刘琬为使者去孙策所在地颁发给他爵服等赏品的命令。刘琬回来后对别人说：“在我看来，孙家几个兄弟，每个都很出色，才能出众，聪慧、豁达，可是寿命都不长。只有二弟孝廉，体形高大伟岸，相貌堂堂，有享大福大贵的仪表，而且寿命最长。你们可以记住我说的这些话。”

原文

建安四年，从策征庐江太守刘勋。勋破[1]，进讨黄祖于沙羡。

五年，策薨[2]，以事授权，权哭未及息。策长史张昭谓权曰：“孝廉，此宁哭时邪？且周公立法而伯禽不师，非欲违父，时不得行也。况今奸宄竞逐[3]，豺狼满道，乃欲哀亲戚，顾礼制，是犹开门而揖盗，未可以为仁也。”乃改易权服，扶令上马，使出巡军。是时惟有会稽、吴郡、丹杨、豫章、庐陵，然深险之地犹未尽从，而天下英豪布在州郡，宾旅寄寓之士以安危去就为意，未有君臣之固。张昭、周瑜等谓权可与共成大业，

故委心而服事焉[4]。曹公表权为讨虏将军，领会稽太守[5]，屯吴[6]，使丞之郡行文书事。待张昭以师傅之礼，而周瑜、程普、吕范等为将率。招延俊秀，聘求名士，鲁肃、诸葛瑾等始为宾客。分部诸将，镇抚山越[7]，讨不从命。

孙权

孙权，字仲谋，是三国时期吴国的君主。他称帝后曾大规模派人航海，加强对夷洲（今台湾）的联系。又设置农官，实行屯田；并在山越地区设立郡县，促进了江南土地的开发。

注释

①破：打败。②薨：指诸侯的死。③奸宄：行窃，作乱的坏人。乱在外被称为奸，乱在内被称为宄。④委心：尽心，尽力。⑤领：兼任官职。⑥屯：驻守，驻军。⑦山越：当时居住在今天安徽、江苏、浙江、江西各省的越族人民的统称。

译文

建安四年，孙权跟随孙策讨伐庐江太守刘勋。打败了刘勋率领的军队，又向沙羡进军征讨黄祖。

建安五年，孙策病死，孙权被授予将军的重任，还没等到他的悲泣停止，孙策的长史张昭对他说："孝廉，此时难道是应该哭泣的时候吗？古代的周公制定礼仪制度，他的儿子伯禽却不遵守，他不是故意违背父亲的命令，而是当时不能遵行！更何况现在内外的坏人都在猖狂地进行活动，像豺狼一样的坏人遍地都是。在这种情况下，还去为死去的兄长哀痛，凡事都以丧礼为主，这种举动就像开门欢迎坏人一样，这不算是仁的举动啊！"于是，他让孙权换下丧服、穿上官府、把他扶上马，让他到外面巡查队伍。当时孙权只占有会稽、吴郡、丹杨、豫章、庐陵五个郡，其中处于深山险要位置的地方还没有完全归顺，但是天下的英雄豪杰分布在各个州郡，暂时居住在这里的宾客以个人的安危、去留作为考虑的主要问题，没有固定的君臣关系。张昭、周瑜等人认为孙权能够和他们一起成就伟业，所以就尽力辅佐他。曹操奏请朝廷任命孙权为讨虏将军，同时兼任会稽太守，驻军吴县。孙权派官员到各郡担任办理文书的公务。以对待师长的礼仪对待张昭，任用周瑜、程普、吕范等人为将军，招揽才能出众、闻名天下的人士，鲁肃，诸葛瑾等人开始成为孙权的贵客。分派众将领，镇守、安抚山越各族，讨伐不服的州县。

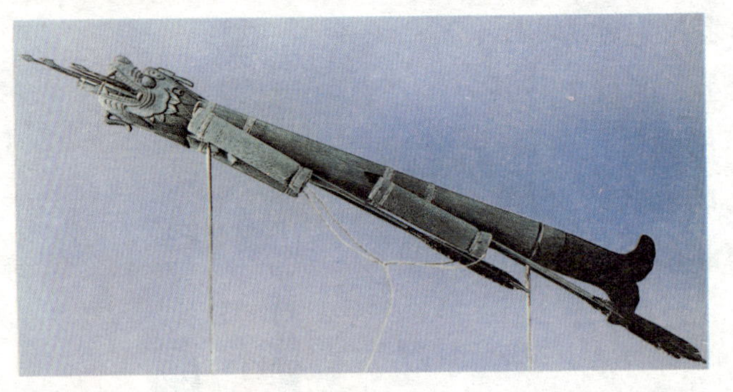

火龙出水

中国古代发明了许多了不起的武器。明朝中期，中国人发明了一种新式火箭，叫"火龙出水"，它可以说是二级火箭的始祖，在水战中发挥着重要的作用。

原文

七年，权母吴氏薨。

八年，权西伐黄祖，破其舟军[1]，惟城未克，而山寇复动[2]。还过豫章，使吕范平鄱阳，程普讨乐安，太史慈领海昏，韩当、周泰、吕蒙等为剧县令长[3]。

九年，权弟丹杨太守翊为左右所害，以从兄瑜代翊。

十年，权使贺齐讨上饶，分为建平县。

十二年，西征黄祖，虏其人民而还。

注释

①舟军：水军。②山寇：对当时坚决反对孙权统治的山越族民众的诬称。③剧县：指政务繁重的县。

译文

建安七年，孙权的母亲吴氏去世。

建安八年，孙权西讨黄祖，打败了他的水军，只有城池没有攻克，而且山贼又作乱。孙权撤回军队返回，途中经过豫章，派遣吕范平定鄱阳，程普讨伐乐安，太史慈监管海昏，韩当、周泰、吕蒙担任军政事务繁重的县令、县长。

建安九年，孙权的弟弟丹杨太守孙翊被他的随从所杀害，派其堂兄孙瑜接替他的位子。

建安十年，孙权指使贺齐讨伐上饶，把上饶的一部分划为建平县。

建安十二年，向西征讨黄祖，俘虏其民众后回来。

原文

十三年春，权复征黄祖，祖先遣舟兵拒军，都尉吕蒙破其前锋[1]，而凌统、董袭等尽锐攻之，遂屠其城。祖挺身亡走[2]，骑士冯则追枭其首，虏其男女数万口。是岁，使贺齐讨黟、歙，分歙为始新、新定、犁

阳、休阳县，以六县为新都郡。荆州牧刘表死，鲁肃乞奉命吊表二子，且以观变。肃未到，而曹公已临其境，表子琮举众以降。刘备欲南济江，肃与相见，因传权旨[3]，为陈成败。备进住夏口，使诸葛亮诣权，权遣周瑜、程普等行。是时曹公新得表众，形势甚盛，诸议者皆望风畏惧，多劝权迎之[4]。惟瑜、肃执拒之议，意与权同。瑜、普为左右督，各领万人，与备俱进，遇于赤壁，大破曹公军。公烧其馀船引退[5]，士卒饥疫，死者大半。备、瑜等复追至南郡，曹公遂北还，留曹仁、徐晃于江陵，使乐进守襄阳。时甘宁在夷陵，为仁党所围[6]，用吕蒙计，留凌统以拒仁，以其半救宁，军以胜反[7]。权自率众围合肥，使张昭攻九江之当涂。昭兵不利，权攻城逾月不能下。曹公自荆州还，遣张喜将骑赴合肥。未至，权退。

注释

①都尉：官名。郡都置有都尉，掌握兵权。②挺身：逃脱，挣开。③旨：建议，主张。④迎：投降归顺。⑤引退：率军撤退。⑥党：同伙，属下。⑦反：同“返”，回归，返回。

译文

建安十三年，孙权又征讨黄祖，黄祖先派遣水兵抗拒吴军，吴都尉吕蒙攻破了他的先锋队伍，而凌统、董袭等将更是率军尽力攻克，于是屠杀了城内的百姓。黄祖刚要起身逃走，骑士冯赶上前砍了他的脑袋，俘虏了几万名男女。这年，孙权派齐贺攻打黟县、歙县，把歙县重新进行了划分，新建了始新、新定、犁阳、休阳四个县，以这六个县为新的都郡。荆州牧刘表病死，鲁肃请求孙权派遣他前往荆州向刘表的两个儿子表示凭吊，趁机实地考察荆州的新变化。

鲁肃还没有到达，曹操率领的大军已经临近荆州了，刘表的二儿子刘琮向曹操献出他的全部军民表示投降。刘备想向南渡过长江，鲁肃与他见了

面，向他传达了孙权的想法，分析摆在他们面前的失败与成功两种选择。刘备进驻夏口，派诸葛亮与孙权会面，孙权派周瑜、程普率军出发。当时曹操刚刚得到刘表的军民，形势不错，大多参与讨论的人想到对方的声威而感到恐惧，大多劝孙权投降曹操。只有周瑜、鲁肃不同意投降的建议，与孙权的主张一样。孙权任命周瑜、鲁肃为左右督军，各自领军八万人，与刘备联合起来同时进军，与曹军在赤壁交战，将曹军打得落花流水。曹操烧掉了那些剩下的船只率军撤退，士兵因为饥饿和疫病，死掉一大半。刘备、周瑜随后把他们追赶到了南郡，于是曹操回到了北方，留下曹仁、徐晃守卫江陵，让乐进守卫襄阳。当时吴将甘宁身在夷陵，被曹仁的部将所包围。孙权采纳吕蒙的计策，留下凌统迎战曹仁，分给凌统一半的军队去援救甘宁，援军胜利完成命令而回来。孙权亲自率军围攻合肥，并派张昭进攻九江郡的当涂县。张昭进攻不顺利，孙权的包围超过了一个月，也没有攻战合肥。曹操从荆州返回北方后，派遣张喜率骑兵援助合肥。张喜还没有到达，孙权已经撤军败走。

原文

十四年，瑜、仁相守岁馀，所杀伤甚众。仁委城走[1]。权以瑜为南郡太守。刘备表权行车骑将军[2]，领徐州牧。备领荆州牧，屯公安。

十五年，分豫章为鄱阳郡；分长沙为汉昌郡，以鲁肃为太守，屯陆口。

十六年，权徙治秣陵[3]。明年，城石头，改秣陵为建业。闻曹公将来侵，作濡须坞。

十八年正月，曹公攻濡须，权与相拒月馀。曹公望权军，叹其齐肃[4]，乃退。初，曹公恐江滨郡县为权所略[5]，征令内移。民转相惊，自庐江、九江、蕲春、广陵户十馀万皆东渡江，江西遂虚，合肥以南惟有皖城。

刘备

曹操率军南下，攻打东吴，形势十分紧急。孙权与刘备联合起来抗衡曹操，在赤壁大胜，最终奠定了三国鼎立的局面。

注释

①委城：放弃城池。②表：上表请求任命。表指古代上呈文书的名称，作动词用。③治：旧时指王都或者地方官署所在地。④齐肃：严肃齐整。⑤略：掠夺、侵犯。

译文

建安十四年，周瑜、曹仁互相进攻、防守对峙一年多，双方的伤亡都很惨重。曹仁弃城跑了，孙权任命周瑜为南郡太守。刘备奏请朝廷任命孙权为车骑将军，兼任徐州牧。刘备兼任荆州牧，驻守在公安。

建安十五年，从豫章郡的划分出鄱阳郡；从长沙郡划分出汉昌郡，任命鲁肃为汉昌太守，驻守在路口。

建安十六年，孙权将他的官署迁到秣陵。第二年，他修建石头城，将秣陵改称建业。听说曹操要来侵袭他，就修建了濡须坞。

建安十八年正月，曹操率军进攻濡须，孙权与他对峙一个多月，曹操远望吴军，赞叹其整齐肃穆，于是撤军。当初，曹操害怕长江北岸的郡县要遭到孙权的抢掠，命令生活在这一带的百姓向后迁徙，民众反而因此感到惊恐，居住在庐江、九江、蕲春、广陵等地的十万余户民众全都向南渡过长江，江北就变得很空虚，合肥以南就只有皖城了。

原文

十九年五月，权征皖城。闰月，克之，获庐江太守朱光及参军董和，男女数万口。是岁刘备定蜀[1]。权以备已得益州，令诸葛瑾从求荆州诸郡。备不许，曰："吾方图凉州，凉州定，乃尽以荆州与吴耳。"权曰："此假而不反[2]，而欲以虚辞引岁[3]。"遂置南三郡长吏[4]，关羽尽逐之。权大怒，乃遣吕蒙督鲜于丹、徐忠、孙规等兵二万取长沙、零陵、桂阳三郡，使鲁肃以万人屯巴丘以御关羽。权住陆口，为诸军节度。蒙到，二郡皆服，惟零陵太守郝普未下。会备到公安，使关羽将三万兵至益阳，权乃召蒙等使还助肃。蒙使人诱普，普降，尽得三郡将守，因引军还，与孙皎、潘璋并鲁肃兵并进，拒羽于益阳。未战，会曹公入汉中，备惧失益州，使使求和[5]。权令诸葛瑾报[6]，更寻盟好[7]，遂分荆州长沙、江夏、桂阳以东属权，南郡、零陵、武陵以西属备。备归，而曹公已还。权反自陆口，遂征合肥。合肥未下，彻军还。兵皆就路，权与凌统、甘宁等在津北为魏将张辽所袭，统等以死捍权[8]，权乘骏马越津桥得去。

长江积雪图

长江是中国的第一长河，起源于青藏高原唐古拉山脉格拉丹东雪山，孕育了长江两岸的人民。战争中，它也常常被作为天险，在战术中得到运用。

注释

①定：平定。②假：凭借。③虚辞：假话，空话。④置：任命官吏。⑤使使：派遣使者。⑥报：回答，告诉。⑦盟好：结盟友好。⑧捍：保卫，护卫。

译文

建安十九年五月，孙权进攻皖城，这年的闰月，攻占了皖城，俘虏了庐江太守朱光、参军董和，男女几万人。这年刘备平定了蜀地，孙权因为刘备已经攻占了益州，就命令诸葛瑾向刘备讨还荆州等郡。刘备不同意，说："我正在想法攻占凉州，等我平定了凉州，我再把荆州全部还给吴吧。"孙权说："他这是借了不还，只是用空话拖延时间。"于是任命荆州南部三个郡的主要官员，但是被关羽用武力赶走了。孙权非常生气，便派遣吕蒙带领鲜于丹、徐忠、孙规等将率领两万士兵进攻长沙、零陵、桂阳三郡。派鲁肃率领一万名士兵驻守在巴丘，抵抗关羽。孙权驻扎在陆口，指挥、调度各路军队。吕蒙带军到达长沙，长沙、桂阳二郡都投降了，只有零陵太守郝普不愿意投降。正赶上刘备到了公安，便派遣关羽率领三万士兵到达益阳，孙权便命令吕蒙等返回来支援鲁肃。吕蒙派使者前去劝降郝普，郝普投降，吕蒙全部争取到了三郡的郡守，于是率军返了回来，与孙皎、潘章、鲁肃会师同时前进，到益阳迎战关羽。战斗还没开始，就赶上了曹操进攻汉中地区，刘备担心失去了汉中，于是就派遣使者到吴军求和。孙权命令诸葛瑾回复同意谋求两国的联盟友好，于是将荆州划分为两部分，长沙、江夏、桂阳三郡以东的地区归孙权，南郡、零陵、武陵三郡以西的地区归刘备。刘备回到成都，曹操这时也已经从汉中撤军。孙权从陆口返回建业，又征讨合肥。合肥没有攻下，孙权准备撤军。撤退的士兵都走上了回去的道路，孙权与凌统、甘宁率军在逍遥津北突然遭到张陵的偷袭，陵统等将以死保护孙权，孙权乘驾骏马渡过逍遥津的板桥才得以离去。

原文

二十一年冬，曹公次于居巢[1]，遂攻濡须。

二十二年春，权令都尉徐详诣曹公请降，公报使修好，誓重结婚[2]。

二十三年十月，权将如吴[3]，亲乘马射虎于庱亭。马为虎所伤，权投

以双戟[4]，虎却废，常从张世击以戈[5]，获之。

注释

①次：行军的时候在一个地方停留超过两个晚上。这里指驻军。②重结婚：再次结亲、通婚。③如：往，到。④戟：兵器名称。一种合毛戈为一体的兵器，可以刺、击。⑤常从：经常跟随在身边的随从人员。

逍遥津

逍遥津位于合肥，东汉建安二十年，孙权率10万大军攻合肥未下，回师之时，被曹操守将张辽所袭。孙权退至此地，津桥已被拆除，孙权乘骏马飞越淝水脱险，后人名此桥为飞骑桥。

译文

建安二十一年冬天，曹操驻扎在居巢，进攻濡须。

建安二十二年春天，孙权命令都尉徐详拜见曹操，请求归降曹操，曹操回应要派遣使臣改善双方的关系，决心重新结为姻亲。

建安二十三年十月，孙权将去吴郡，亲自乘马在庱亭射虎。老虎把马咬伤了，孙权用双戟投向老虎，老虎受伤逃跑了，经常跟随他的随从见状立刻挥戈向老虎刺去，捕获了虎。

原文

二十四年，关羽围曹仁于襄阳，曹公遣左将军于禁救之。会汉水暴起，羽以舟兵尽虏禁等步骑三万送江陵，惟城未拔[1]。权内惮羽，外欲以为己功，笺与曹公[2]，乞以讨羽自效。曹公且欲使羽与权相持以斗之，驿传权书[3]，使曹仁以弩射示羽。羽犹豫不能去。闰月，权征羽，先遣吕蒙袭公安，获将军士仁。蒙到南郡，南郡太守麋芳以城降。蒙据江陵，抚其老弱，释于禁之囚。陆逊别取宜都，获秭归、枝江、夷道，还屯夷陵，守峡口以备蜀。关羽还当阳，西保麦城。权使诱之。羽伪降，立幡旗为象人于城上，因遁走，兵皆解散，尚十馀骑。权先使朱然、潘璋断其径路。十二月，璋司马马忠获羽及其子平、都督赵累等于章乡，遂定荆州。是岁大疫[4]，尽除荆州民租税。曹公表权为骠骑将军，假节领荆州牧，封南昌侯。权遣校尉梁寓奉贡于汉，及令王惇市马[5]，又遣朱光等归。

● 孙郎射虎

孙权在一次出行中，坐骑为虎所伤，他镇定地在马前击毙了老虎。后来，苏轼还作了一首《江城子·密州出猎》赞扬孙权“为报倾城随太守，亲射虎，看孙郎”孙权的勇气令人敬佩。

注释

①拔：攻占，占领。②笺：信札。这里用作动词，写信。③驿传：交给驿站传送。④大疫：疫病非常流行。⑤市：购买，这里作动词用。

译文

建安二十四年，关羽把曹仁围困在襄阳，曹操派遣左将军率军前去援助。正赶上汉水暴涨，关羽派水军参与战斗，把于禁等人率领的三万名步、骑兵全部俘获，送往江陵，只有襄阳城还没被攻克。孙权从心里害怕关羽，表面上却想为自己表功，写信给曹操，请求出兵进攻关羽以表明为其效力的决心。曹操为了使关羽、孙权长期对峙、争斗，用快马速传孙权的亲笔信，命令曹仁用强弓将这封信射给关羽。关羽看到信后，主意不定，没能立刻撤军。闰月，孙权进攻关羽，先派吕蒙偷袭公安郡，俘虏了蜀将士仁。吕蒙又率军进攻南郡，太守麋芳献城投降。吕蒙占领了江陵，安抚全城的老弱百姓，解除对于禁的监禁。陆逊率领一支军队攻占了宜都，又攻占了秭归、枝江、夷道，率军回来驻扎在夷陵，严守峡道，严防蜀军东下。关羽退回到当阳，往西行进保卫麦城。孙权派人劝说关羽投降，关羽假装投降，在麦城城墙上树立军旗，立了很多假人，趁机逃了出去，军队四散，只剩下十几个骑兵。孙权先派朱然、潘章阻断关羽撤退的道路。十二月，潘章的司马马忠在章乡俘虏了关羽和他的儿子关平、都尉赵累等人，于是平定了荆州。这年疫病流行，孙权下令全部免除荆州的租税。曹操奏请朝廷封孙权为骠骑将军、假节、兼任荆州牧、封为南昌侯。孙权派校尉梁寓向汉献帝进贤贡品，并令王谆买马，遣送朱光等人回北方。

原文

二十五年春正月，曹公薨，太子丕代为丞相魏王，改年为延康。秋，魏将梅敷使张俭求见抚纳。南阳阴、酂、筑阳、山都、中卢五县民五千家来附。冬，魏嗣王称尊号，改元为黄初。二年四月，刘备称帝于蜀。权自公安都鄂，改名武昌，以武昌、下雉、寻阳、阳新、柴桑、沙羡六县为武昌郡。五月，建业言甘露降[1]。八月，城武昌，下令诸将曰："夫存不忘亡，安必虑危，古之善教[2]。昔隽不疑汉之名臣，于安平之世而刀剑不离于身，盖君子之于武备，不可以已。况今处身疆畔，豺狼交接，而可轻忽不思变难哉[3]？顷闻诸将出入[4]，各尚谦约[5]，不从人兵，甚非备虑爱身之谓。夫保己遗名，以安君亲，孰与危辱？宜深警戒，务崇其大，副孤意焉。"自魏文帝践阼，权使命称藩，及遣于禁等还。十一月，策命权曰："盖圣王之法，以德设爵，以功制禄；劳大者禄厚，德盛者礼丰。故叔旦有夹辅之勋，太公有鹰扬之功，并启土宇，并受备物[6]，所以表章元功[7]，殊异贤哲也[8]。近汉高祖受命之初，分裂膏腴以王八姓[9]，斯则前世之懿事[10]，后王之元龟也。朕以不德，承运革命，君临万国，秉统天机，思齐先代，坐而待旦。惟君天资忠亮，命世作佐，深睹历数[11]，达见废兴，远遣行人，浮于潜汉。望风影附，抗疏称藩，兼纳纤絺南方之贡[12]，普遣诸将来还本朝，忠肃内发，款诚外昭，信著金石，义盖山河，朕甚嘉焉。今封君为吴王，使使持节太常高平侯

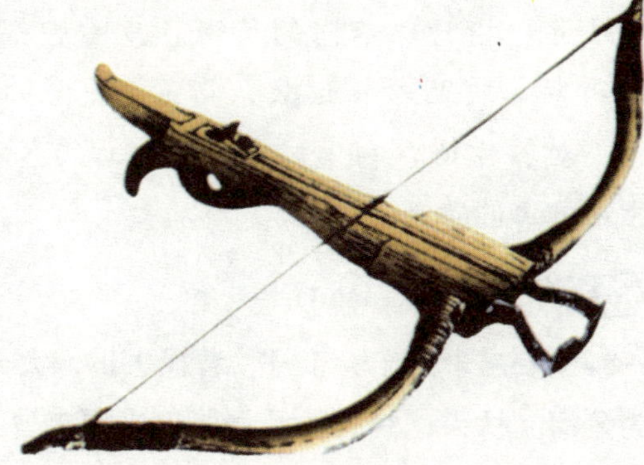

神臂弓

神臂弓可以说是冷兵器时代单兵武器的颠峰，它用坚韧的山桑木为弩弓，又用坚实的檀木作为弩身，麻为弦，轻巧坚劲。

贞，授君玺绶策书、金虎符第一至第五、左竹使符第一至第十，以大将军使持节督交州，领荆州牧事，锡君青土，苴以白茅，对扬朕命[13]，以尹东夏。其上故骠骑将军南昌侯印绶符策。今又加君九锡，其敬听后命。以君绥安东南，纲纪江外，民夷安业，无或携贰，是用锡君大辂、戎辂各一，玄牡二驷。君务财劝农，仓库盈积，是用锡君衮冕之服，赤舄副焉。君化民以德，礼教兴行，是用锡君轩县之乐。君宣导休风，怀柔百越，是用锡君朱户以居。君运其才谋，官方任贤[14]，是用锡君纳陛以登。君忠勇并奋，清除奸慝，是用锡君虎贲之士百人。君振威陵迈，宣力荆南，枭灭凶丑，罪人斯得，是用锡君钛钺各一。君文和于内，武信于外，是用锡君彤弓一、彤矢百、玈弓十、玈矢千。君以忠肃为基，恭俭为德，是用锡君秬鬯一卣，圭瓒副焉。钦哉！敬敷训典[15]，以服朕命，以勖相我国家，永终尔显烈。"是岁，刘备帅军来伐，至巫山、秭归，使使诱导武陵蛮夷，假与印传，许之封赏。于是诸县及五谿民皆反为蜀。权以陆逊为督，督朱然、潘璋等以拒之。遣都尉赵咨使魏。魏帝问曰："吴王何等主也？"咨对曰："聪明仁智，雄略之主也。"帝问其状，咨曰："纳鲁肃于凡品，是其聪也；拔吕蒙于行陈，是其明也；获于禁而不害，是其仁也；取荆州而兵不血刃，是其智也；据三州虎视于天下，是其雄也；屈身于陛下，是其略也。"帝欲封权子登，权以登年幼，上书辞封，重遣西曹掾沈珩陈谢，并献方物[16]。立登为王太子。

注释

①甘露：甜美的雨露。古人迷信地认为天降甘露是太平的征兆。②善教：有益的告诫。③变难：意外的灾难。④顷：近来，最近。⑤谦约：谦虚、简约。⑥备物：各种美好的东西。备，美好。⑦元功：大的功劳，首要的功劳。⑧殊异：指特殊不同的待遇。⑨膏腴：指肥美的土地。⑩懿事：盛事，美好的事。⑪历数：运数，指王朝更替的次序。⑫纤：指细纹的丝帛。⑬对扬：对答称扬。⑭官方：任用方正的人为官。⑮敷：传布，传播。⑯方物：指地方上的特产。

译文

建安二十五年春正月，曹操去世，太子曹丕继任了丞相、魏王，把年号改称为延康。秋天，魏将梅敷派张俭来要求曹丕安抚、接纳他们。南阳郡所属的阴、

王睿楼船破吴

公元 279 年，晋武帝决定发兵二十多万，分几路进攻东吴国都建业，其中有一路水军由王濬率领。他早就做了伐吴的准备，在益州督造大批楼船，最终，东吴被灭。

鄮、筑阳、山都、中农五个县的五千家民众都来归附于他。这年冬天，新继任的魏王曹丕自称皇帝，改年号为黄初。黄初二年四月，刘备在蜀地称帝。孙权从公安迁到鄂县，并在那建都，把鄂县改称为武昌，把武昌、下雉、寻阳、阳新、柴桑、沙羡六个县归为武昌郡，同年五月，在建业宣称天降甘露，八月，修建武昌城，孙权对诸将下达命令说："在生存的时候不能忘记灭亡，在安全的时候务必要考虑身边的危险，这是古人给我们的有益教导。从前有个叫隽不疑的人，他是汉朝的名臣。

他生活在安定和平的年代，但是刀剑从来都不离开他的身体。这说明君子认为武力的准备是不可以荒废的。何况我们现在住在国境的边缘，坏人像豺狼虎豹一样，可以通过很多渠道接近我们，难道我们能够轻率大意不考虑突然出现的灾难吗？我最近听说将军们在外出时都喜欢谦逊简朴，不带随从的侍卫，可以说这样做就是忧患不周、不爱惜自己。要爱惜自己，建功扬名，使君主和亲人都能放心，为什么要使自己遭遇危险和侮辱呢？应该加强警戒，真正重视这个重要问题，按照我的建议行事。"从魏文帝曹丕称帝以来，孙权派使者对曹丕说自己是魏的属国，又把于禁等人遣送回去。十一月，曹丕下发奖励孙权的诏令，诏书中写道："圣明的君王的律法，依照道德的标准确定封号和官位，依据功劳的大小来确定俸禄等级。功劳大的人享受的俸禄就好，道德素养高的人就会得到更高的尊重。所以周公有辅佐武王、成王的功劳，太公有施展才华使周朝强大的功劳，他们被分封土地，接受各种赏赐，都是为了表彰他们的雄伟功业，对卓越的人物特殊对待。近代的汉高祖最初称帝的那年，大量分封肥沃的土地，让非刘姓的八位功臣身居王位，这是前代的盛况，后代的帝王更应该作为借鉴。我个人的德操并不与帝王相称，只是承受天命，身居帝王的位子，治理天下，掌握国家的大权，很想把天下治理得像前代的盛世一样繁盛，所以日夜操劳。鉴于你本性忠诚淳厚，在天下声名显著，有辅佐帝王的才能。考察一下历代王朝更替的次序，就能知道汉朝废魏朝兴起，使臣大多是从潜水、汉水派来的。你得知我称帝的消息，立即归附于我，且献上文书，自称是我的属国。并呈献丝绸麻布等江南特产作为贡品。把各位将军遣送回本朝。你的忠诚恭敬是发自你的内心的，也明显得表现在外表上。你的信誉可以铭刻在金石上，普盖山河大地，我对此表示赞赏。现在封你为吴王，派遣使持节太常高平侯邢贞，授予你印章、诏书、金虎符第一至第五、左竹使符第一至第十，授命你为大将军使持节督交州，兼任荆州牧；赐你青土，外面包有白茅；要答复、称赞我的任命，将国家的东部地区治理好。要上缴前骠骑将军南昌侯的印章和诏书。再加赐你九种赏赐，要听以下的命令。因为你使国家的东南部安定，把长江中下游南岸地区治理得很好，使汉人与夷人安居乐业，没有人怀有二心，所以赐你大车、兵车各一辆，黑色公马八匹。你重视财富的积累，奖励农耕，积存的谷物装满了仓库，所以赐与你王侯穿的礼服礼帽，还有与其相配的红木的复底鞋。你用德操感化民众，鼓励礼教的推广，所以赐予你三面悬挂的乐器。你发扬美善、祥和的社会风气、善于笼络、安抚百越之民，因此特准你在有红色涂门的住所里居住。你发挥出了你的才能智谋，任用贤良纯朴的人做官，因此赏赐你拥有纳于檐下的殿坛台阶。你能发扬忠厚勇敢的精神，除掉奸诈邪恶的坏人，所以赏赐你百名勇士。你扬威于山区之外的海疆，在荆南表现出强大的威力，清除掉凶恶残忍的丑类，抓获了有罪的人，所以赏赐你斧、大斧各一件。你得文臣在朝内和睦，武将在外在外信服，因此

有鞘双剑

剑是古代兵器之一，属于短兵器。素有“百兵之君”的美称。古代的剑由金属制成，长条形，前端尖，后端安有短柄，两边有刃。

赏赐拟一张红弓、一百支红箭、十张黑弓、一千支黑箭。你能够把忠诚、肃穆、恭顺、俭朴作为道德修养的根本所在，所以赏赐你用于祭祀的美酒一卣，还有与盛这种美酒相配套的玉柄勺。要恭敬地执行你的职务啊！要真正遵行训导；服从命令。尽力辅佐我治理国家，永远保住你的显赫的功绩。”这一年，刘备率军进攻吴国，到达巫山、秭归，便派使者前去诱降武陵山区的百姓，假装说给予印章、符信，并且许诺封官赏赏赐，于是武陵各地以及五溪的百姓都反对吴国拥护蜀国。孙权任命陆逊为大都督，率领朱然、潘璋等将迎战。孙权派都尉赵咨出使魏国。曹丕问道：“吴王是什么样的君主？”赵咨回答说：“吴王聪明仁慈，是一个有雄韬大略的君主。”魏文帝又接着问这种评价的具体内容，赵咨回答说：“在众多平凡的人中唯独接纳鲁肃，这是吴王广泛听取重任建议的聪明之处；在众多的士兵中，越级提拔吕蒙，这是吴王亲眼视察所得的聪明之处；俘虏了于禁，但是不加害于他，这是吴王的仁慈之处；没有伤亡一个人就夺取荆州，这是吴王有智谋的一面；占据荆、扬、交三州，像猛虎一样观察天下的局势，这是吴王的雄才；对于您，他委屈自己向您称臣，这是吴王的谋略。”魏文帝想要封赏吴王的儿子孙登，但是孙权认为孙登的年纪还小，上书辞谢了，又派西曹掾沈珩表达自己的谢意，还进献江南的特产。立孙登为王太子。

错金蟠虺纹编钟

编钟是我国古代的一种打击乐器，用青铜铸成，它由大小不同的扁圆钟按照音调高低的次序排列起来，悬挂在一个巨大的钟架上，用丁字形的木锤和长形的棒分别敲打铜钟，能发出不同的乐音。

公元220年，曹丕逼迫汉献帝退位，建立魏朝。史称魏文帝。

原文

黄武元年春正月，陆逊部将军宋谦等攻蜀五屯，皆破之，斩其将。三月，鄱阳言黄龙见。蜀军分据险地，前后五十馀营，逊随轻重以兵应拒，自正月至闰月，大破之，临陈所斩及投兵降首数万人[1]。刘备奔走，仅以身免。

注释

①投兵降首：指投降的士兵和将领。

译文

黄武元年春正月，陆逊率将军宋谦等人进攻蜀的五所军营，全部攻破了，杀掉了军营的守将。三月，鄱阳传出有黄龙出现。蜀国的军队分散开来占据各个险要的据点，前后建立了五十多所军营，陆逊依照战斗任务的大小派军队对付敌人，从正月到这年的闰月，大败敌军，临阵被杀、自动投降与被迫请求投降的人有好几万。刘备逃走，只有他一个人没被俘虏。

原文

初，权外托事魏，而诚心不款。魏欲遣侍中辛毗、尚书桓阶往与盟誓，并征任子，权辞让不受。秋九月，魏乃命曹休、张辽、臧霸出洞口，曹仁出濡须，曹真、夏侯尚、张郃、徐晃围南郡。权遣吕范等督五军，以舟军拒休等，诸葛瑾、潘璋、杨粲救南郡，朱桓以濡须督拒仁。时扬、越蛮夷多未平集，内难未弭[1]，故权卑辞上书，求自改厉[2]，"若罪在难除，必不见置，当奉还土地民人，乞寄命交州，以终馀年。"文帝报曰："君生于扰攘之际，本有从横之志，降身奉国，以享兹祚[3]。自君策名已来，贡献盈路。讨备之功，国朝仰成[4]。埋而掘之，古人之所耻。朕之与君，大义已定，岂乐劳师远临江汉？廊庙之议，王者所不得专；三公上君过失，皆有本末。朕以不明，虽有曾母投杼之疑，犹冀言者不信，以为国福。故先遣使者犒劳，又遣尚书、侍中践修前言，以定任子。君遂设辞[5]，不欲使进，议者怪之。又前都尉浩周劝君遣子，乃实朝臣交谋，以此卜君，君果有辞，外引隗嚣遣子不终，内喻窦融守忠而

●元杂剧《黄鹤楼》

赤壁之战后不久，周瑜于黄鹤楼设宴请刘备，欲杀之。诸葛亮令姜维扮渔夫到黄鹤楼献鱼，并在姜维手中写上"彼骄必褒，彼醉必逃"八字，让他伺机以告刘备。后周瑜果骄果醉，刘备依照诸葛亮的安排，利用令箭骗过卫兵，逃离黄鹤楼。

已。世殊时异，人各有心。浩周之还，口陈指麾，益令议者发明众嫌，终始之本，无所据仗，故遂俯仰从群臣议[6]。今省上事，款诚深至，心用慨然，凄怆动容。即日下诏，敕诸军但深沟高垒[7]，不得妄进。若君必效忠节，以解疑议，登身朝到，夕召兵还。此言之诚，有如大江！”权遂改年，临江拒守。冬十一月，大风，范等兵溺死者数千，馀军还江南。曹休使臧霸以轻船五百、敢死万人袭攻徐陵，烧攻城车，杀略数千人。将军全琮、徐盛追斩魏将尹卢，杀获数百。十二月，权使太中大夫郑泉聘刘备于白帝[8]，始复通也。然犹与魏文帝相往来，至后年乃绝。是岁改夷陵为西陵。

注释

①弥：停止，停下来。②改厉：改悔罪行。厉，罪行、罪过。③祚：指福。④仰成：仰首期待着成功。比喻期望非常殷切。⑤设辞：指假设的言辞、理由。⑥俯仰：应付、周全。有勉强的意思。⑦敕：告诫，劝诫。⑧聘：派遣使者访问、修好。

译文

当初的时候，孙权表面上假装臣服于魏国，但是内心却非常不诚恳、不老实。魏国想派遣侍中辛毗、尚书桓阶前往武昌与孙权立誓结盟，并要求孙权把他的儿子孙登送到魏国做人质，孙权极力推辞，不愿意接受。秋天九月，魏国派遣曹休、张辽、臧霸发兵进攻洞口，曹仁发兵进攻濡须，曹真、夏侯尚、张郃、徐晃围攻南郡。孙权派遣吕范等总管五路大军，用水军抗击曹休等，派遣诸葛瑾、潘璋、杨粲救援南郡，任命朱桓为濡须都督抵抗曹仁。当时扬、越山区的部族，大多数还没有被平定，没有顺从吴国，朝廷内部的动乱还没有停止，所以孙权用低下的言辞上书，请求允许他改过自新。他在文书中说：“如果你认为我的罪过很严重，难以悔过，不能被你原谅，我愿意奉还您封给我的土地民众，请求您允许我将生命托在交州，度过剩下的岁月。”文帝在回复给他的诏书中写道：“你生活在动乱纷争的年代，本来拥有纵横驰骋、建功立业的宏伟大志，能委屈自己臣服我国，长期享有俸禄。自从你接受封赏以来，进献贡品的使臣，不停地奔走在道路上。讨伐刘备的事，朝廷希望你能成功。反复不定的举动是古人所耻笑的。我与你的君臣关系早已经确定，难道我乐意远去江汉使军队劳累吗？朝廷中讨论的军国大事，帝王一个人也不能专断；三公都陈述了你的过失，都说明了事实的过程、原因。我知道自己并不圣明，虽然我曾经像曾参的母亲怀疑儿子那样对你也产生了不该有的怀疑，但是我还是希望三公所陈述的你的事实都不是真实的，而把这看做是国家的幸事。

●周郑交质

中国古代，为了维持两国的稳定关系，存在着交换质子这样的现象。质子一般为该国太子，交换的目的是牵制住对方。

因此先派遣使者对你们赏赐、慰劳，又派遣尚书、侍中去完满地实现原先定的盟约，把孙登来朝做人质的事情办好。你却借故推辞，不愿意让孙登前来，参加讨论的大臣都感到很奇怪。此外前都尉浩周劝你把儿子送来做人质，其实这是大家共同的意见，想借这件事来验证你的诚心，但是你果然推辞了，对外引用隗嚣为例，说他虽然让儿子去做人质但是最终还是背叛了光武帝，对内用窦融来比喻自己，表明自己并没有二心只是谦恭自守罢了。时代已经完全变了，人们也会有各自的打算。浩周回来后，亲口表达了你的想法，更使参加议论的诸公发现你做了很多可疑的事，你所表示的始终忠于我的这一根本问题没法获得可靠的保证，因此我只能应付大家，听取他们的意见。现在看到你送来的信件，你对我表达的忠心可以说到了极点，我心中因此也深有感慨，不免动情。当日就下达命令，令南下诸军只挖战壕，修筑堡垒，不得随意进军。如果你真想效忠于我，以便消除人们对你的猜疑、议论的话，让孙登本人清早到达做人质，我晚上就下令撤回军队。我的话的真实性，就像大江一样！”孙权于是改元黄武，沿江防守魏军的进攻。冬十一月，天有大风，吕范等人率领的水军被淹死几千人，剩下的军队退回到了江南。魏将曹休派臧霸率领五百条装有万名敢于死战的将士的快船，暗中进攻徐陵，烧毁吴军的攻城车，杀死、俘虏了几千人。将军全琮、徐盛对魏将尹卢进行追杀，

白帝庙

白帝庙是白帝城的老百姓为了纪念公孙述，特地兴建的。刘备即在白帝城将儿子托付给诸葛亮的。

杀掉、俘虏了几百人。十二月，孙权派太中大夫郑泉到白帝城与刘备通好，这次是吴蜀两国重新交往的开始。孙权与魏文帝还是互有往来，但是直到后年才完全断绝关系。这年孙权将夷陵改为西陵。

原文

二年春正月，曹真分军据江陵中州。是月，城江夏山。改四分，用乾象历。三月，曹仁遣将军常彫等，以兵五千，乘油船，晨渡濡须中州。仁子泰因引军急攻朱桓，桓兵拒之，遣将军严圭等击破彫等。是月，魏军皆退。夏四月，权群臣劝即尊号，权不许。刘备薨于白帝。五月，曲阿言甘露降。先是戏口守将晋宗杀将王直，以众叛如魏，魏以为蕲春太守，数犯边境[①]。六月，权令将军贺齐督麋芳、刘邵等袭蕲春，邵等生虏宗[②]。冬十一月，蜀使中郎将邓芝来聘。

注释

①数：多次、屡次。②生虏：活捉。

译文

黄武二年春正月，曹真用一部分军队占领了江陵江中的百里州。这月，他在江夏山上修筑城墙。废除四分历，改用乾象历。三月，曹仁派将军常彫等，率五千兵力乘坐油船，于清晨渡过濡须附近的江中小州。曹仁的儿子曹泰趁机率兵对吴将朱桓进行了猛烈地攻击，朱桓发兵进行反击，派将军严圭等打败了常彫等魏将。这个月，魏军全部撤回。夏四月，孙权的诸臣劝他称帝，孙权没答应。刘备死于白帝城。五月，曲阿城传出有甘露降临。在这之前，驻守在戏口的将领晋宗杀死了王直，带着部下逃到魏国，魏王任命他为蕲春太守，屡次侵犯吴的边境。六月，孙权令将军贺齐带领麋芳、刘邵等将士偷袭蕲春，刘邵等将活捉了晋宗。冬十一月，蜀国派遣中郎将邓芝来吴国通好。

原文

三年夏，遣辅义中郎将张温聘于蜀。秋八月，赦死罪。九月，魏文帝

出广陵，望大江，曰“彼有人焉，未可图也[1]”，乃还。

四年夏五月，丞相孙邵卒。六月，以太常顾雍为丞相。皖口言木连理。冬十二月，鄱阳贼彭绮自称将军，攻没诸县[2]，众数万人。是岁地连震。

注释

①图：设法谋取、对付。②攻没：攻占一个地方并且没收该地官府的财物。

译文

黄武三年春，魏文帝派遣辅义中郎将张温到蜀国通好。秋天八月，赦免死罪。九月，魏文帝巡查广陵，遥望大江，说道：“吴国有贤人在，不能谋取啊！”于是回到洛阳。

黄武四年夏五月，丞相孙绍去世。六月，任命太常顾雍为丞相。皖口传出两树连生的现象。冬十二月，鄱阳的贼人彭绮自称为将军，占领了几座县城，拥有几万名部众。这年连续发生地震。

原文

五年春，令曰：“军兴日久，民离农畔[1]，父子夫妇，不听相恤，孤甚愍之。今北虏缩窜，方外无事，其下州郡，有以宽息。”是时陆逊以所在少谷，表令诸将增广农亩。权报曰：“甚善。今孤父子亲自受田，车中八牛以为四耦，虽未及古人，亦欲与众均等其劳也。”秋七月，权闻魏文帝崩[2]，征江夏，围石阳，不克而还。苍梧言凤皇见。分三郡恶地十县置东安郡，以全琮为太守，平讨山越。冬十月，陆逊陈便宜[3]，劝以施德缓刑，宽赋息调。又云：“忠谠之言[4]，不能极陈，求容小臣，数以利闻。”权报曰：“夫法令之设，欲以遏恶防邪，儆戒未然也，焉得不有刑罚以威小人乎？此为先令后诛，不欲使有犯者耳。君以为太重者，孤亦何利其然，但不得已而为之耳。今承来意，当重谘谋，务从其可。且近臣有尽规之谏，亲戚有补察之箴，所以匡君

●陆抗

三国时期，东吴人才辈出。其中，陆抗是陆逊次子，孙策外孙，三国末期吴军著名军事家。他的经典战役是西陵之战。

正主明忠信也。《书》载‘予违汝弼，汝无面从’，孤岂不乐忠言以自裨补邪？而云”不敢极陈”，何得为忠谠哉？若小臣之中，有可纳用者，宁得以人废言而不采择乎？但谄媚取容，虽暗亦所明识也。至于发调者，徒以天下未定，事以众济。若徒守江东，修崇宽政，兵自足用，复用多为？顾坐自守可陋耳[5]。若不豫调[6]，恐临时未可便用也。又孤与君分义特异[7]，荣戚实同，来表云不敢随众容身苟免，此实甘心所望于君也。”于是令有司尽写科条，使郎中褚逢赍以就逊及诸葛瑾[8]，意所不安，令损益之。是岁，分交州置广州，俄复旧[9]。

注释

①农畔：指田界，田土。②崩：古代指皇帝的死。③便宜：指对国家有利而应该兴办的事情。④说：直言。⑤顾：只是。⑥豫：通“预”，指预先的意思。⑦分义：名分，大义，这里指君臣之间的身份和地位。⑧赍：带着，怀着。⑨俄：不久，形容时间非常短。

译文

黄武五年春天，孙权下令说：“自从起兵以来，已经过去了很长时间。民众脱离了土地，不能从事耕种；有的家庭的父子夫妻长期分离，不能让他们互相体恤；我很可怜他们。现在北面的敌人退缩、逃窜，国境附近没有战事，要下令州、郡想办法让民众宽心、生息。”此时，陆逊因为他所在的地区缺少粮食，奏请孙权命令诸位将军开垦更多的农田。孙权回答说：“你的建议很好，现在我们父子亲自接受了分配的田亩，车府中的八头牛可以分为四队用来耕田，虽然说连古人都不如，但是我们是想与民众一起劳动呢。”秋七月，孙权听说魏文帝去世，便出征江夏，围攻石阳，没有成功，撤军回来。苍梧传言说有凤凰出现。重新划分吴、丹阳、会稽三郡还没有开垦的山

梧桐双兔

凤凰是传说中吉祥的神兽。据说，它们喜欢栖息在梧桐树上，因此，有“凤栖梧桐”一说。

区十县，新建了东安郡，让全琮担任太守，讨伐、平定山越地区。冬十月，陆逊向孙权陈述应该兴办的对国家有利的事，劝孙权施行德政，慎用刑法，减少田税，停止征用户税。陆逊还说：“正直的言论，不能尽量述说；但是谄媚求荣的小人，却多次听到他们说得逞。”

孙权回答说：“制定律令，就是要靠它来制止邪恶，那时犯罪行为发生之前所应由的戒备，怎么能没有严厉的刑罚来威慑坏人呢？这就是先教育后惩罚，目的是不要犯人再在社会上产生。你指出了刑罚太重的现象，实行这样的严厉刑罚，对我能有什么好处呢，只是因为没有别的更好的办法才这样做啊。现在我接受你的提议，将重新讨论、谋划，一定要使我们的刑罚合理、适当。而且古代有一个有益的箴言说，经常陪伴在帝王身边的臣子要进献规劝的好话，同族的亲戚要弥补、监督君王的失误，这样做是为了使君主能走正道，同时表明臣子的忠心。《书》中记载：‘我没有接受你的辅佐，你不要当面听从’，我难道不喜欢忠言以辅佐我吗？就像你所说的‘不管尽力陈述’，又怎么能算是忠直呢？如果职位低下的臣子可以提出好的意见，难道就可以因为这个人地位不高就轻视他的言论而不采纳吗？但是那种靠巴结、奉承来讨好的人，即使像我这样愚昧的人也会识辨得很清楚的。至于征收户税的原因，只是因为天下还没有平定，这样的大事要依靠众人才能办成功。如果只是固守在江东，可以主要施行仁政，兵自然就够用了，还需要增加做什么呢？但是，固守会被别人鄙视，如果不早点征求户税，就会担心临时增加的开支不能满足需要。此外，我虽然与你在君臣的身份上有所不同，所经历的荣辱悲欢却是一样的，你所上奏的文书中说，不愿意让随从的众人用不正当的手段来安身免除祸患，这确实是我对你抱的希望。”于是命令有关主管官员全都写出各自所想出来的法令、律条，派遣郎中褚逢送给陆逊、诸葛瑾，凡是他们认为不恰当的就删除、补充。这年，划出交州的部分郡县，新建立广州，不久又恢复原来的交州。

原文

六年春正月，诸将获彭绮。闰月，韩当子综以其众降魏。

七年春三月，封子虑为建昌侯。罢东安郡。夏五月，鄱阳太守周鲂伪叛，诱魏将曹休。秋八月，权至皖口，使将军陆逊督诸将大破休于石亭。大司马吕范卒。是岁，改合浦为珠官郡①。

注释

①合浦：郡名。治所在合浦县，即今天广西合浦县北。

黄武六年春正月，众将俘虏了彭绮，这年闰月，韩当的儿子韩综率领他的队

伍投降了魏国。

黄武七年春三月，孙权封儿子孙虑为建昌侯。撤销东安郡。夏五月，鄱阳太守周鲂假装背叛逃走，诱骗了魏将曹休。秋八月，孙权到达皖口，派将军陆逊率众将在石亭大败曹休。大司马吕范死。这年，将合浦郡改称为珠官郡。

玄烨戎装图

陆逊劝孙权实行德政，减少赋税。税收对于百姓来说是很大的负担。清朝的康熙皇帝曾经颁发过"永不加赋"的诏令，有利于国计民生。

原文

黄龙元年春，公卿百司皆劝权正尊号。夏四月，夏口、武昌并言黄龙、凤凰见。丙申，南郊即皇帝位，是日大赦，改年。追尊父破虏将军坚为武烈皇帝，母吴氏为武烈皇后，兄讨逆将军策为长沙桓王。吴王太子登为皇太子。将吏皆进爵加赏。初，兴平中，吴中童谣曰："黄金车，班兰耳，闿昌门，出天子。"五月，使校尉张刚、管笃之辽东。六月，蜀遣卫尉陈震庆权践位。权乃参分天下，豫、青、徐、幽属吴，兖、冀、并、凉属蜀。其司州之土，以函谷关为界，造为盟曰："天降丧乱，皇纲失叙，逆臣乘衅[1]，劫夺国柄，始于董卓，终于曹操，穷凶极恶，以覆四海，至令九州幅裂，普天无统，民神痛怨，靡所戾止。及操子丕，桀逆遗丑，荐作奸回，偷取天位，而叡幺麽，寻丕凶迹，阻兵盗土[2]，未伏厥诛。昔共工乱象而高辛行师，三苗干度而虞舜征焉。今日灭叡，禽其徒党，非汉与吴，将复谁任？夫讨恶翦暴，必声其罪，宜先分制，夺其土地，使士民之心，各知所归。是以《春秋》晋侯伐卫，先分其田以畀宋人[3]，斯其义也。且古建大事，必先盟誓，故《周礼》有司盟之官，尚书有告誓之文，汉之与吴，虽信由中，然分土裂境，宜有盟约。诸葛丞相德威远著，翼戴本国，典戎在外[4]，信感阴阳，诚动天地，重复结盟，广诚约誓，使东西士民咸共闻知。故立坛杀牲，昭告神明，再歃加书，副之天府。天高听下，灵威棐谌，司慎司盟，群神群祀，莫不临之。自今日汉、吴既盟之后，戮力一心[5]，同讨魏贼，救危恤患，分灾共庆，好恶

漆纱笼冠

漆纱笼冠简称“笼冠”，产生于汉代，是魏晋南北朝时期的主要冠饰，以黑漆细纱制成。这种冠男女都可使用。

齐之，无或携贰。若有害汉，则吴伐之；若有害吴，则汉伐之。各守分土，无相侵犯。传之后叶⑥，克终若始。凡百之约⑦，皆如载书。信言不艳，实居于好。有渝此盟，创祸先乱，违贰不协，慆慢天命⑧，明神上帝是讨是督，山川百神是纠是殛，俾坠其师，无克祚国。于尔大神，其明鉴之！”秋九月，权迁都建业，因故府不改馆，征上大将军陆逊辅太子登，掌武昌留事。

注释

①乘衅：趁机，利用空子。衅，指缝隙、裂痕。②盗土：窃据土地。③畀：给与。④典戎：掌管军事方面的事务。⑤戮力：合力、勉力。⑥后叶：指后代。⑦凡百：这里泛指一切，是一个概括的词语。⑧慆慢：指怠慢的意思。

译文

黄武六年春天，众人都劝孙权称帝。夏四月，夏口、武昌两地都传说黄龙、凤凰出现。丙申日，孙权在城南郊外即位，这天，全国大赦，改称年号。追封死去的父亲破虏将军孙坚为武烈皇帝，母亲吴氏为武烈皇后，兄长讨逆将军孙策为长沙恒王，吴王太子孙登为皇太子。诸将和百官都晋升爵位增加了奖赏。当初，东汉献帝兴平年间，吴郡有儿歌这样唱道：“黄金车，五色耳，大开昌门，出了天子。”五月，派校尉张刚、管笃前往辽东。六月，蜀国派遣卫尉陈震出使吴国庆贺孙权称帝。孙权和蜀国平分天下，豫州、青州、徐州、幽州归属吴国，兖州、冀州、并州、凉州归于蜀国。在司州，以函谷关为分界线，制作盟书说：“上天降下灾难，国家的纲常遭到破坏，乱臣趁机夺取了国家大权。从董卓开始，直到曹操，他们凶恶至极，为害于天下。以至于九州分裂，天下不能统一。民众和神灵都很痛恨，民众无法安定下来。曹操的儿子曹丕，是凶残逆贼的后代，做过多次坏事，窃取了皇位。曹睿是个小丑，他沿着曹丕行凶的足迹，阻挡讨伐他的军队，偷偷地占据大片国土，还没有伏法认罪被杀。从前共公为害人间，高辛氏就对他使用了武力；三苗破坏了法度，虞舜便发兵对他进行了讨伐。现在我们要除掉曹睿，擒获他的帮凶以及同伙，除了汉、吴，又有谁能承担这样的重任呢？凡是讨伐首要的恶人，必定要消除暴徒，务必要声讨他们的罪行。还要先分割、夺取他们偷偷占据的土地，使广大的士人，民众都能清醒地认清自己的归属。因此《春秋》里记载了晋侯将要攻打卫国，首先就将卫国的土地分给宋国的人民，我们正是遵照《春秋》所指定的原则。自古以来，创建大业必须先结联盟、宣誓，所以《周礼》有专管盟誓的官职，《尚书》有告天盟誓的文书。汉、吴两国，虽然彼此之间的互相信任完全出自内心，但是我们既然要分割魏国的话还是要立下盟约的。蜀国的诸葛丞相德操威望闻名于天下，拥戴辅佐幼主，带兵在外，忠诚感动天地。我们重新恢复友好的盟约，诚心立约盟誓，使东西两国的民众全都知道。所以我们建立祭坛，宰杀牲口，上告天上神灵，再次歃血盟誓，订立盟约，把副本交于两国的天府。天神高高在上，知道听说了下界的情况，神灵的威力，能够保佑心诚的人。掌管盟约的神灵，掌管结盟仪式的神灵，天上的诸神，接受祭祀的诸神，全部光临我们的仪式。从现在吴蜀两国结盟以后，同心协力，共同讨伐魏贼。我们扶危救难，分担灾祸，共同庆贺胜利，永远不离心。如果有谁对汉不利，吴就讨伐谁；如果有谁对吴不利，汉就攻打谁。两国各自保护好自己的土地，不能互相侵犯，而且要传于后代，始终不改变。我们所订立的盟约，已经全都写进了宣誓的文书。真诚的话语没有加华丽的修饰，我们共同的想法就是两国的友好。如果有谁背弃盟约，首先给对方制造了灾难和动乱，有二心，不能齐心协力，怠慢天命，天神就讨伐、谴责他，山神、水神、百神就会惩罚、杀死他；消灭他的民众，国家走向灭亡。啊！天神，请你明察！”秋九月，孙权将吴的都城从武昌迁到建业，仍然在原来的将军府议事，不修建新的宫殿，令上大将军陆逊辅佐太子孙登。掌管留守武昌的事宜。

凤凰

凤凰是中国神话传说中的神异动物和百鸟之王，也称为朱鸟、丹鸟、火鸟、鹍鸡等。它和麒麟一样，是吉祥的象征，同时也是尊贵的象征

二年春正月，魏作合肥新城。诏立都讲祭酒，以教学诸子。遣将军卫温、

诸葛直将甲士万人浮海求夷洲及亶洲。亶洲在海中，长老传言秦始皇帝遣方士徐福将童男童女数千人入海，求蓬莱神山及仙药，止此洲不还。世相承有数万家，其上人民，时有至会稽货布[1]，会稽东县人海行，亦有遭风流移至亶洲者。所在绝远，卒不可得至[2]，但得夷洲数千人还。

注释

①货：购买，这里作动词用。②卒：同“猝”。意思是短促，时间短。

译文

黄龙二年春天正月，魏国建造新城合肥。下令设置都讲、祭酒，用来教导官员子弟。派遣将军卫温、诸葛直率领万名武士从海上出发访求夷洲、亶洲。亶洲在海中，长辈们传说秦始皇派遣方士徐福带领几千名少男少女到海上寻找蓬莱仙山和仙药，后来留在亶洲不愿意回来了。他们一代接一代，现在已经有个几万户人家。生活在那里的人，经常到会稽来买布，会稽郡东部各县民众出海航行，也有人遇到台风就随风漂流到了亶洲。这个地方离陆地非常远，短期内不可能到达，只俘虏了几千夷洲人回来了。

原文

三年春二月，遣太常潘濬率众五万讨武陵蛮夷。卫温、诸葛直皆以违诏无功，下狱诛。夏，有野蚕成茧，大如卵。由拳野稻自生，改为禾兴县。中郎将孙布诈降以诱魏将王凌，凌以军迎布。冬十月，权以大兵潜伏于阜陵俟之[1]，凌觉而走。会稽南始平言嘉禾生[2]。十二月丁卯，大赦，改明年元也。

嘉禾元年春正月，建昌侯虑卒。三月，遣将军周贺、校尉裴潜乘海之辽东。秋九月，魏将田豫要击[3]，斩贺于成山。冬十月，魏辽东太守公孙渊遣校尉宿舒、阆中令孙综称藩于权，并献貂马。权大悦，加渊爵位。

●蓬莱仙境图

黄龙二年，孙权派遣将军卫温、诸葛直率领万名武士从海上出发访求夷洲、亶洲。这所谓的亶洲就是传说中秦始皇求仙药的蓬莱仙山。

注释

①俟：等待，等候。②嘉禾：一茎多穗的禾稻。③要击：截击，截打。要，同“邀”。

译文

黄龙三年春三月，孙权派遣太常潘浚率军五万攻打武陵的蛮夷。卫温、诸葛直都因为违抗了皇帝的命令，做事没有效果，被关进监牢杀掉了。夏，出现了野蚕做成的蚕茧，大小像鸡蛋一样。在拳县郊外自然长出了水稻，后这个县改称为禾兴县。中郎将孙布假装投降引诱魏将王凌，王凌率军来迎接孙布。冬十月，孙权派大军埋伏在阜陵等候他，王凌知道自己受骗便率军走了。会稽南的始平对外宣称长出嘉禾。十二月丁卯日，大赦天下，改成明年的年号。

嘉禾元年春正月，建昌侯孙虑死了。三月，派将军周贺、校尉裴潜乘船渡海前去辽东。秋九月，魏将田豫在袭击了他们，将周贺杀死在成山。冬十月，魏国的辽东太守公孙渊派遣校尉宿舒阆中令孙综前来吴国，向孙权称自己为其藩属，还进献了貂、马。孙权非常高兴，晋升了公孙渊的封号和职位。

原文

二年春正月，诏曰：“朕以不德，肇受元命[1]，夙夜兢兢[2]，不遑假寝[3]。思平世难，救济黎庶，上答神祇，下慰民望。是以眷眷，勤求俊杰，将与戮力，共定海内，苟在同心[4]，与之偕老。今使持节督幽州领青州牧辽东太守燕王，久胁贼虏，隔在一方，虽乃心于国，其路靡缘。今因天命，远遣二使，款诚显露，章表殷勤，朕之得此，何喜如之！虽汤遇伊尹，周获吕望，世祖未定而得河右，方之今日，岂复是过？普天一统，于是定矣。书不云乎，‘一人有庆，兆民赖之。’其大赦天下，与之更始，其明下州郡，咸使闻知。特下燕国，奉宣诏恩，令普天率土备闻斯庆。”三月，遣舒、综还，使太常张弥、执金吾许晏、将军贺达等将兵万人，金宝珍货，九锡备物，乘海授渊。举朝大臣，自丞相雍已下皆谏，以为渊未可信，而宠待太厚，但可遣吏兵数百护送舒、综，权终不听。渊果斩弥等，送其首于魏，没其兵资。权大怒，欲自征渊，尚书仆射薛综等切谏乃止。是岁，权向合肥新城，遣将军全琮征六安，皆不克还。

注释

①肇：意思是开始。②夙夜：早晚、日夜。③不遑：没有时间、没有空闲。假寝：不脱衣帽睡觉。④苟在：如果有的意思。

● 卫温浮海至夷洲

卫温是三国时期东吴的将领。230年，东吴皇帝孙权命他与诸葛直率领甲士万人，浮海求夷洲（即今台湾）、亶洲。虽未找到亶洲，却在台湾停留近一年。回来后，以“违诏无功”入狱被杀。

译文

嘉禾二年春正月，孙权下诏书说：“我自认为没有高尚的德操，自从承受天明称帝以来，日夜为国事操劳，连和衣小睡一会的时间都没有。我很想平定国家的动乱，救助黎明百姓，对上报答天地神灵，对下抚慰民众。所以心中一直不能忘记，不断地寻访优秀杰出的人才，想与他们一起努力，平定天下。只要志向相同，就要与他们团结到老。现在，使持节、督幽州、兼任青州牧、辽东太守、燕王，长期遭受贼人的威胁，被阻隔在辽东地区。虽然真心向往吴国，但是真要来也是非常困难的事情。现在顺应天意，从远方派来两位使臣，对吴国的忠诚表现得非常明显，上奏的文书也是富有感情，没有比看到这些使我更高兴了！即使是汤王遇见伊尹，周文王得到吕望，世族刘秀在平定天下前得到河西五郡，与今天相比，也不能超过我今天的喜悦。天下统一，现在来说算是肯定的事情了。《书》经中不是这样说吗，“天子一个人拥有吉庆，亿万臣民都会得到幸福。”我要对全国实施大赦，让那些犯过罪的人得到重生。要明确命令各个州郡，使所有的臣民都知道。尤其命令燕国，要非常恭敬地宣读这道诏令给与臣民的恩泽，使举国上下都知道这个喜悦的消息。”三月，遣送宿舒、孙综回到辽东，派遣太常张弥、执金吾许晏、将军贺达等率军万人，携带金银珠宝，珍奇物品，九种特别赏赐的物品，乘船渡海赐予公孙渊。朝廷诸臣，从丞相顾雍以下的官员全都进言劝阻他的做法，认为不能相信公孙渊，对他的恩宠太过了，只可以派普通的官员、几百名士兵护送舒、综回去就可以，孙权不听从众人的建议。公孙渊果然把张弥等人杀掉了，将他们的首级送往魏国，且没收了他们的军器物资。孙权非常生气，要亲自征讨公孙渊，尚书仆射薛综等直言劝谏才把他劝阻下。这一年，孙权进攻新城合肥，派将军全琮攻打六安，最后都没有取得胜利，就撤回来了。

苏武牧羊

从古至今，各国之间常常会有使节的往来。汉代的苏武出使匈奴，被匈奴囚禁了几十年才会到自己的国家。作为使臣，他们需要勇气与智慧，并做好随时牺牲的准备。

原文

三年春正月，诏曰："兵久不辍[1]，民困于役，岁或不登[2]。其宽诸逋[3]，勿复督课。"夏五月，权遣陆逊、诸葛瑾等屯江夏、沔口，孙韶、张承等向广陵、淮阳，权率大众围合肥新城。是时蜀相诸葛亮出武功，权谓魏明帝不能远出，而帝遣兵助司马宣王拒亮，自率水军东征。未至寿春，权退还，孙韶亦罢。秋八月，以诸葛恪为丹杨太守，讨山越。九月朔[4]，陨霜伤谷。冬十一月，太常潘濬平武陵蛮夷，事毕，还武昌。诏复曲阿为云阳，丹徒为武进。庐陵贼李桓、罗厉等为乱。

注释

①辍：停止；终止。②岁：这里指年景，一年的收成。不登：没有收成或者歉收。③逋：命中拖欠的赋税。④朔：农历每月的初一。

译文

嘉禾三年春三月，孙权下诏说："长期的战争不能停止，繁重的苦役使人们深受其苦，有时光景还非常不好，农作物没有收成。要宽限民众拖欠的多种赋税，不要再督促他们缴纳。"夏五月，孙权派陆逊，诸葛瑾等将领驻扎在江夏、沔口、孙韶。张承等将领率军进攻广陵、淮阳，孙权率军围攻新城合肥。这时蜀国丞相诸葛亮进攻武功。孙权认为魏明帝不可能远离洛阳，但是魏明帝却派兵援助司马懿抗击诸葛亮的进攻，他亲自率领水军向东征讨孙权。还没有等到他们到达寿春，孙权就撤军回到了建业，孙韶也收兵。秋八月，孙权任命诸葛恪为丹阳太守，进攻山越。九月一日，天降大霜，使禾稻受到了很重的损伤。冬十一月，太常潘浚平定了武陵的少数民族地区，战争结束后，潘浚回到武昌。下命令曲阿恢复云阳的名称，丹徒恢复武进的名称。庐陵的反贼李桓、罗厉等人发动叛乱。

原文

四年夏，遣吕岱讨桓等。秋七月，有雹。魏使以马求易珠玑[①]、翡翠、玳瑁，权曰：“此皆孤所不用，而可得马，何苦而不听其交易？”

五年春，铸大钱，一当五百[②]。诏使吏民输铜[③]，计铜畀直。设盗铸之科[④]。二月，武昌言甘露降于礼宾殿。辅吴将军张昭卒。中郎将吾粲获李桓，将军唐咨获罗厉等。自十月不雨，至于夏。冬十月，彗星见于东方。鄱阳贼彭旦等为乱。

注释

①珠玑：珍珠。玑指不圆的小珠子。②当：值，动词。③输：缴纳。④科：法令、律条。

译文

嘉禾四年夏，派遣吕岱讨伐李桓等人，秋七月，天降冰雹。魏国使臣有求用马匹交换珍珠、翡翠、玳瑁，孙权说：“这些东西都是我用不着的，还可以换来我所需要的马匹，为什么不让他们随便交易呢？”

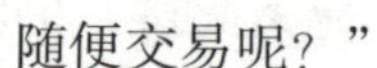

嘉禾五年春天，铸造大钱，一枚大钱值五百文钱。孙权命令官员、庶民都缴纳铜，按照铜的重量付价钱。制定惩办私人铸钱的法令、条律。二月，武昌传出甘露降落在礼宾殿。辅吴将军张昭去世，中郎将吾粲俘虏了李桓，将军唐咨俘虏了罗厉等人。从去年十月到今年夏天，一直都没有下雨。冬十月，东方的天空出现了彗星。鄱阳反贼彭旦等发动叛乱。

原文

六年春正月，诏曰："夫三年之丧，天下之达制[1]，人情之极痛也；贤者割哀以从礼[2]，不肖者勉而致之[3]。世治道泰，上下无事，君子不夺人情，故三年不逮孝子之门。至于有事，则杀礼以从宜[4]，要绖而处事。故圣人制法，有礼无时则不行。遭丧不奔非古也，盖随时之宜，以义断恩也。前故设科，长吏在官，当须交代[5]，而故犯之，虽随纠坐，犹已废旷。方事之殷，国家多难，凡在官司，宜各尽节，先公后私，而不恭承[6]，甚非谓也。中外群僚，其更平议，务令得中，详为节度。"顾谭议，以为"奔丧立科，轻则不足以禁孝子之情，重则本非应死之罪，虽严刑益设，违夺必少。若偶有犯者，加其刑则恩所不忍，有减则法废不行。愚以为长吏在远，苟不告语，势不得知。比选代之间，若有传者，必加大辟，则长吏无废职之负，孝子无犯重之刑。"将军胡综议，以为"丧纪之礼，虽有典制，苟无其时，所不得行。方今戎事军国异容，而长吏遭丧，知有科禁，公敢干突，苟念闻忧不奔之耻，不计为臣犯禁之罪，此由科防本轻所致。忠节在国[7]，孝道立家，出身为臣[8]，焉得兼之？故为忠臣不得为孝子。宜定科文，示以大辟，若故违犯，有罪无赦。以杀止杀，行之一人，其后必绝。"丞相雍奏从大辟。其后吴令孟宗丧母奔赴，已而自拘于武昌以听刑。陆逊陈其素行，因为之请[9]，权乃减宗一等，后不得以为比，因此遂绝。二月，陆逊讨彭旦等，其年，皆破之。冬十月，遣卫将军全琮袭六安，不克。诸葛恪平山越事毕，北屯庐江。

注释

①达制：普遍实行的礼制。②割哀：强行抑制住自己的悲哀。③不肖者：没有贤能的人。④从宜：顺从时宜。⑤交代：前后两任在公务方面的接替、移交。⑥恭承：指要遵守朝廷所制定的法令。⑦在：生存，存在。⑧出身：献身。⑨请：求情。

黑釉玳瑁花口长颈瓶

玳瑁是龟鳖目海龟科的一种，又称十三鳞。古名瑇瑁，文甲。人们常常用它来做首饰或者工艺品。

译文

嘉禾六年春正月，孙权下诏说："举行三年的丧礼，这时是天下同行的制度，表达了人们最悲痛的感情。贤者抑制自己的悲哀遵从礼仪，不肖的人也会尽力做到服丧三年。世道清明，天下太平，朝廷不会强制性地命令人们停止服丧，所以三年不会登孝子的门。至于国家有事，那都要灵活通变，减少服丧的时间，穿着丧服处理公事。圣人制定礼仪法令，有礼仪但是不讲究依据时间来变通是行不通的。遭遇亲丧却不回去服丧，是不遵守古代礼仪的行为。但是按照特殊情况做合理的变通，是用公义来处理私情。以前，我们专门制定了法令。官职高的人如果离职奔丧，应该办好交代的手续。如果故意违反这一法令，要立即举报他，治他的罪，可是这样的法令从来没有人认真执行，就像被废除了一样。现在国家政务繁重，灾难很多，所有在职的官员，都应该尽自己的力量保持节操，先公后私，如果不严肃认真地对待自己所担任的职务，可以说是非常错误的。朝廷、州郡的官员要对奔丧的法令再进行一次商讨，一定要制定地恰当有序，有详细明了的管理方法。"顾谭发表观点，认为："要为奔丧立法，处罚轻了就不能禁止孝子奔丧的强烈的要求；如果处罚重了，例如本来不应该判死刑的大罪，虽然说增设了严厉的刑罚，违反情理的人一定不多。即使偶尔有违法的人，如果加重对他的惩罚，在情理上也会不忍心；减轻对他的惩罚就像废除法令一样不能实行。我认为身处远方的职位高的官员，如果不报告，我们很难知道实情。在评比、选举、移交接替期间，如果有由于奔丧而犯法的官员，就一定要处以死刑。这样，职位高的官员就不会有失职的罪行，孝子也不会因为犯了重罪而受到严刑处罚。"将军胡综发表自己的意见，他认为："服丧的礼仪，虽然已经有法律规定，但是，如果不依据特殊情况灵活变通的话是实行不通的，现在，我们的外交、军事、政治都有不同的法令，位高的官员有了丧事，在清除法令所规定的各项条文的情况下，公然敢于违反禁令，如果只考虑到知道亲丧而不赶紧回家服丧的羞耻，不考虑自己作为臣子违反禁令所得到的罪行，这是因为

董永卖身葬父

董永卖身葬父是二十四孝故事之一。传说董永是东汉时期的人。他为了埋葬死去的父亲，卖身为奴。他的孝感动了天地的女儿，因而与其结为夫妇。

法令规定的处罚太轻所造成的。忠节是用来为国效力的，孝道是用来治家的，已经献身给国家做了臣子，怎么能够兼顾家庭呢？所以想做忠臣同时就不能做孝子。应该制定法令条文，清楚地宣布处以死刑。如果谁有意违犯，就是不能赦免的犯罪。用杀人的刑罚来防止人们被杀害，对一个人用了重刑，以后就不会有人再敢违反法令了。”丞相顾雍进言同意施行死刑。后来吴县令孟综的母亲去世。违犯了禁令回家奔丧，事后他自己囚禁在武昌等候刑罚。陆逊陈述了他平时的行为举动，替他求情，孙权才把对他的处罚降低了一级，以后不得以此为例子，所以就没有人再敢违抗禁令了。二月，陆逊讨伐彭旦等人，这一年，把他们全都打败了。冬十月，派卫将军全琮偷袭六安城，没有取胜。诸葛恪平定山越的战争结束以后，率军向北驻扎在庐江。

原文

赤乌元年春，铸当千大钱。夏，吕岱讨庐陵贼，毕，还陆口。秋八月，武昌言麒麟见。有司奏言麒麟者太平之应，宜改年号。诏曰：“间者赤乌集于殿前，朕所亲见，若神灵以为嘉祥者，改年宜以赤乌为元。”群臣奏曰：“昔武王伐纣，有赤乌之祥，君臣观之，遂有天下，圣人书策载述最详者，以为近事既嘉，亲见又明也。”于是改年。步夫人卒，追赠皇后[1]。初，权信任校事吕壹，壹性苛惨，用法深刻。太子登数谏，权不纳，大臣由是莫敢言。后壹奸罪发露伏诛，权引咎责躬[2]，乃使中书郎袁礼告谢诸大将，因问时事所当损益。礼还，复有诏责数诸葛瑾、步骘、朱然、吕岱等曰：“袁礼还，云与子瑜、子山、义封、定公相见，并以时事当有所先后，各自以不掌民事，不肯便有所陈，悉推之伯言、承明。伯言、承明见礼，泣涕恳恻，辞旨辛苦，至乃怀执危怖，有不自安之心。闻此怅然，深自刻怪[3]。何者？夫惟圣人能无过行，明者能自见耳。人之举措，何能悉中[4]，独当己有以伤拒众意，忽不自觉，故诸君有嫌难耳[5]；不尔，何缘乃至于此乎？自孤兴军五十年，所役赋凡百皆出于民。天下未定，孽类犹存，士民勤苦，诚所贯知。然劳百姓，事不得已耳。与诸君从事，自少至长，发有二色，以谓表里足以明露，公私分计，足用相保。尽言直谏，所望诸君；拾遗补阙，孤亦望之。昔卫武公年过志壮，勤求辅弼，每独叹责。且布衣韦带，相与交结，分成好合，尚污垢不异。今日诸君与孤从事，虽君臣义存，犹谓骨肉不复是过。荣福喜戚，相与共之。忠不匿情，智无遗计，事统是非，诸君岂得从容而已哉[6]！同船济水，将谁与易？齐桓诸侯之霸者耳，

有善管子未尝不叹，有过未尝不谏，谏而不得，终谏不止。今孤自省无桓公之德，而诸君谏诤未出于口，仍执嫌难。以此言之，孤于齐桓良优[7]，未知诸君于管子何如耳？久不相见，因事当笑。共定大业，整齐天下，当复有谁？凡百事要所当损益，乐闻异计，匡所不逮[8]。”

注释

①追赠：死后再封赠。②引咎：认识过失、失误。③刻怪：奇怪。刻，是怪的意思。④悉中：完全正确，完全可靠。⑤嫌难：忧虑、困难。⑥从容：休闲、安逸的样子。⑦良优：略微的优于。⑧匡：纠正，改正。不逮：不及，考虑不周全。

译文

赤乌元年春天，开始铸造币值一千文的大钱。夏天，吕岱攻打庐陵的贼人，战争结束后，返回路口。秋八月，武昌对外宣称麒麟出现。主管官员上书进言说麒麟是太平的象征，应该把年号改掉。孙权下诏说：“最近有红色的乌鸦聚集在宫殿门前，这是我亲眼所见到的景象，如果神灵认为这是美好、吉祥的象征，改称年号的话应该用赤乌作为年号。”诸臣上书奏请道：“从前周武王攻打商纣，有赤乌德瑞兆，君臣都看见了，于是夺得了天下，这是圣人的书籍中记述得最详细的事件。因为出现赤乌是最近的喜事，帝王亲眼看见，而且十分明白。”于是改称年号。步夫人死后，追封为皇后。当初的时候，孙权信任校事吕壹，吕壹本性苛刻残忍，执法严酷、毒辣，太子孙登多次进言劝说，孙权都没有采纳，大臣们因此没有人敢再提建议。后来吕壹奸诈的罪行暴露，被杀掉。孙权因为这件事非常自责。于是派中书郎袁礼向各位将军表示歉意，并且向他们询问当时朝廷应该注意加强或者改正的建议。袁礼回来以后，孙权还下诏书责怪数落诸葛瑾、步骘、朱然、吕岱等人，说道：“袁礼回来，说他与子瑜、子山、义封、定公进行了会面，并且向你们征询了朝政急缓先后的建议，你们都以自己不主管民政为理由，不愿意表示个人的态度，完全推给伯言、承明。他

齐景帝萧道生修安陵麒麟

麒麟是古代传说中的一种动物。形状像鹿，头上有角，全身有鳞甲，尾像牛尾。古人以为仁兽、瑞兽，拿它象征祥瑞。传说麒麟是龙与牛交合的产物。

们俩见了袁礼，流泪伤感，说话的语调非常沉痛，甚至还存在自危、害怕和不安的情绪。听到这些我非常懊恼，我深深地责备自己。为什么呢？只有圣人没有过失，聪明的人也只不过是能够发现自己的过失罢了。人们的所有举动，怎么能够做到恰当、准确，只是认为自己是正确的而反对，不接受众人的意见，一时间没有觉悟，所以诸位才产生了疑惑、烦恼；如果不是这样，为什么会有目前的这种情况呢？自从我起兵五十年来，所获得的一切财物都是民众给予的。天下还没有平定，叛乱的人还存在，士民勤劳、辛苦，这些都是大家知道得非常清楚的。但是，现在使百姓劳苦是没有办法的事情。我与诸位共事，从少年到老年，现在头发已经斑白，我认为我们的思想和行动可以明显地表露，从公私和职位的角度考虑，我们都应该互相依靠。直言规劝，所期望的是你们；帮助我改正缺点、补救过失，也是期望你们。从前，卫武公刚过青壮年时期时，就尽力寻访辅佐他的贤臣，我常常独自叹息、自责。何况布衣和皮带是互相交结的，有时分开，有时合在一起，污秽和污垢也不离弃。现在各位与我共事，虽然存在君臣的名分，但是可以说骨肉至亲也不会超越我们之间的亲密关系。富贵幸福，喜悦忧愁，我和你们完

牧野倒戈

传说从前周武王攻打商纣，出现了赤乌的瑞兆，君臣都看见了，于是夺得了天下。乌鸦本是黑色，出现了红色的乌鸦，就象征着吉祥。《三国志》中有不少类似的言论，可见作者带有迷信的色彩。

全共同经历，诚实相待，不隐藏自己的真实情感；贡献谋略，不会有半点保留。事情关系到大是大非就应该有统一的认识，诸位难道能够安逸舒适敷衍了事吗？同船渡河，还有谁能够改变这个现状呢？孙权希望他的手下也能向管仲一样敢于提意见。齐桓公示当时诸侯中的霸主，做了好事，管子没有不赞赏的，有了过失，他没有不劝阻的，劝阻以后还不听的话就一直规劝不停。现在我自问没有桓公那样高尚的操守，但各位对我的直言规劝还没有从嘴里说出，就表现出了疑虑和困惑。从这点来说，与桓公相比，我确实超过他了；不知道各位与管子相比，又怎样呢？好长时间没有和你们见面了，因为从前有过许多事情，所以与你们做一次笑谈。一起努力成就帝王的伟业，统一天下，还有什么人能担当这样的重担呢？只要是当前应该做的或者不应该做的各种大事，我喜欢听到不同的意见，纠正我考虑不周的地方。

管仲

管仲是春秋时期齐国的相。他在为相期间，对齐桓公的过失言无不尽。

原文

二年春三月，遣使者羊衜、郑胄、将军孙怡之辽东，击魏守将张持、高虑等，虏得男女。零陵言甘露降。夏五月，城沙羡。冬十月，将军蒋秘南讨夷贼。秘所领都督廖式杀临贺太守严纲等，自称平南将军，与弟潜共攻零陵、桂阳，及摇动交州、苍梧、鬱林诸郡，众数万人。遣将军吕岱、唐咨讨之，岁馀皆破。

三年春正月，诏曰：“盖君非民不立[1]，民非谷不生。顷者以来，民多征役，岁又水旱，年谷有损，而吏或不良，侵夺民时，以致饥困。自今以来，督军郡守，其谨察非法，当农桑时，以役事扰民者，举正以闻。”夏四月，大赦，诏诸郡县治城郭，起谯楼，穿堑发渠，以备盗贼。冬十一月，民饥，诏开仓廪以赈贫穷[2]。

注释

①立：君主即位被称为立。②廪：粮仓。

丰收打枣

民众没有粮食就不能生存，国家没有粮食就不能稳定。有的官员不厚道，侵犯、剥削农民农忙的时间，造成了饥饿、穷困。这会引起人民的不满，最终引起暴动。

赤乌二年春三月，孙权派遣使臣羊衜道、郑胄、将军孙怡前往辽东，讨伐魏国守卫辽东的将领张持、高虑等人，俘虏了当地的男人和女人，零陵宣称天上降下甘露，夏天五月，修建沙羡城。冬天十月，将军蒋秘所率领的都督廖式杀死了临贺太守严纲等人，自称为平南将军，与其弟弟廖潜一起攻打零陵、桂阳，并且使交州、苍梧、鬱林等郡发生了暴动，追随他们的人有几万。孙权派将军吕岱、唐咨讨伐廖式、廖潜等人，一年多后，将他们全部打败。

赤乌三年春正月，孙权下诏说："帝王没有民众就不能称王，民众没有粮食就不能生存，近年来，百姓的赋税劳役很繁重，每年水旱成灾，谷物的生长受到损害；有的官员还不厚道，侵犯、剥削农民农忙的时间；所以造成了饥饿、穷困。从此以后，督军、郡守要严查违法事件，在农耕蚕桑季节，凡是以徭役扰乱百姓的，要列举查到、纠正的情况往上报。"夏四月，全国施行大赦。孙权命令各个郡县修筑城墙、外城，在城墙上修建望楼，开凿护城河、挖凿壕沟，用来御防盗贼。冬十一月，百姓饥饿无粮，便命令打开官仓发放粮食以救饥饿的穷人。

四年春正月，大雪，平地深三尺，鸟兽死者大半。夏四月，遣卫将军全琮略淮南[1]，决芍陂，烧安城邸阁[2]，收其人民。威北将军诸葛恪攻六安。琮与魏将王凌战于芍陂，中郎将秦晃等十馀人战死。车骑将军朱然围樊，大将军诸葛瑾取柤中。五月，太子登卒。是月，魏太傅司马宣王救樊。六月，

军还。闰月，大将军瑾卒。秋八月，陆逊城邾。

①略：攻下，攻取。②邸阁：储备粮食的地方。

赤乌四年春天，天降大雪，地上的雪有三尺深，天上飞的鸟类和地上的动物死了一大半。夏四月，派卫将军全琮攻取淮南，挖掘开芍陂水库，烧光了安城县的官库、府第楼阁，降服了当地的百姓。威北将军诸葛恪攻取六安。琮与魏将王凌战于芍陂，中郎将秦晃等十几人在交战中死亡。车骑将军朱然围攻樊城，大将军诸葛瑾攻占了柤中。五月，太子孙登死。这个月，魏国太傅司马懿援救樊城。六月，撤军。这年闰月，大将军诸葛瑾死。秋天八月，陆逊修筑邾县县城。

原文

五年春正月，立子和为太子，大赦，改禾兴为嘉兴。百官奏立皇后及四王，诏曰："今天下未定，民物劳瘁，且有功者或未录，饥寒者尚未恤，猥割土壤以丰子弟[①]，崇爵位以宠妃妾，孤甚不取。其释此议。"三月，海盐县言黄龙见。夏四月，禁进献御，减太官膳[②]。秋七月，遣将军聂友、校尉陆凯以兵三万讨珠崖、儋耳。是岁大疫，有司又奏立后及诸王。八月，立子霸为鲁王。

注释

①猥：急切，仓促。②膳：指饮食用品。

译文

赤乌五年正月，立儿子孙和为皇太子，全国大赦，把禾兴县改称为嘉兴县。百官上书奏请封皇后和四位皇子，孙权下诏说："现在天下还没有平定，百姓劳苦，万物被毁掉。有功劳的人有的还没有封赏，忍饥挨饿的人还没有抚恤，就分封自己的儿子财物，赐予妻妾以崇高的爵位使其尊贵，我认为这种做法是不可取的。你们应该放弃这个建议。"三月，海盐县宣称出现了黄龙。夏四月，禁止进献贡品，减少皇帝饮食所用物资的供应数量。秋七月，派遣将军聂友、校尉路凯率领三万名士兵进攻珠崖，儋耳。这一年，疫病流行，主管此事的官员再次上书奏请封皇后以及众皇子，八月，封子孙霸为鲁王。

原文

六年春正月，新都言白虎见。诸葛恪征六安，破魏将谢顺营，收其民人。

冬十一月，丞相顾雍卒。十二月，扶南王范旃遣使献乐人及方物[1]。是岁，司马宣王率军入舒，诸葛恪自皖迁于柴桑。

注释

①扶南：国名。即现在的柬埔寨。

译文

赤乌六年正月，新都县对外宣称发现了白虎。诸葛恪攻打六安，占领了魏将谢顺的军营，降服了六安的百姓。冬十一月，丞相顾雍死去。十二月，扶南王范旃派遣使者向孙权进献乐工与地方特产。这一年，司马懿率军到达舒县。诸葛恪从皖县迁移到柴桑县。

原文

七年春正月，以上大将军陆逊为丞相。秋，宛陵言嘉禾生。是岁，步骘、朱然等各上疏云："自蜀还者，咸言欲背盟与魏交通[1]，多作舟船，缮治城郭。又蒋琬守汉中，闻司马懿南向，不出兵乘虚以掎角之[2]，反委汉中，还近成都。事已彰灼[3]，无所复疑，宜为之备。"权揆其不然[4]，曰："吾待蜀不薄，聘享盟誓[5]，无所负之，何以致此？又司马懿前来入舒，旬日便退，蜀在万里，何知缓急而便出兵乎？昔魏欲入汉川，此间始严[6]，亦未举动，会闻魏还而止，蜀宁可复以此有疑邪？又人家治国，舟船城郭，何得不护？今此间治军，宁复欲以御蜀邪？人言苦不可信[7]，朕为诸君破家保之。"蜀竟自无谋，如权所筹。

空城计

此图描绘的是历史上一个著名的故事：空城计。诸葛亮利用了司马懿多疑的性格，在无兵迎敌的情况下，大开城门，让司马懿不战而退。自古兵家讲求计谋，无论是春秋时期的曹刿还是三国时候的诸葛亮，都将兵家的计谋发挥到了极致。

注释

①交通：这里的意思是来往、勾结。②掎角：分兵多路牵制或者夹击敌人。这里以打猎为比喻。③彰灼：明显，显著。④揆：估计、揣量。⑤聘享：派遣使者访问修好，进献地

方的特产。⑥严：这里指军事戒备。整理装备，准备投入战斗。⑦苦：非常，及其。表明程度比较深。

译文

赤乌七年春正月，任命上大将军陆逊为丞相。秋天，宛陵县宣称有嘉禾长出。这一年，步骘、朱然等分别上书说："从蜀国回来的人都说蜀国想要背弃我们的盟约，与魏国通好，制造了许多船只，修建了城墙和外城。此外蒋琬驻守汉中，听到司马懿发兵江南的消息，不趁着魏国西北兵力空虚的好时机出兵，从东西方夹击敌人，反而放弃汉中，撤回军队返回成都。情况已经非常明显，没有什么可以再值得怀疑，我们应该做好充分的准备。"孙权不是这样考虑，说："我对蜀国不错，通好献礼，盟誓友好，没有什么对不起他们的地方，为什么会出现这样的情况呢？司马懿带兵来到舒县，只有十天就撤退了，蜀国远在万里之外，怎么知道东南有危机就出兵西北呢？原来的时候魏国打算侵犯汉中地区，我们这里刚开始准备军戒，还没有行动，就听说魏国撤军的消息，我们便停止了支援配合，难道蜀国可以由此对我们产生怀疑吗？此外，人家治理国家，船只和城墙，怎么能不修理维护呢？现在我们这里也在整训军队，难道目的是用来对付蜀国吗？人们的传言不可以轻信，我敢用破家向各位保证。"蜀国真的是没有阴谋，就像孙权预测的那样。

原文

八年春二月，丞相陆逊卒。夏，雷霆犯宫门柱，又击南津大桥楹[①]。茶陵县鸿水溢出，流漂居民二百馀家。秋七月，将军马茂等图逆，夷三族。八月，大赦。遣校尉陈勋将屯田及作士三万人凿句容中道，自小其至云阳西城，通会市[②]，作邸阁。

九年春二月，车骑将军朱然征魏柤中，斩获千馀。夏四月，武昌言甘露降。秋九月，以骠骑将军步骘为丞相，车骑将军朱然为左大司马，卫将军全琮为右大司马，镇南将军吕岱为上大将军，威北将军诸葛恪为大将军。

注释

①楹：柱子，桥柱子。②会市：这里指集会商旅与货物贸易。

译文

赤乌八年春二月，丞相陆逊死去。夏天，雷电击中了宫门的立柱，有雷击南津大桥桥柱，茶陵县洪水泛滥，漂流失所的居民有二百多家。秋七月，将军马茂等人图谋造反，被诛杀三族以内的亲戚。八月，全国大赦，派遣校尉陈勋率领从事农耕的军队与身怀专门技术的工匠共计三万人开凿句容直道，从小其到云阳西域，方便商贩集会与货物的交易，修建了囤积军用物资的仓库。

赤乌九年春二月，车骑将军朱然围攻魏国的柤中地区，斩首、俘虏一千多人。夏四月，武昌对外宣称天降甘露。秋九月，任命骠骑将军步骘为丞相，车骑将军朱然为左大司马，卫将军全琮为右大司马，镇南将军吕岱为上大将军，威北将军诸葛恪为大将军。

原文

十年春正月，右大司马全琮卒。二月，权适南宫[①]。三月，改作太初宫，诸将及州郡皆义作[②]。夏五月，丞相步骘卒。冬十月，赦死罪。

十一年春正月，朱然城江陵。二月，地仍震[③]。三月，宫成。夏四月，雨雹，云阳言黄龙见。五月，鄱阳言白虎仁。诏曰："古者圣王积行累善，修身行道，以有天下，故符瑞应之，所以表德也[④]。朕以不明，何以臻兹[⑤]？书云'虽休勿休'，公卿百司，其勉修所职，以匡不逮。"

注释

①适南宫：把南宫作为正寝。②义作：自愿参加的劳动。③仍：频繁，多次。④表德：上天表彰帝王的功德。⑤臻兹：到此，至此。

译文

赤乌十年春正月，右大司马全琮去世，二月，孙权以南宫为正宫。三月，改建太初宫，诸将以及各州郡的长官都义务参加劳动。夏天的五月，丞相步骘去世。冬天十月，在全国范围内赦免了判了死刑的犯人。

周武王

周武王是周文王姬昌次子。西周第一代帝王。他继承父亲遗志，于公元前11世纪消灭殷商王朝，夺取全国政权，建立了西周王朝，表现出了卓越的军事、政治才能，成为中国历史上一代明君。

赤乌十一年春天正月，朱然修建江陵城。二月，发生多次地震。三月，改建太初宫的工程竣工。夏天四月，天降冰雹；云阳对外宣称黄龙出现。五月，鄱阳对外宣称白虎出现了但是不危害人。孙权下诏说："古代的圣君长期积累德行，修身养性，实施王道，才能获得天下，所以出现了祥瑞的吉兆，是为了表彰圣君的德行。我如果不圣明怎么能够得到上天的表彰呢？《书》中说'虽然这是善行，但不要满足这种善行'，朝廷的三公、九卿与众多的官员，要尽量做好自己所主管的工作，帮助我纠正失误。"

原文

十二年春三月，左大司马朱然卒。四月，有两乌衔鹊堕东馆。丙寅，骠骑将军朱据领丞相，燎鹊以祭。

十三年夏五月，日至[1]，荧惑入南斗，秋七月，犯魁第二星而东。八月，丹杨、句容及故鄣、宁国诸山崩，鸿水溢。诏原逋责[2]，给贷种食。废太子和，处故鄣。鲁王霸赐死。冬十月，魏将文钦伪叛以诱朱异，权遣吕据就异以迎钦。异等持重，钦不敢进。十一月，立子亮为太子。遣军十万，作堂邑涂塘以淹北道。十二月，魏大将军王昶围南郡，荆州刺史王基攻西陵，遣将军戴烈、陆凯往拒之，皆引还。是岁，神人授书，告以改年、立后。

注释

①日至：这里指夏至。②原：原谅、宽恕。

译文

赤乌十二年春天正月，左大司马朱然去世。四月，有一对乌鸦口叼喜鹊吊死在东馆。丙寅日，骠骑将军朱据兼任丞相，将喜鹊烘烤完用来祭祀。

●松树喜鹊图

喜鹊在中国是吉祥的象征，传说它们很有灵性，会报喜。相反的，乌鸦一直被视为不吉利的象征。"乌鸦口叼喜鹊吊死在东馆"这显然不吉利。

赤乌十三年夏五月，在夏至这天，荧惑星进入南斗星群。秋天的七月，荧惑星在干犯了北斗七星中的第二星之后向东去。八月，丹扬、句容以及故鄣、宁国等地的大山发生了崩塌的现象，洪水在大地上泛滥，孙权下诏免除百姓拖欠的钱财，供给、借出种子和粮食。废除孙和的太子封号，命令他在故鄣居住，赐鲁王孙霸死。冬天的十月，魏将文钦假装叛变来诱惑吴将朱异，孙权派吕据靠近朱异便于迎接文钦。朱异等人办事非常稳妥，文钦不敢前来。十一月，封子孙亮为皇太子。孙权派遣十万大军，修筑堂邑县的涂塘水库，使从北方到建业的大陆完全被淹没。十二月，魏国大将王昶围攻南郡，荆州刺史王基进军西陵，孙权派遣将军戴烈、陆凯率军前去抗击，王昶、王基都撤回来。这一年，神人授予天书，对孙权说要改称年号，立皇后。

原文

太元元年夏五月，立皇后潘氏，大赦，改年。初临海罗阳县有神，自称王表。周旋民间[1]，语言饮食，与人无异，然不见其形。又有一婢，名纺绩。是月，遣中书郎李崇赍辅国将军罗阳王印绶迎表。表随崇俱出，与崇及所在郡守令长谈论，崇等无以易[2]。所历山川，辄遣婢与其神相闻[3]。秋七月，崇与表至，权于苍龙门外为立第舍，数使近臣赍酒食往。表说水旱小事，往往有验。秋八月朔，大风，江海涌溢，平地深八尺，吴高陵松柏斯拔，郡城南门飞落。冬十一月，大赦。权祭南郊还，寝疾[4]。十二月，驿征大将军恪，拜为太子太傅[5]。诏省徭役，减征赋，除民所患苦。

注释

①周旋：与别人应酬、打交道。②易：改变。③辄：每次，屡次。④寝疾：患重病卧床不起。⑤太子太傅：官名。职掌辅导太子。

猴侍水星神图

古人迷信鬼神，因而常常会出现求仙这样的荒唐事。秦始皇为了求长寿还专门派人寻找蓬莱仙境。孙权虽是一代英雄，却也免不了相信鬼神之说。

译文

太元元年五月，封潘氏为皇后，全国大赦，改年号。当初的时候，临海郡罗阳县有一个神仙，自称王表。他在人间经常活动，言语饮食与平常的人没有什么不同，但是人们却看不见他的形体。神仙王表还有一名女仆，叫纺绩。这一月，孙权派中郎将李崇带着辅国将军罗阳王印章去迎接王表。王表跟着李崇，与其同时出发，与李崇以及当地的郡守和县令谈论了很长时间，李崇等人没法改变他的看法。他们所经过的山河，一般都是让婢女纺绩告知她的神灵，秋七月，李崇与王表到达建业，孙权在苍龙门外面给王表修建府第，多次派身边的近臣送酒食给他。王表预言下雨天旱等小事，往往非常灵验。秋八月初一，大风，江水、海水暴涨，平地上的水有八尺深，吴国孙坚陵墓的松柏被风拔起，郡城的南门意外地坍塌掉。冬天十一月，全国大赦，孙权到南郊祭祀回来以后就卧病在床。十二月，派人骑驿马召见大将军诸葛瑾，任命他为太子太傅。孙权下诏减免差役，减免天赋，废除令民众感到愁苦的法令。

原文

二年春正月，立故太子和为南阳王[1]，居长沙；子奋为齐王，居武昌；子休为琅邪王，居虎林。二月，大赦，改元为神凤。皇后潘氏薨。诸将吏数诣王表请福[2]，表亡去[3]。夏四月，权薨，时年七十一，谥曰大皇帝。秋七月，葬蒋陵。

评曰：孙权屈身忍辱[4]，任才尚计，有句践之奇，英人之杰矣。故能自擅江表，成鼎峙之业[5]。然性多嫌忌[6]，果于杀戮，暨臻末年[7]，弥以滋甚。至于谗说殄行[8]，胤嗣废毙，岂所谓贻厥孙谋以燕翼子者哉？其后叶陵迟[9]，遂致覆国，未必不由此也。

注释

①故：这里是原来的意思。②请福：请求上天的保佑。③亡：逃走，逃跑。④屈身忍辱：这里指向曹丕称藩署的事情。⑤鼎峙之业：这里指三分天下的基业。⑥嫌忌：猜疑忌讳。⑦暨：及，到。⑧馋说：谗言。⑨陵迟：衰败，衰落。

译文

太元二年春天正月，封原太子孙和为南阳王，定居在长沙；封孙奋为齐王，定居在武昌；封孙休为琅邪王，定居在武林。二月，全国大赦，改年号为神凤。皇后潘氏死。诸将经常到王表那里请求保佑，王表逃跑。夏天的四月，孙权去世，享年七十一岁，谥号为大皇帝。秋七月，安葬在蒋陵。

评论说：孙权能委屈求全、忍受屈辱；任用贤才、崇尚智谋，有勾践一样的奇才大略，是人中豪杰。所以能独自占据江南，建立了与蜀魏鼎足三分天下的伟业。但是他天性多猜疑，果断地实施杀戮的酷刑，到了晚年，变得更加严重，以至于听信小人的谗言，滥施暴行，自己的亲生儿子有的被废掉或者杀掉，这难道是像《诗》中所说的那样要留下远略保护子孙安全的人吗？他的后代衰落，致使国家灭亡，未必不是因为他犯了这么大的错误呢！

周瑜鲁肃吕蒙传

原文

周瑜字公瑾，庐江舒人也。从祖父景，景子忠，皆为汉太尉。父异，洛阳令。

瑜长壮有姿貌。初，孙坚兴义兵讨董卓，徙家于舒。坚子策与瑜同年，独相友善，瑜推道南大宅以舍策[1]，升堂拜母，有无通共。瑜从父尚为丹杨太守，瑜往省之[2]。会策将东渡，到历阳，驰书报瑜，瑜将兵迎策。策大喜曰："吾得卿，谐也[3]。"遂从攻横江、当利，皆拔之[4]。乃渡江击秣陵，破笮融、薛礼，转下湖孰、江乘，进入曲阿，刘繇奔走，而策之众已数万矣。因谓瑜曰："吾以此众取吴会平山越已足。卿还镇丹杨。"瑜还。顷之，

二桥

大桥，小桥二人均是绝世美女，她们都是桥公的女儿，有"江东二桥"之称。孙策和周瑜同岁，两个人特别要好。娶妻时，孙策娶了大桥，而周瑜娶了小桥。此事还被传为美谈。

袁术遣从弟胤代尚为太守，而瑜与尚俱还寿春⑤。术欲以瑜为将，瑜观术终无所成，故求为居巢长，欲假途东归，术听之。遂自居巢还吴。

是岁，建安三年也。策亲自迎瑜，授建威中郎将，即与兵二千人，骑五十匹。瑜时年二十四，吴中皆呼为周郎。以瑜恩信著于庐江，出备牛渚，后领春穀长。顷之，策欲取荆州，以瑜为中护军，领江夏太守，从攻皖，拔之。时得桥公两女，皆国色也。策自纳大桥，瑜纳小桥。复进寻阳，破刘勋，讨江夏，还定豫章、庐陵，留镇巴丘。

注释

①策：人名，孙策。②省：探望。③谐：成功，胜利。④拔：占领，攻克。⑤寿春：地名，今安徽省寿县。

译文

周瑜，字公瑾，庐江郡舒县人。他的堂祖父周景和周景的儿子周忠都做过汉朝太尉。他父亲周异曾任洛阳县令。

周瑜身高体壮，生得俊美漂亮。当初孙坚兴义兵讨伐董卓时，把家迁到舒县去。孙坚的儿子孙策和周瑜同岁，两个人特别要好。周瑜把路南边的大宅院让给孙策住，到厅堂上去拜见孙策的母亲，周孙二人互通有无。周瑜的叔父周尚任丹杨太守，周瑜去探望他。正赶上孙策准备渡江东征，到了历阳，派骑兵送信给周瑜，周瑜就领兵去迎接孙策。孙策非常高兴，说："我得到了您，就会成功了。"于是周瑜随孙策去攻打横江、当利等地，把它们都占领了。他们于是渡过长江去攻打秣陵，打败了笮融、薛礼，转向攻下了湖熟、江乘，进入曲阿境内。刘繇逃走了。这时孙策的军队已经有几万人了。孙策就对周瑜说："我用这些人马去夺取吴郡、会稽郡，平定山越，已经够用了。您回去镇守丹杨吧！"于是周瑜回去了。不久，袁术派堂弟袁胤代替周尚做丹杨太守，而让周瑜和周尚都回到寿春。袁术要任命周瑜做将军。周瑜看袁术终究不会成就大事，就请求去做居巢县长，想借这条路回到江东。袁术答应了。周瑜就从居巢回到吴郡。

这一年是建安三年（198）。孙策亲自去迎接周瑜，授给他建威中郎将的官职，当即给他两千名士兵，五十匹战马。周瑜当时二十四岁，吴郡人都把他叫做"周郎"。因为周瑜在庐江的恩德信义名声卓著，孙策就让他到牛渚守卫，后来兼任春谷县长。不久，孙策想夺取荆州，任命周瑜做中护军，兼任江夏太守，跟随孙策去攻打皖城，占领了它。当时得到了乔公的两个女儿大桥小桥，都具有天姿国色。孙策自己娶了大桥，周瑜娶了小桥。孙策再次进军浔阳，打败了刘勋，进攻江夏，回军平定了豫章、庐陵，周瑜留在巴丘镇守。

原文

五年，策薨[1]，权统事。瑜将兵赴丧，遂留吴，以中护军与长史张昭共掌众事。

十一年，督孙瑜等讨麻、保二屯，枭其渠帅[2]，因俘万馀口，还备宫亭。江夏太守黄祖遣将邓龙将兵数千人入柴桑，瑜追讨击，生虏龙送吴。

十三年春，权讨江夏，瑜为前部大督。其年九月，曹公入荆州，刘琮举众降，曹公得其水军，船步兵数十万，将士闻之皆恐。权延见群下，问以计策。

●周瑜

周瑜，字公瑾，庐江舒县人。东汉末年东吴集团将领。赤壁之战之后，三分天下的局面基本形成。后图进中原，不幸因病于建安十五年（公元210年）十二月病逝于巴丘，年仅三十六岁。

议者咸曰："曹公豺虎也，然托名汉相，挟天子以征四方，动以朝廷为辞，今日拒之，事更不顺。且将军大势，可以拒操者，长江也。今操得荆州，奄有其地，刘表治水军，蒙冲斗舰[3]，乃以千数；操悉浮以沿江，兼有步兵，水陆俱下，此为长江之险，已与我共之矣。而势力众寡，又不可论[4]。愚谓大计不如迎之。"瑜曰："不然。操虽托名汉相，其实汉贼也。将军以神武雄才，兼仗父兄之烈，割据江东，地方数千里，兵精足用，英雄乐业，尚当横行天下，为汉家除残去秽。况操自送死，而可迎之邪？请为将军筹之：今使北土已安，操无内忧，能旷日持久，来争疆场，又能与我校胜负于船楫间乎？今北土既未平安，加马超、韩遂尚在关西，为操后患。且舍鞍马，仗舟楫，与吴越争衡，本非中国所长。又今盛寒，马无藁草，驱中国士众远涉江湖之间，不习水土，必生疾病。此数四者，用兵之患也[5]，而操皆冒行之。将军禽操，宜在今日。瑜请得精兵三万人，进住夏口，保为将军破之。"权曰："老贼欲废汉自立久矣，徒忌二袁、吕布、刘表与孤耳。今数雄已灭，惟孤尚存，孤与老贼，势不两立。君言当击，甚与孤合，此天以君授孤也。"

注释

①薨：死。古代诸侯死为"薨"。②枭：把人杀死后将头悬挂于木上。

●江南水师学堂旧址

水师在中国的历史上十分悠久。三国时期，南方的吴国就拥有强大的水军。到了清朝，现代水军开始出现，而培养水军人才的学堂也纷纷建立。此图就是清末著名的江南水师学堂。

③蒙冲：古代战船的名称。

④不可论：不可相提并论。

⑤患：禁忌。

译文

建安五年（200），孙策去世，孙权统领政事。周瑜率领军队去吊丧，就留在吴郡，以中护军的身份和长史张昭等人共同管理各项事务。

建安十一年（206），周瑜统率孙瑜等人讨伐麻、保两处军屯，杀死了他们的首领，俘虏了一万多人，回来防守宫亭。江夏太守黄祖派将军邓龙率领几千名士兵进入柴桑，周瑜追去攻击，把邓龙俘虏送到吴郡。

建安十三年（208）春天，孙权攻打江夏，周瑜为前部大都督。这一年的九月，曹操进军荆州，刘琮领全军投降，曹操获得了他的水军，水兵和步兵达到几十万人，吴郡将士们听到后都恐慌不安。孙权召见部下官员，问他们该采取什么计策。

议论的人们都说："曹操是豺狼虎豹一样的人，但是他借着汉朝丞相的名义，挟制皇帝，征讨四方，行动都是以朝廷为借口，现在去抵挡他，形势会更不利。而且将军您所处的形势下，能够抵挡曹操的只有长江了。现在曹操得到了荆州，吞并了这片土地，刘表训练的水军有几千艘蒙冲舰和战船；曹操把它们全用来沿江进攻，加上步兵，水陆两军一起沿江而下，这就是说曹操已经和我们共同占有长江天险了。而力量的多少上，我们又没法和敌人相提并论。我们认为不如采用迎接曹操的大计。"周瑜说："不对。曹操虽然假托汉朝丞相的名义，实际上是汉朝的贼臣。将军雄才大略，加上倚仗父兄的英烈，割据江东地区，拥有几千里土地，士兵精锐，物资充足，英雄豪杰乐于效力，正应该横行天下，为汉朝除去危害。何况曹操自己来送死，怎么能向他投降呢？请让我替您筹划一下：即使现在北方已经平定，曹操没有内部的忧患，他能旷日持久地来和我们争夺疆土，又能和我们在水战中一决胜负吗？现在北方还没有完全平定，加上马超、韩遂等人还在关中地区，足为曹操的后患。曹操放弃鞍马，依靠船只来和吴越士兵作战，这本来就不是中原士兵擅长的。现在又是严寒时节，马匹没有草料，中原的士兵被远远地驱赶到江湖之间来，他们不习惯水土，一定会生病。这四个方面，都是用兵大忌，而曹操却全部违犯了。将军您擒获曹操，就在今天了。我请求得到三万名精兵，进军夏口驻守，保证为您打败曹操。”孙权说：“曹操这个老贼很早就想要废黜汉朝皇帝，自立为皇帝了，只是担心袁绍、袁术、吕布、刘表和我罢了。现在这几个人物已经被消灭，只有我还在，我和曹操老贼势不两立。您说应该抗击他，和我的看法完全一致，这是上天把您送给我的啊！”

原文

时刘备为曹公所破，欲引南渡江，与鲁肃遇于当阳，遂共图计，因进住夏口，遣诸葛亮诣权[1]。权遂遣瑜及程普等与备并力逆曹公，遇于赤壁。时曹公军众已有疾病，初一交战[2]，公军败退，引次江北。瑜等在南岸。瑜部将黄盖曰：“今寇众我寡，难与持久。然观操军船舰首尾相接，可烧而走也[3]。”乃取蒙冲斗舰数十艘，实以薪草，膏油灌其中，裹以帷幕，上建牙旗；先书报曹公，欺以欲降；又豫备走舸，各系大船后，因引次俱前。曹公军吏士皆延颈观望，指言盖降。盖放诸船，同时发火。时风盛猛，悉延烧岸上营落。顷之，烟炎张天，人马烧溺死者甚众，军遂败退，还保南郡。备与瑜等复共追。曹公留曹仁等守江陵城，径自北归。

注释

①诣：到。此处指拜见。②初：刚刚。③走：跑，使动用法，使之跑。

译文

当时刘备被曹操打败了，想要领兵渡江南下，和鲁肃在当阳相遇，就一起商议计策，于是进驻夏口，派诸葛亮去拜见孙权。孙权就派周瑜和程普等人与刘备合作一起抵御曹操，两军在赤壁相遇。当时曹操的士兵中已经有疾病流行，刚一交战，曹操就败退，领兵到江北驻扎。周瑜等人在南岸驻军。周瑜

◉ 戏曲中的黄盖形象

黄盖，字公覆，是三国时期东吴的著名将领，姿貌严毅，零陵泉陵。能征善战，有谋有勇，擅长使铁鞭，作战极为勇猛，一生立过无数战功。

的部将黄盖说："现在敌人众多，我军人少，很难和他们长久对峙。但是我看曹操军队的战船都是首尾相连在一起，可以烧毁船，打跑他们。"就用几十艘蒙冲战船，装满了柴草，里面灌上油脂，外面蒙上帷幕，上面插起牙旗；黄盖事先写信告诉曹操，骗他说自己要投降；又预备了逃脱用的快船，分别拴在大船后面，于是按次序把船全开过去。曹操军队的官员士兵们都伸着脖子观看，指点着说黄盖来投降了。黄盖放开各船，同时一起点火。当时风势很猛，火焰蔓延到岸上的军营中，把它们全烧着了。不一会儿，浓烟和大火遮住了天空，曹操的人马很多都被烧死或淹死，曹军退回南郡。刘备和周瑜等人又率军一同追击。曹操留下曹仁等人守卫江陵城，自己退回北方。

原文

瑜与程普又进南郡，与仁相对，各隔大江。兵未交锋，瑜即遣甘宁前据夷陵。仁分兵骑别攻围宁。宁告急于瑜。瑜用吕蒙计[1]，留凌统以守其后，身与蒙上救宁。宁围既解，乃渡屯北岸，克期大战[2]。瑜亲跨马擽陈，会流矢中右胁，疮甚，便还。后仁闻瑜卧未起，勒兵就阵。瑜乃自兴，案行军营，激扬吏士，仁由是遂退。

权拜瑜偏将军[3]，领南郡太守。以下隽、汉昌、刘阳、州陵为奉邑，屯据江陵。刘备以左将军领荆州牧，治公安。备诣京见权，瑜上疏曰："刘备

禹王锁蛟

蛟是中国古代的神兽，传说虺千年为蛟，蛟五百年为龙，龙五百年为角龙（头上有角的龙），千年为应龙（身上有翅膀的龙）。

以枭雄之姿，而有关羽、张飞熊虎之将，必非久屈为人用者。愚谓大计宜徙备置吴，盛为筑宫室，多其美女玩好，以娱其耳目；分此二人，各置一方，使如瑜者得挟与攻战，大事可定也。今猥割土地以资业之，聚此三人，俱在疆场，恐蛟龙得云雨，终非池中物也。”权以曹公在北方，当广揽英雄，又恐备难卒制，故不纳。

注释

①计：计策，计谋。②克期：约定日期。③偏将军：副将军。

译文

周瑜和程普又进军南郡，与曹仁对峙，中间隔着长江。两军还没有交战，周瑜就派甘宁前去占领夷陵。曹仁分出一支骑兵去攻打甘宁，把他包围。甘宁向周瑜告急。周瑜用吕蒙的计策，留下凌统在后方守卫，亲自和吕蒙到上游去救甘宁。甘宁受到的包围被解除后，周瑜就渡江在北岸驻扎，约定时期与曹军大战。周瑜亲自骑马上阵督战，正巧被流箭射中右肋，伤势很重，就回营去了。以后曹仁听说周瑜卧床不起，整顿军队来作战。周瑜就自己勉强起身，巡查军营，激励将士，曹仁因此就退走了。

孙权任命周瑜为偏将军，兼任南郡太守。把下隽、汉昌、刘阳、州陵作为周瑜的食邑，让他在江陵驻守。刘备以左将军的身份兼任荆州牧，州府设在公安。刘备到建业拜见孙权，周瑜上奏章说：“刘备具有强悍雄伟的姿态，又有关羽、张飞这样熊虎一样的将领，一定不是长久屈居人下被人使用的人物。我认为最好的方法是把刘备迁到吴郡去安置，给他大肆建造宫殿，供给他很多美女玩物，让他沉溺享受；再把关羽、张飞两个人分开，各置一方，让像我这样的人能够胁迫他们参加作战，就可以使大事成功。现在轻易分割土地给他们，成为他们的资产，让这三个人聚在一起，都位于边疆地区，恐怕会像蛟龙得到云雨的帮助一样，最终就不是水池中的动物了。”孙权认为曹操在北方是个威胁，东吴应该广泛招揽英雄，又担心刘备难以很快被制伏，所以没采纳他的意见。

原文

是时刘璋为益州牧，外有张鲁寇侵[1]，瑜乃诣京见权曰：“今曹操新折衄[2]，方忧在腹心，未能与将军连兵相事也。乞与奋威俱进取蜀，得蜀而并张鲁，因留奋威固守其地，好与马超结援。瑜还与将军据襄阳以蹙操，北方可图也。”权许之。瑜还江陵，为行装，而道于巴丘病卒，时年三十六。权素服举哀，感动左右。丧当还吴，又迎之芜湖；众事费度，一

后赤壁赋图卷

古来多少文人骚客咏唱赤壁。那是因为在赤壁发生过以少胜多的著名战役，赤壁之战，而这一战中，周瑜的名字又不得不提。

为供给。后著令曰："故将军周瑜[3]、程普，其有人客，皆不得问。"

初瑜见友于策，太妃又使权以兄奉之[4]。是时权位为将军，诸将宾客为礼尚简；而瑜独先尽敬，便执臣节。性度恢廓，大率为得人，惟与程普不睦。

瑜少精意于音乐，虽三爵之后，其有阙误，瑜必知之，知之必顾[5]，故时人谣曰："曲有误，周郎顾。"瑜两男一女。女配太子登。男循尚公主，拜骑都尉，有瑜风，早卒。循弟胤，初拜兴业都尉，妻以宗女，授兵千人，屯公安。黄龙元年，封都乡侯，后以罪徙庐陵郡。

注释

①侵：入侵，侵略。②衄：伤，折伤。③故：死，去世。④以兄奉之：像对待兄弟那样对待他。⑤顾：回头看。

译文

当时刘璋任益州牧，外有张鲁的侵略，周瑜就去建业拜见孙权，说："现在曹操刚受到挫折，正在担心内部的事务，不能和将军连续交战。我请求和奋威将军一起去进攻蜀郡，得到蜀郡，兼并张鲁的力量后，就把奋威将军留下来在那里固守，好和马超结成同盟，互相援助。我回来与您占据襄阳以便逼迫曹操，就可以图谋夺取北方了。"孙权答应了。周瑜回到江陵，整顿行装，却在走到巴丘时病死了，时年仅三十六岁。孙权亲自穿着丧服主持丧事，左右部属都很感动。周瑜的灵柩送回吴郡时，孙权又到芜湖迎接；周瑜各种丧事费用，全部由孙权供给。后来孙权发布命令说："已故将军周瑜、程普的佃户仆役情况，官府全不许过问。"

以前周瑜与孙策结为好友，吴太妃又让孙权把周瑜当做兄长一样对待。当时孙权的职位是将军，各位将领和宾客向他行礼时还很简单；而只有周瑜率先非常

◎瑶池仙乐图

周瑜年少时对音乐有过精心研究，即使是在喝了三大杯酒后，乐曲演奏中有了错误，周瑜也能听出来，听出来后一定要看一下乐队。所以当时人们流传说："曲有误，周郎顾。"

敬重他，以对君主的礼节对待孙权。周瑜心胸开阔，大体上能够得到人心，只是和程普之间不和睦。

周瑜年少时对音乐有过精心研究，即使是在喝了三大杯酒后，乐曲演奏中有了错误，周瑜也能听出来，听出来后一定要看一下乐队。所以当时人们流传说："曲有误，周郎顾。"周瑜有两个儿子一个女儿。女儿嫁给吴太子孙登。儿子周循娶了公主，被任命为骑都尉，他有周瑜的风度，但很早去世。周循的弟弟周胤，起初做兴业都尉，孙权把宗室的女子嫁给他，又给他一千名士兵，让他驻守公安。黄龙元年（229），周胤被封为都乡侯，后来因罪被迁往庐陵郡。

原文

赤乌二年，诸葛瑾、步骘连名上疏曰："故将军周瑜子胤，昔蒙粉饰[1]，受封为将，不能养之以福，思立功效，至纵情欲，招速罪辟[2]。臣窃以瑜昔见宠任，入作心膂，出为爪牙，衔命出征，身当矢石，尽节用命，视死如归，故能摧曹操于乌林，走曹仁于郢都，扬国威德，华夏是震，蠢尔蛮荆，莫不宾服，虽周之方叔，汉之信、布，诚无以尚也。夫折冲捍难之臣，自古帝王莫不贵重，故汉高帝封爵之誓曰'使黄河如带，太山如砺，国以永存，爰及苗裔'；申以丹书，重以盟诅[3]，藏于宗庙，传于无穷，欲使功臣之后，世世相踵[4]，非徒子孙，乃关苗裔；报德明功，勤勤恳恳，如此之至，欲以劝戒后人，用命之臣，死而无悔也。况于瑜身没未久，而其子胤降为匹夫，益可悼伤。窃惟陛下钦明稽古，隆于兴继，为胤归诉，乞匄丐馀罪，还兵复爵，使失旦之鸡，复得一鸣，抱罪之臣，展其后效。"

权答曰："腹心旧勋，与孤协事，公瑾有之，诚所不忘。昔胤年少，初无功劳，横受精兵，爵以侯将，盖念公瑾以及于胤也。而胤恃此，酗淫自恣[5]，前后告喻，曾无悛改[6]。孤于公瑾，义犹二君，乐胤成就，岂有已哉？迫胤罪恶，未宜便还，且欲苦之，使自知耳。今二君勤勤援引汉高河山之誓，孤用恧然。虽德非其畴，犹欲庶几，事亦如尔，故未顺旨。以公瑾之子，而二君在中间，苟使能改，亦何患乎！"瑾、骘表比上，朱然及全琮亦俱陈乞，权乃许之。会胤病死。

注释

①粉饰：打扮，装饰。此处是指赞誉，称赞。②辟：刑罚。③盟诅：盟约，誓约。④踵：本义指脚后跟，此处指相接、相传。⑤酗淫：酗酒淫乱。自恣：肆意妄为。⑥悛改：悔改。

译文

赤乌二年（239），诸葛瑾和步骘联名上奏章说："已故将军周瑜的儿子周胤，过去曾蒙受了过分的赞誉，被封为将军。他不能用福祉保护自己，想着去立功报

英布射汉王

英布是秦末汉初名将。因受秦律被黥，又称黥布。刚开始跟着项羽，为霸王帐下五大将之一，被封为九江王，后叛楚归汉，被封为淮南王。与韩信、彭越并称汉初三大名将。

国，反而放纵情欲，很快招致刑罚。臣子们私下认为周瑜过去受到恩宠，在朝廷是心腹重臣，在外是英勇的将领，受命出征，亲自冒着石块箭矢去作战，尽到了臣子的职责，完成了任务，视死如归，这才能在乌林打败曹操，在郢都赶走曹仁，显示出我国的威力和德行，中原地区也为之震动，荆州的蛮夷们没有一处不称臣纳贡，即使是周代的方叔，汉朝的韩信、英布，也确实不能超过他。那些可以挫败敌人进攻解除危难的大臣，自古以来，没有不被帝王们珍惜敬重的。所以汉高祖在封爵位时的誓词中说：‘即使黄河变成衣带那样窄，泰山变成磨刀石那样小，您的封国也会永远存在，一直传到子孙后代。’并且用丹砂写的文书申明，用盟誓诅咒的隆重仪式宣布，把文书藏到宗庙中去，让它流传到无穷无尽的后世，要让功臣的后代一代代相承，不只是子孙，就连后代传人都考虑到；报答和显示臣子的功德，勤勤恳恳，达到如此周到的地步，目的是要鼓励和告诫后人，让誓死为国的臣子，死了也不会后悔。但在周瑜去世后不久，他的儿子周胤就被贬为平民，这不能不令人感到悲伤。我们希望陛下明智地考察古代史事，重视使功臣后代振兴、世代继嗣的德政。我们替周胤向您倾诉，请求宽恕他犯过的罪过，还给他士兵，恢复他的爵位，使错过了报晓的雄鸡再鸣叫一次，让戴罪的臣子以后能为国效力。”

芙蓉锦鸡图

诸葛瑾和步骘联名上奏章说：“我们替周胤向您倾诉，请求宽恕他犯过的罪过，还给他士兵，恢复他的爵位，使错过了报晓的雄鸡再鸣叫一次，让戴罪的臣子以后能为国效力。”

孙权回答说：“我的旧日心腹功臣中，和我一起共事的周公瑾，我确实不能忘记啊！从前周胤年幼，还没有什么功劳，凭空接受了精锐的士兵，给他侯爵和将军职位，就是由于我怀念周公瑾，才延续到周胤身上。而周胤倚仗这些，放纵自己，酗酒淫乱，前后多次告诫他，他都没有改悔。我对于周公瑾的情谊和你们二位一样，期待周胤有成就，难道会有终结的时候吗？但限于周胤的罪恶，不能马上让他回来，还想让他暂时吃些苦，让他自己悔悟罢了。现在你们二位再三引用汉高祖封爵时向山河做的誓言，我感到很羞愧。虽然我的德行比不上汉高祖，但还想和他相差不多，事情也是像这样的，所以没有依从你们的意思。周胤作为周公瑾的儿子，又有你们二位在其中帮助，假如他能改正，还有什么可担心的呢？”

诸葛瑾、步骘的奏章连续送上，朱然和全琮也都陈辞求情，孙权就答应了。偏偏周胤这时病死了。

瑜兄子峻，亦以瑜元功为偏将军，领吏士千人。峻卒，全琮表峻子护为将[1]。权曰："昔走曹操，拓有荆州，皆是公瑾，常不忘之。初闻峻亡，仍欲用护，闻护性行危险[2]，用之适为作祸，故便止之。孤念公瑾，岂有已乎？"

注释

①表：上书，奏请。②危险：恶毒，恶劣。

译文

周瑜的侄子周峻，也因为周瑜的大功做了偏将军，率领上千名官吏士兵。周峻去世后，全琮奏请封周峻的儿子周护做将军。孙权说："过去打跑曹操，开拓占领荆州，全是周公瑾的功劳，我经常怀念他，不会忘了他。刚听到周峻去世时，我还想用周护，但听说周护品行恶劣，人很危险，使用他只能造成灾祸，所以就没有用。我怀念周公瑾，难道有终结的时候吗？"

原文

鲁肃字子敬，临淮东城人也。生而失父[1]，与祖母居。家富于财，性好施与。尔时天下已乱，肃不治家事，大散财货，摽卖田地[2]，以赈穷弊结士为务[3]，甚得乡邑欢心。

周瑜为居巢长，将数百人故过候肃，并求资粮。肃家有两囷米，各三千斛，肃乃指一囷与周瑜，瑜益知其奇也，遂相亲结，定侨、札之分。袁术闻其名，就署东城长。肃见术无

鲁肃

鲁肃，字子敬，三国时东吴名臣。他治军有方，闻名遐迩，而且虑深思远，见解超人。他一生中最大的功绩就是倡导并促成以及终身不易地竭力维护孙刘联盟，使三足鼎立之势能够形成。

纲纪，不足与立事[4]，乃携老弱将轻侠少年百馀人，南到居巢就瑜。瑜之东渡，因与同行，留家曲阿。会祖母亡，还葬东城。

注释

①生：出生的时候。②摽：通“标”，此处指标价出售。③穷弊：穷困的人。结士：结交朋友。④立事：成就大事。

译文

鲁肃，字子敬，临淮郡东城县人。他生下来就失去了父亲，和祖母住在一起。家中富有财产，他生性喜好施舍钱财给别人。这时天下已经动乱，鲁肃不治理家业，把大量财物散发给人们，标价出卖田地，用所得钱财全力投入赈济穷困百姓和结交士人的事业中，很得乡里人们的欢心。

周瑜任居巢县长，领着几百人经过，特地来拜访鲁肃，并且请求他资助粮食。鲁肃家中有两大仓米，每个仓中有三千斛，鲁肃就指着一个米仓，将它赠送给周瑜。周瑜更加了解了鲁肃的非凡才干，就和他结成亲密的朋友，确定了公孙侨和季札那样的深厚情谊。袁术听说了鲁肃的大名，就让他做东城县长。鲁肃见到袁术没有规章法纪，不值得和他共同建立功业，就携带老弱人口，领着一百多名剽勇好侠义的青年人，往南到居巢去投奔周瑜。周瑜东渡长江，鲁肃就和他一同走，把家属留在曲阿。正遇上他的祖母去世，鲁肃把她送回，葬在东城。

原文

刘子扬与肃友善，遗肃书曰[1]：“方今天下豪杰并起，吾子姿才，尤宜今日。急还迎老母，无事滞于东城。近郑宝者，今在巢湖，拥众万馀，处地肥饶，庐江间人多依就之，况吾徒乎？观其形势，又可博集，时不可失，足下速之。”肃答然其计。葬毕还曲阿，欲北行。会瑜已徙肃母到吴，肃具以状语瑜。时孙策已薨，权尚住吴，瑜谓肃曰：“昔马援答光武云‘当今之世，非但君择臣，臣亦择君’。今主人亲贤贵士，纳奇录异[2]，

且吾闻先哲秘论[3]，承运代刘氏者，必兴于东南；推步事势，当其历数，终构帝基，以协天符，是烈士攀龙附凤驰骛之秋。吾方达此，足下不须以子扬之言介意也。”肃从其言。瑜因荐肃才宜佐时，当广求其比，以成功业，不可令去也。

权即见肃，与语甚悦之[4]。众宾罢退，肃亦辞出，乃独引肃还，合榻对饮。因密议曰：“今汉室倾危，四方云扰，孤承父兄馀业，思有桓文之功。君既惠顾，何以佐之？”肃对曰：“昔高帝区区欲尊事义帝而不获者，以项羽为害也。今之曹操，犹昔项羽，将军何由得为桓文乎？肃窃料之[5]，汉室不可复兴，曹操不可卒除。为将军计，惟有鼎足江东，以观天下之衅。规模如此，亦自无嫌。何者？北方诚多务也。因其多务，剿除黄祖，进伐刘表，竟长江所极，据而有之，然后建号帝王以图天下，此高帝之业也。”权曰：“今尽力一方，冀以辅汉耳，此言非所及也。”张昭非肃谦下不足，颇訾毁之[6]，云肃年少粗疏，未可用。权不以介意，益贵重之，赐肃母衣服帏帐，居处杂物，富拟其旧。

注释

①遗：送。②奇，异：奇异有才能之人。③先哲：先贤，古代有贤德之士。④悦之：喜欢他。⑤窃：谦称词，表示个人之意，私下认为。⑥訾毁：毁谤，诋毁。

译文

刘子扬和鲁肃很友好，给鲁肃写信说：“当今天下豪杰同时起事。您的才干品质尤其适合当前的形势。您应该尽快回来迎接老母亲，不要因事滞留在东城。近来有个叫郑宝的人，现在巢湖地区拥有一万多人马，他占据的土地肥沃，出产富饶，庐江之间的人们大多去依附他，何况像我们这些人呢？观看他的形势，还可以大量收集人才，时机不可丧失，您尽快去吧！”鲁肃回信，赞成他的打算。鲁肃办完丧事返回曲阿，想要往北方去。正巧周瑜已经把鲁肃的母亲迁到吴郡，鲁肃就把这些情况全都告诉了周瑜。当时孙策已经去世，孙权还住在吴郡，周瑜对鲁肃说：“过去马援回答汉光武皇帝说：‘当今世上，不只君主选择臣子，臣子也选择君主。’现在我的主人亲近贤良，看重士族，收纳奇才，录用异人，而且我听到先哲的秘密议论，说承继天命代替刘氏的人，一定会在东南方兴起；推算事态形势，正符合他的命相气数，他终究会建成帝业，以配合上天的符兆。这时正是壮士们攀龙附凤，尽情驰骋，发挥才能的年代。我正在这里受重用，您不用

齐桓公一匡天下

齐桓公是春秋时期的第一位霸主，他任用管仲为相，进行改革，创造了一番事业。孙权是一个非常有野心的人，他问鲁肃怎样才能成为像齐桓公、晋文公这样的人，他的一生都在为此努力。

多考虑刘子扬的话。”鲁肃听了周瑜的话。周瑜便向孙权推荐鲁肃的才能可以辅佐天下大事，应该广泛寻求他这样的人才，以建成功业，不能让他离开。

孙权马上会见鲁肃，和他谈话，非常喜欢他。宾客们都退出去时，鲁肃也告辞出去，孙权就只把鲁肃一个人拉回来，把坐榻合在一块儿对坐饮酒，就势悄悄地和鲁肃商议说：“现在汉朝皇室面临倾覆的危险，四方纷纷起兵混战，我继承了父兄留下的事业，想要成就齐桓公、晋文公那样的功业，您既然来照顾我，用什么办法帮助我呢？”鲁肃回答说：“过去高祖皇帝诚心诚意地要尊崇义帝却没能达到目的，是因为有项羽的危害。现在的曹操，和过去的项羽一样，将军有什么机会能成为齐桓公、晋文公呢？我私下预料，汉朝不可能复兴，曹操也不可能被很快除掉。替将军谋划，只有占据江东地区形成鼎立的形势，凭借它观看天下的争斗。建立这样规模的基业，也不会使自己招致嫌疑。为什么呢？因为北方实在是事务繁多。趁着曹操事务繁多的时机，去剿灭黄祖，进攻刘表，一直到长江的尽头，把它们都占据下来，然后称帝称王，去图谋统一天下，这就是像高祖皇帝一样的大事业了。”孙权说：“现在尽力占有一方土地，只希望用来辅佐汉朝罢了，这些话还不是我能做到的。”张昭看不上鲁肃不注意谦虚恭敬这一点，对他大加诋毁，说他年轻粗疏，不可以任用。孙权不把张昭的话放在心上，对鲁肃更加器重，赐给鲁肃母亲衣服帏帐，居住用的各种杂物，使他的富有可以和过去相比。

原文

刘表死，肃进说曰：“夫荆楚与国邻接，水流顺北，外带江汉，内阻山陵，有金城之固，沃野万里，士民殷富，若据而有之，此帝王之资也[①]。今表新亡，二子素不辑睦，军中诸将，各有彼此。加刘备天下枭雄，与操有隙，寄寓于表，表恶其能而不能用也。若备与彼协心，上下齐同，则宜抚安，与结盟好；如有离违[②]，宜别图之，以济大事。肃请得奉命吊表二子，并慰劳其军中用事者，及说备使抚表众，同心一意，共治曹操，备必喜而从命。如其克谐[③]，天下可定也。今不速往，恐为操所先。”

权即遣肃行。到夏口，闻曹公已向荆州，晨夜兼道。比至南郡，而表子琮已降曹公，备惶遽奔走，欲南渡江。肃径迎之，到当阳长阪，与备会，宣腾权旨，及陈江东强固，劝备与权并力。备甚欢悦。时诸葛亮与备相随，肃谓亮曰“我子瑜友也”，即共定交。备遂到夏口，遣亮使权，肃亦反命[④]。

注释

①帝王之资：成就霸业的资本，资源。②离违：各怀异心，不能团结。③克谐：能够成功。④反命：回来汇报情况。

译文

刘表死了，鲁肃进言说：“荆楚地区和我们的国土相邻，水流顺着流向北方，外面有长江、汉水的围绕，内部有山陵险阻，有铜墙铁壁的坚固城池，上万里肥沃的田野，人民富裕殷实，如果占有这个地方，它就是成为帝王的资本。现在刘表刚去世，他的两个儿子一向不和睦，军队里的各个将领，各

盘门

古代的城池都会有高高的城墙或者有一条护城河作为城的防护措施。荆楚地区外面有长江、汉水的围绕，内部有山陵险阻，有铜墙铁壁的坚固城池，地理位置非常方便。

自偏向一方。加上刘备是天下的枭雄人物，和曹操有仇，寄住在刘表那里，刘表厌恶刘备的才能，不能使用他。如果刘备和荆州人同心协力，上下一致，就应该安抚他们，和他们结为友好同盟；如果他们之间不和，互相分离，就应该另想办法谋取荆州，以达到大事成功。我请求能奉命去向刘表的两个儿子吊唁，并且慰劳他们军队中掌权的人，以及劝说刘备，让他安抚刘表的部队，一心一意共同对付曹操。刘备一定会高兴，而且听从我们的命令。如果这些能办成功，天下就可以平定了。现在不尽快去，恐怕会被曹操抢先。"

孙权就派鲁肃出行。他到达夏口，听说曹操已经向荆州进攻，就日夜兼程。快到南郡时，刘表的儿子刘琮已经投降了曹操，刘备惊慌地急忙出逃，想向南渡过长江。鲁肃一直迎上去，到了当阳的长阪，和刘备会面，宣讲了孙权的意图，又陈述了江东坚固实力强大的情况，劝说刘备和孙权全力合作。刘备非常欢悦。当时诸葛亮跟随刘备，鲁肃对诸葛亮说："我是诸葛子瑜的朋友。"他们当即定交。刘备就到了夏口，派诸葛亮出使到孙权那里去，鲁肃也回去复命。

原文

会权得曹公欲东之问，与诸将议，皆劝权迎之，而肃独不言。权起更衣，肃追于宇下，权知其意，执肃手曰："卿欲何言？"肃对曰："向察众人之议，专欲误将军，不足与图大事。今肃可迎操耳，如将军，不可也。何以言之？今肃迎操，操当以肃还付乡党，品其名位，犹不失下曹从事，乘犊车，从吏卒，交游士林，累官故不失州郡也[1]。将军迎操，欲安所归[2]？愿早定大计，莫用众人之议也。"权叹息曰："此诸人持议，甚失孤望；今卿廓开大计[3]，正与孤同，此天以卿赐我也。"

时周瑜受使至鄱阳，肃劝追召瑜还。遂任瑜以行事，以肃为赞军校尉，助画方略[4]。曹公破走，肃即先还，权大请诸将迎肃。肃将入阁拜，权起礼之，因谓曰："子敬，孤持鞍下马相迎，足以显卿未？"肃趋进曰："未也。"众人闻之，无不愕然。就坐，徐举鞭言曰："愿至尊威德加乎四海，总括九州，克成帝业，更以安车软轮征肃，始当显耳。"权抚掌欢笑。

注释

①累官：论功赏官职。②安：哪里。③廓开：说明白，阐释清楚。④画：通"划"，策划。

译文

正遇上孙权得到曹操想向东进攻的音讯，和各位将领商议，他们全都劝孙权去迎接曹操，而只有鲁肃不说话。孙权起身去厕所，鲁肃追到外面屋檐下，孙权知道他的意思，拉住他的手说："你想说什么？"鲁肃对孙权说："我刚才考察了大家的议论，只是想要耽误将军，不足以和他们共商大计。现在只是我可以迎接曹操罢了，像将军您，就不可以了。为什么这样说呢？现在我去迎接曹操，曹操会把我送回乡里，品评我的名位，还不失为官府的掾曹从事一类小官吏，可以乘坐牛车，带着属吏士兵，和士人们交往游玩，逐渐升迁，还可能做到州、郡一级的官员。将军您去迎接曹操，能在哪里寻求到安全呢？希望您早日确定大计，不要采纳大家的议论。"孙权叹息道："这些人所持的意见，太让我失望了；现在你说明的重大谋略，正和我想的相同，这是上天把你赐给我的啊！"

北魏贵族铜牛车

鲁肃要进入阁内拜见孙权，孙权站起身来和他行礼，并问他是否觉得显贵。鲁肃说："还没有。"众人听到后感到惊愕。鲁肃又说道："希望孙权统一九州后能用软轮子的车来征召他。

当时周瑜接受使命到鄱阳去了，鲁肃劝孙权派人去追周瑜回来。孙权就任命周瑜主持军事，任命鲁肃做赞军校尉，协助谋划方略。曹操被打败退走后，鲁肃就先回来了，孙权大规模地约请各个将领来迎接鲁肃。鲁肃要进入阁内拜见孙权，孙权站起身来和他行礼，接着对他说："子敬，我扶着马鞍下马来迎接你，这是不是足以让你尊显了呢？"鲁肃小步急速走向前去说："还没有。"众人听到后，没有一个不感到惊愕。鲁肃坐下后，慢慢地举起马鞭来说道："希望最尊贵的您能让威武和德行降临四海，统一九州，成就帝业，那时再用软轮子的车来征召我，这才是使我显贵了。"孙权拍手大笑。

原文

后备诣京见权，求都督荆州，惟肃劝权借之，共拒曹公。曹公闻权以土地业备[1]，方作书，落笔于地。

周瑜病困，上疏曰："当今天下，方有事役[2]，是瑜乃心夙夜所忧[3]，愿至尊先虑未然，然后康乐。今既与曹操为敌，刘备近在公安，边境密迩[4]，百姓未附，宜得良将以镇抚之。鲁肃智略足任[5]，乞以代瑜。瑜陨踣之日[6]，所怀尽矣。"即拜肃奋武校尉，代瑜领兵。瑜士众四千馀人，

奉邑四县，皆属焉。令程普领南郡太守。肃初住江陵，后下屯陆口、威恩大行，众增万馀人，拜汉昌太守、偏将军。十九年，从权破皖城，转横江将军。

油江口

周瑜将江陵以南（因江陵就在长江北岸，故江陵以南也就是长江南岸）土地分给刘备，刘备屯兵于油江口，筑城，并将此地改名为公安。

注释

①以土地业备：用土地资助刘备，当作动词用，使有事业。②事役：指战役。③夙夜：早上和晚上。④密迩：靠得非常近。⑤智略足任：智谋策略能够胜任。⑥陨踣：死亡。陨：死。踣：扑到。

译文

以后刘备到吴国京城来见孙权，请求让他都督荆州，只有鲁肃一人劝孙权把荆州借给刘备，共同抵抗曹操。曹操听说孙权把土地给刘备做基业，当时他正在写信，惊吓得笔从手中脱落，掉到地上。

周瑜病重，上疏说："当今的天下，正有战事，这就是我日夜担忧的，希望最尊贵的您先对还没有出现的灾难加以考虑，然后再享受康乐。现在既然与曹操为敌，刘备又近在公安，边境紧紧相接，百姓又没有彻底依附，应该找到良将来镇守安抚这个地方。鲁肃的智谋和才略足以胜任，请任用他代替我。我丧命的时候，就没有所惦念的事情了。"孙权立即任命鲁肃为奋武校尉，代替周瑜统领军队。周瑜的部众四千多人，以及归周瑜使用赋税的四个县，全都归属鲁肃。孙权命令程普兼任南郡太守。鲁肃最初住在江陵，以后到下游的陆口驻守，他恩威并施，军队也很快增加了一万多人，被任命做汉昌太守、偏将军。建安十九年（214），他随从孙权攻克皖城，改任横江将军。

原文

先是，益州牧刘璋纲维颓弛[1]，周瑜、甘宁并劝权取蜀，权以咨备，备内欲自规[2]，乃伪报曰："备与璋托为宗室，冀凭英灵[3]，以匡汉朝。今璋得罪左右[4]，备独竦惧[5]，非所敢闻，愿加宽贷。若不获请，备当放发

归于山林[6]。”后备西图璋，留关羽守，权曰：“猾虏乃敢挟诈！”及羽与肃邻界，数生狐疑，疆场纷错，肃常以欢好抚之。备既定益州，权求长沙、零、桂，备不承旨，权遣吕蒙率众进取。备闻，自还公安，遣羽争三郡。肃住益阳，与羽相拒。肃邀羽相见，各驻兵马百步上，但诸将军单刀俱会。肃因责数羽曰：“国家区区本以土地借卿家者，卿家军败远来，无以为资故也。今已得益州，既无奉还之意，但求三郡，又不从命。”语未究竟，坐有一人曰：“夫土地者，惟德所在耳，何常之有！”肃厉声呵之，辞色甚切。羽操刀起谓曰：“此自国家事，是人何知！”目使之去。备遂割湘水为界，于是罢军。

肃年四十六，建安二十二年卒。权为举哀，又临其葬。诸葛亮亦为发哀。权称尊号，临坛，顾谓公卿曰：“昔鲁子敬尝道此，可谓明于事势矣。”

肃遗腹子淑既壮，濡须督张承谓终当到至。永安中，为昭武将军、都亭侯、武昌督。建衡中，假节，迁夏口督。所在严整，有方干。凤皇三年卒。子睦袭爵，领兵马。

注释

①纲维：国家的法律和法纪。颓弛：松弛，废弛。②自规：自己规划。规：规划。③英灵：指代汉朝皇帝祖先的英灵。④左右：是一种敬称，古代的书信中用来称呼对方，这里指孙权。⑤竦惧：惊恐害怕的样子。⑥放发：散发。归于山林：辞掉官职隐居。

译文

在此之前，益州牧刘璋的法纪典章松弛败坏。周瑜、甘宁都劝说孙权去夺权蜀郡。孙权

陶渊明隐居图

晋代的陶渊明隐居山中，不问政事。他是真心想要隐退。而刘备所谓的要隐退是假意的，目的是要阻止孙权夺取蜀郡。

百工筑司母毋大方鼎

鼎是古代烹煮用的器物，一般是三足两耳。它也是祭祀的重要礼器。司母毋大方鼎是中国商代后期王室祭祀用的青铜方鼎，是目前世界上已发现的最大的鼎。

就此事征询刘备意见，刘备心中想要给自己谋取蜀地，就回信说谎："我和刘璋被列在汉朝宗室之中，希望能凭借祖先英灵来匡扶汉朝。现在刘璋得罪了您，我非常惊慌害怕，这件事我不敢参与意见，希望您能对刘璋加以宽恕。如果我的请求不能获准，我就要归隐到山林中去。"以后刘备向西去谋取刘璋的土地，留下关羽守荆州。孙权说："狡猾的贼人竟敢欺骗我！"在关羽和鲁肃辖界相邻时，多次产生猜疑，疆场交错，鲁肃都是用友好的态度安抚关羽。刘备平定益州后，孙权要求归还长沙、零陵、桂阳三郡，刘备不同意交还，孙权派吕蒙率军队去攻取。刘备听到消息后，自己回到公安，派关羽去争夺这三个郡。鲁肃驻守益阳，和关羽相对峙。鲁肃邀请关羽会见，各自把人马停留在一百步以外，只有将军们带着自己的一把刀共同来会面。鲁肃就趁势责备关羽说："原来我们国家的君主诚心诚意地把土地借给你们，是因为你们军队打了败仗，从远方来到，没有可以凭借的土地。现在你们已经得了益州，既然没有把土地奉还的意思，我们只要回三个郡，你们又不答应。"话还没有说完，有一个在座的人说："土地这个东西，只属于有德的人而已，哪里有长久归属一个人的！"鲁肃声色俱厉地呵斥他。关羽握着刀起身对他说："这是国家大事，这个人懂得什么！"又用眼色示意这个人离开。刘备以湘水为界分割土地交给东吴，于是两国停止了战争。

鲁肃四十六岁时，建安二十二年（217）去世，孙权为他举哀，又亲自参加葬礼。诸葛亮也为鲁肃举行了哀悼仪式。孙权称皇帝时，在要登上祭坛前，回顾公卿大臣们说："过去鲁子敬曾经说过有这一天，他可以说是透彻地了解天下形势的了。"

鲁肃的遗腹子鲁淑长大以后，濡须督张承对他说，总还是应该到濡须军中来。永安年间（258—263），鲁淑任昭武将军、都亭侯、武昌督。建衡年间（269—271），授予他符节，升任夏口督。鲁淑任职的军队都被他治理得严肃整齐，他很有方略才干。鲁淑凤凰三年(274)去世。他的儿子鲁睦继承了爵位,统领他的兵马。

原文

吕蒙字子明，汝南富陂人也[1]。少南渡，依姊夫邓当。当为孙策将，数讨山越[2]。蒙年十五六，窃随当击贼，当顾见大惊[3]，呵叱不能禁止。归以告蒙母，母恚欲罚之[4]，蒙曰："贫贱难可居，脱误有功[5]，富贵可致。且不探虎穴，安得虎子？"母哀而舍之。时当职吏以蒙年小轻之，曰："彼竖子何能为[6]？此欲以肉喂虎耳。"他日与蒙会，又蚩辱之。蒙大怒，引刀杀吏，出走，逃邑子郑长家。出因校尉袁雄自首，承间为言，策召见奇之，引置左右。

数岁，邓当死，张昭荐蒙代当，拜别部司马。权统事，料诸小将兵少而用薄者，欲并合之。蒙阴赊贳，为兵作绛衣行縢，及简日，陈列赫然，

●不入虎穴焉得虎子

吕蒙十五六岁时，偷偷地跟着邓当去打敌人，回来后，吕蒙母亲发怒了，要责罚吕蒙。吕蒙说："贫贱的日子太难过了，如果侥幸有了功劳，可以得到富贵。而且不深入虎穴中，怎么能得到小老虎呢？"母亲哀怜他，便饶过他。

兵人练习，权见之大悦，增其兵。从讨丹杨，所向有功，拜平北都尉，领广德长。

注释

①汝南：郡名，治所在上蔡县，现在在河南省上蔡县西南。富陂：县名，在安徽省阜阳县西南方向。②数：好多次，屡次。③顾见：回头看见，顾：回头看。④恚：非常愤怒。⑤脱误：当时的口语，假如的意思。⑥竖子：对别人的蔑称。

译文

吕蒙，字子明，汝南富陂人。少年时南渡长江，去投靠姊夫邓当。邓当是孙策的部将，多次去讨伐山越，吕蒙十五六岁时，偷偷地跟着邓当去打敌人，邓当发现后大吃一惊,呵斥他也无法禁止他前往。邓当回来后,把这件事告诉吕蒙母亲，吕蒙母亲发怒了，要责罚吕蒙。吕蒙说："贫贱的日子太难过了，如果侥幸有了功劳，可以得到富贵。而且不深入虎穴中，怎么能得到小老虎呢？"母亲哀怜他，便饶过他。当时邓当部下的军吏因为吕蒙年纪小轻视他，说："那个小孩子能干什么？这只是想拿肉去喂老虎罢了。"有一天，这个军吏和吕蒙遇上了，又嘲笑吕蒙，侮辱他。吕蒙大怒，拔刀杀了这个军吏，逃出去，跑到同乡人郑长的家里。后来出面通过校尉袁雄自首，蒙受袁雄在中间替他说话，孙策召见他，认为他是个奇才，就提拔他，安排在自己身边。

几年后，邓当死了，张昭推荐吕蒙代替邓当，任命他任别部司马。孙权统领政务，检查各个兵力较少、作用不大的低级将领的部队，想把他们合并起来。吕蒙暗地里赊购了物资，给士兵们制作了红色的军衣和绑腿。到选拔的日子，吕蒙的军队阵容非常醒目，士兵们操练得很熟练。孙权见了后非常高兴，给吕蒙增加了士兵。吕蒙跟随孙权讨伐丹杨，所到之处都立下功劳，被拜为平北都尉，兼任广德县长。

原文

从征黄祖，祖令都督陈就逆以水军出战。蒙勒前锋，亲枭就首，将士乘胜，进攻其城。祖闻就死，委城走，兵追禽之。权曰："事之克，由陈就先获也。"以蒙为横野中郎将，赐钱千万。

是岁，又与周瑜、程普等西破曹公于乌林，围曹仁于南郡。益州将袭肃举军来附[1]，瑜表以肃兵益蒙[2]，蒙盛称肃有胆用[3]，且慕化远来[4]，于义宜益不宜夺也。权善其言[5]，还肃兵。瑜使甘宁前据夷陵，曹仁分众攻宁，

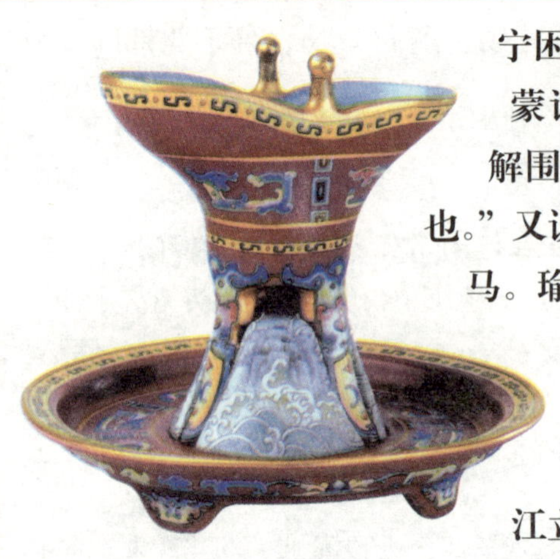

紫地粉彩古铜纹托爵

爵是古代饮酒的器皿，三足，以不同的形状显示使用者的身份。此图是清代乾隆年间的爵，做工精美。很有观赏价值。

宁困急，使使请救[6]。诸将以兵少不足分，蒙谓瑜、普曰："留凌公绩，蒙与君行，解围释急，势亦不久，蒙保公绩能十日守也。"又说瑜分遣三百人柴断险道，贼走可得其马。瑜从之。军到夷陵，即日交战，所杀过半。敌夜遁去，行遇柴道，骑皆舍马步走。兵追蹙击，获马三百匹，方船载还。于是将士形势自倍，乃渡江立屯，与相攻击，曹仁退走，遂据南郡，抚定荆州。还，拜偏将军，领寻阳令。

鲁肃代周瑜，当之陆口，过蒙屯下。肃意尚轻蒙，或说肃曰："吕将军功名日显，不可以故意待也[7]，君宜顾之[8]。"遂往诣蒙。酒酣[9]，蒙问肃曰："君受重任，与关羽为邻，将何计略，以备不虞？[10]"肃造次应曰："临时施宜。"蒙曰："今东西虽为一家，而关羽实熊虎也，计安可不豫定？"因为肃画五策。肃于是越席就之，拊其背曰："吕子明，吾不知卿才略所及乃至于此也。"遂拜蒙母，结友而别。

注释

①举军：全部的军队。来附：前来归附。②益：增加。③胆用：胆识和才干。④慕化：仰慕教化。⑤善：现在当动词用，指非常好，这里有表示赞同的意思。⑥使使：第一个"使"是动词，是派遣的意思，第二个"使"是名词，这里指的是使者。⑦故意：原来是指老朋友的意思，这里是指老的眼光，老的看法。⑧顾：拜访。⑨酒酣：喝酒喝到高兴的时候。⑩以备不虞：以防不测。

译文

吕蒙跟着孙权征讨黄祖，黄祖命令都督陈就用水军出战迎击。吕蒙率领前锋军队，亲自砍下了陈就的首级，将士们乘胜进攻，攻打黄祖的守城。黄祖听说陈就死了，放弃城市逃跑，吴军士兵追上去擒获了他。孙权说："这次战事能胜利，由于首先获得了陈就。"任命吕蒙为横野中郎将，赐给他一千万钱。

这一年，他又和周瑜、程普等人向西进攻，在乌林打败了曹操，在南郡包围了曹仁，益州的将军袭肃领全军来投奔，周瑜上表章请求用袭肃的军队扩充吕蒙的部下。吕蒙极力称赞袭肃有胆识，有能力，而且倾慕吴国的教化，从远方来归附，从道理上讲应该增加他的兵力，不应该夺走他的兵权。孙权认为吕蒙的话很对，还给袭肃他的士兵，周瑜派甘宁前去占据夷陵，曹仁分出一支军队来攻打甘宁，甘宁形势危急，派使者来求援。将领们都认为兵力少，不够分开使用。吕蒙对周瑜、程普说："留下凌公绩，我和您出兵，解救包围，除去危急，看情况也不会太久，我保证凌公绩能守上十天。"又劝说周瑜分派出三百人用木柴截断险道，敌人逃走时可以得到他们的马。周瑜依从了他。军队到达夷陵，当天交战，杀死的敌人超过半数。敌人连夜逃走，行军时遇上柴木堵塞的道路，骑兵全都扔下马步行逃走。吴军追上去堵击，获得三百匹马，用方船载运回来。于是吴军将士的优势自然倍增，便渡过长江，建立军营，向曹军攻击，曹仁退走，吴军就占据了南郡，安抚平定荆州。回来后，任命吕蒙任偏将军，兼任寻阳令。

婕好挡熊图

熊是非常凶猛的动物。吕蒙用它来比喻关羽，说明了关羽的勇猛。关于吕蒙，还有一个"士别三日，当刮目相看"的典故。他虽然在学识上落后于他人，但通过努力还是得到了别人的认可。

鲁肃代替周瑜，要到陆口去，从吕蒙驻扎的地方经过。鲁肃的心里还很轻视吕蒙。有的人劝鲁肃说："吕将军的功绩和名声都日益显赫，不能用老眼光去看待他，您应该去看望他。"鲁肃就去见吕蒙。吕蒙问鲁肃说："您接受了重任，与关羽相邻接，准备用什么谋略去防备意外情况发生呢？"鲁肃仓促中随意答道："临时采取合适的方法吧。"吕蒙说："现在东吴西蜀虽然成了一家，但关羽实际上是熊虎一样的人物，怎么能不预先确定计策呢？"接着给鲁肃谋划了五种计策。鲁肃于是从座席上走过去凑近吕蒙，拍着他的背说："吕子明，我想不到你的才略竟然达到了这种程度。"便拜见了吕蒙的母亲，和吕蒙结成朋友后才告别。

原文

时蒙与成当、宋定、徐顾屯次比近[1]，三将死，子弟幼弱，权悉以兵并蒙[2]。蒙固辞，陈启顾等皆勤劳国事，子弟虽小，不可废也。书三上，

权乃听。蒙于是又为择师，使辅导之，其操心率如此。魏使庐江谢奇为蕲春典农[3]，屯皖田乡，数为边寇。蒙使人诱之，不从，则伺隙袭击，奇遂缩退，其部伍孙子才、宋豪等[4]，皆携负老弱，诣蒙降。后从权拒曹公于濡须，数进奇计，又劝权夹水口立坞[5]，所以备御甚精[6]，曹公不能下而退。

曹公遣朱光为庐江太守，屯皖，大开稻田，又令间人招诱鄱阳贼帅，使作内应。蒙曰："皖田肥美，若一收孰，彼众必增，如是数岁，操态见矣，宜早除之。"乃具陈其状。于是权亲征皖，引见诸将，问以计策。蒙乃荐甘宁为升城督，督攻在前，蒙以精锐继之。侵晨进攻，蒙手执桴鼓，士卒皆腾踊自升，食时破之。既而张辽至夹石，闻城已拔，乃退。权嘉其功，即拜庐江太守，所得人马皆分与之，别赐寻阳屯田六百人，官属三十人。蒙还寻阳，未期而庐陵贼起，诸将讨击不能禽，权曰："鸷鸟累百，不如一鹗。"复令蒙讨之。蒙至，诛其首恶，馀皆释放，复为平民。

注释

①屯次：军队驻扎的地方。比近：靠近。②以兵并蒙：把三将的兵力合并到吕蒙的部下。③典农：官名，曹操设置了典农中郎将，典农校尉和典农督尉，管理农田屯垦的事情。④部伍：这里指队伍，部属和将士。⑤坞：船坞，在水边建造的用来停船和建造船只的地方。⑥备御：防备抵御。

译文

当时吕蒙和成当、宋定、徐顾驻扎的地方接近，这三个将领死后，他们的子弟年纪幼小，孙权就把他们的士兵全合并到吕蒙部下。吕蒙坚决推辞，上奏陈述徐顾等人全都为国家大事勤劳效力，他们的子弟虽然年幼，但不可以废黜他们。书信送上去三次，孙权才答应。吕蒙于是又给成当他们的子弟选择老师，让教师辅导他们，他为他们操心大都像这样。魏国派庐江人谢奇做蕲春典农，驻在皖城乡间，多次侵犯吴国边境。吕蒙派人去诱降，他们不答应，吕蒙就看准空隙袭击他们，谢奇便退缩回去，他的部下孙子才、宋豪等人，全都扶老携幼，来见吕蒙投降。后来吕蒙跟随孙权在濡须抵御曹操，多次献上奇计，又劝说孙权在水口两边夹岸建立船坞堡垒，所用来准备防御的器物十分精良，曹操不能攻克濡须坞，就退回去了。

曹操派朱光任庐江太守，驻守皖城，大量开垦稻田，又命令间谍去诱降鄱阳的强盗首领，让他们做内应。吕蒙说："皖城田地肥美，如果一有收成，他们的人马必定增多，像这样过几年，曹操的优势就出现了，应该尽早去除掉他们。”就把这些情况全部向孙权陈述了。于是孙权亲自征讨皖城，召见各位将领，问他们有什么计策。吕蒙就推荐甘宁为升城督，统领军队在前面进攻，吕蒙用精锐军队接续在后面。凌晨时进攻，吕蒙手执鼓槌击鼓，士兵们全都踊跃登上城去，吃早饭时就把城攻破了。不久张辽到了夹石，听说城已经被占领了，就退回去。孙权嘉奖吕蒙的功劳，当即拜请他任庐江太守。所得的人马全部分给他，另外赐给他寻阳的屯田士兵六百人，属官三十人。吕蒙回到寻阳，不到一年就有庐陵的强盗造反，各将去攻打都不能擒获。孙权说：“鸷鸟几百只，不如一只大鹗。”又命令吕蒙去攻打他们。吕蒙到了庐陵，诛杀了强盗中为首的恶徒，其余的全部释放，重新做了平民。

原文

是时刘备令关羽镇守，专有荆土，权命蒙西取长沙、零、桂三郡。蒙移书二郡，望风归服，惟零陵太守郝普城守不降。而备自蜀亲至公安，遣羽争三郡。权时住陆口，使鲁肃将万人屯益阳拒羽，而飞书召蒙，使舍零陵，急还助肃。初，蒙既定长沙，当之零陵，过酃，载南阳邓玄之，玄之者郝普之旧也欲令诱普[1]。及被书当还，蒙秘之，夜召诸将，授以方略[2]，晨当攻城，顾谓玄之曰：“郝子太闻世间有忠义事[3]，亦欲为之，而不知时也。左将军在汉中[4]，为夏侯渊所围。关羽在南郡，今至尊身自临之。近者破樊本屯，救酃，逆为孙规所破。此皆目前之事，君所亲见也。彼方首尾倒悬[5]，救死不给，岂有馀力复营此哉？今吾士卒精锐，人思致命[6]，至尊遣兵，相继于道。今子太以旦夕之命，待不可望之救，犹牛蹄中鱼，冀赖江汉，其不可恃亦明矣。若子太必能一士卒之心，保孤城之守，尚能稽延旦夕，以待所归者，可也。今吾计力度虑，而以攻此，曾不移日，而城必破，城破之后，身死何益于事，而令百岁老母，戴白受诛，岂不痛哉？度此家不得外问，谓援可恃，故至于

关陵庙

关羽一直是民间崇拜的对象，在各地都有关公的庙。此图就是湖北当阳的关陵庙。传说，当阳是埋葬关羽无头之躯的地方。

鱼

吕蒙说："郝子太命在旦夕，却还等待着没有希望的救援，就好像牛蹄壳中装的鱼还希望依赖江水一样，那种形势是不能倚仗的，这已经很明显了。"

此耳。君可见之，为陈祸福。"

玄之见普，具宣蒙意，普惧而听之。玄之先出报蒙，普寻后当至。蒙豫敕四将，各选百人，普出，便入守城门。须臾普出，蒙迎执其手，与俱下船。语毕，出书示之，因拊手大笑。普见书，知备在公安，而羽在益阳，惭恨入地。蒙留孙皎，委以后事，即日引军赴益阳。刘备请盟，权乃归普等，割湘水，以零陵还之。以寻阳、阳新为蒙奉邑。

注释

①旧：老朋友，老相识。②方略：计谋，策略。③郝子太：人名，郝普，字子太。④左将军指刘备。汉中：郡名，指所在的南郑县。⑤首尾倒悬：用来比喻处境非常危险。⑥致命：献出生命。

译文

当时刘备命令关羽镇守，独占了荆州土地。孙权命令吕蒙向西去夺取长沙、零陵、桂阳三郡。吕蒙给长沙等两个郡送去文书，他们都望风而降，只有零陵太守郝普守住城不肯投降。而刘备从蜀中亲自来到公安，派关羽去争夺这三个郡。孙权当时住在陆口，派鲁肃率领一万人驻守益阳抵挡关羽，而且用快信去召唤吕蒙，让他放弃零陵，赶快回来帮助鲁肃。当时，吕蒙平定长沙以后，应当到零陵去，经过酃县，用车带上了南阳人邓玄之，邓玄之这个人是郝普的老朋友，吕蒙想让他去诱降郝普。到了接到孙权的信应当回去时，吕蒙把信藏起来，连夜召来各位将军，向他们传授方略，早晨就要攻城，吕蒙又看着邓玄之说："郝子太听说世间有忠义这件事，也想要做忠义的事，但却不知道时势。左将军刘备在汉中被夏侯渊所包围。关羽在南郡，现在尊贵的吴主亲自到那里去讨伐。近来关羽攻克了樊城驻军的大本营，去救援酃县，反而被孙规迎击打败了，这全是眼前的事情，是您亲眼见到的。他们那一方正被首尾颠倒悬在空中，救命都顾不上，怎么能有多余的力量再来营救这里呢？现在我们的士兵精锐无比，人人想为国拼命，尊贵的吴主派兵来，军队在路上接连不断。现在郝子太命在旦夕，还等待着没有希望的救援，就好像牛蹄壳中装的鱼还希望依赖江水一样，那种形势是不能倚仗的，这已经很明显了。如果郝子太能让士兵们一心一意，防守住这座孤城，那还能拖延时间，来等待他所归附的人，这也可以。现在我计算了兵力，谋划了方法，用来攻打这里，用不了一天，城就一定被攻破，城被攻破后，他自己死了，对事情有什么补益呢？却让百岁老母满头白发时还被诛杀，难道不痛心吗？我估计这个人得不到外界的消息，认为援兵可以依恃，所以到了这种地步。您可以去见他，给他分析一下祸福利害。”

邓玄之见了郝普，把吕蒙的意思全都转告给他。郝普害怕了，就答应投降。邓玄之先出城来报告吕蒙，说郝普在后面一会儿就到。吕蒙预先命令四个部将，各自挑选一百名士兵，郝普一出来，就进城守住城门。不一会儿郝普出城，吕蒙迎上去拉住他的手，和他一起登上船。两个人说完话，吕蒙拿出孙权的信给郝普看，接着拍手大笑。郝普看了书信，知道了刘备在公安，而关羽在益阳，又羞愧又后悔，恨不得钻进地里去。吕蒙留下孙皎守城，把以后的事务交付给他，当天就领着军队奔赴益阳。刘备请求结盟，孙权就归还了郝普等人，用湘水分割疆界，把零陵还给刘备。把寻阳、阳新的赋税供给吕蒙使用。

原文

师还，遂征合肥，既徹兵[1]，为张辽等所袭，蒙与凌统以死捍卫。后曹公又大出濡须，权以蒙为督，据前所立坞，置强弩万张于其上，以拒曹公。曹公前锋屯未就[2]，蒙攻破之，曹公引退。拜蒙左护军、虎威将军。

鲁肃卒，蒙西屯陆口，肃军人马万馀尽以属蒙。又拜汉昌太守，食下雋、刘阳、汉昌、州陵。与关羽分土接境，知羽骁雄[3]，有并兼心，且居国上流，其势难久。初，鲁肃等以为曹公尚存，祸难始构，宜相辅协，与之同仇[4]，不可失也，蒙乃密陈计策曰：令征虏守南郡，潘璋住白帝，蒋钦将游兵万

人，循江上下，应敌所在，蒙为国家前据襄阳，如此，何忧于操，何赖于羽？且羽君臣，矜其诈力[5]，所在反覆，不可以腹心待也。今羽所以未便东向者，以至尊圣明，蒙等尚存也。今不于强壮时图之，一旦僵仆[6]，欲复陈力，其可得邪？”权深纳其策，又聊复与论取徐州意，蒙对曰：“今操远在河北，新破诸袁，抚集幽、冀，未暇东顾。徐土守兵，闻不足言，往自可克。然地势陆通，骁骑所骋，至尊今日得徐州，操后旬必来争，虽以七八万人守之，犹当怀忧。不如取羽，全据长江，形势益张。”权尤以此言为当。及蒙代肃，初至陆口，外倍修恩厚，与羽结好。

●弩机

弩是用机械力射箭的弓，是由弓发展而成的一种远程射杀伤性武器。据传，是战国时期楚国的琴氏“横弓着臂，施机设枢”发明了弩。它是三国时期的重要武器。

注释

①既：已经。②屯：驻扎军队。③骁雄：勇猛的雄杰。④同仇：同心协力，对付敌人。⑤矜：自己夸奖自己，自负。⑥僵仆：死亡。

译文

吴军回去后，就去征伐合肥，在撤兵的时候被张辽等人所袭击，吕蒙和凌统拼死捍卫。以后曹操又大举出击濡须，孙权任命吕蒙任都督，占据以前所建立的船坞，在上面设置了一万张强弩，来抵挡曹操。曹操的前锋部队还没有筑好营垒，吕蒙就把他们打败，曹操领兵退回。孙权拜请吕蒙任左护军、虎威将军。

鲁肃去世，吕蒙到西方去驻守陆口，鲁肃军队的一万多人马全部归属吕蒙，又任命他为汉昌太守，用下隽、刘阳、汉昌、州陵等县做他的食邑。吕蒙和关羽分占荆州土地，境界邻接，他知道关羽是骁勇的英雄，有兼并的心思，而且位居吴国的上游地区，目前的合作形势难以持久。当初，鲁肃等人认为曹操还存在，危险和灾祸刚刚形成，应该互相辅助协作，和蜀汉同仇敌忾，不能失去刘备这个同盟。吕蒙秘密地提出他的计策，说：“命令征虏将军孙皎守卫南郡，潘璋驻守白帝城，蒋钦率领上万名流动部队，沿江上下，接应敌人来进攻的地方，我为国家到前方去占领襄阳，这样的话，曹操还有什么可担忧的，关羽还有什么可依赖的呢？而且关羽君臣，在所到之处都反复无常，不能把他们当成心腹看待。现在关羽所以不便向东进攻的原因，是由于尊贵的君主圣明，我们这些人还在。现在不趁我们强壮时去图谋战胜他，一旦我们僵死倒下，想要再付诸武力，还能办得到吗？”孙权非常赞同他的计策，又顺便和他再谈论一下夺取徐州的想法。吕蒙回答说：“现在曹操在黄河以北，刚打败了袁氏，在安抚和招集幽冀地区的百姓，没有时间顾上东方。徐州地区的守军，我听说是不值得一提，去进攻自然可以攻克。然而那里的地势有陆路相通，可以让骁勇的骑兵驰骋。尊贵的君主今天取得徐州，十几天后曹操就一定来争夺，即使用七八万人去守卫它，也还会让人担忧。不如去攻取关羽的土地，把长江全部占领，我们的形势就会更加有利。”孙权认为这些话说得尤为适宜。到了吕蒙代替鲁肃时，他刚到陆口，就对外加倍施行厚恩，与关羽结成友好关系。

单刀会

刘备与孙权为了荆州的归属，反目成仇，于是鲁肃与关羽军队相遇。鲁肃为了顾全大局，与关羽谈判，缓和了局势。这就是单刀赴会的故事。

原文

后羽讨樊[1]，留兵将备公安、南郡。蒙上疏曰：“羽讨樊而多留备兵，必恐蒙图其后故也。蒙常有病，乞分士众还建业[2]，以治疾为名。羽闻之，必撤备兵，尽赴襄阳。大军浮江，昼夜驰上，袭其空虚，则南郡可下，而羽可禽也。”遂称病笃[3]，权乃露檄召蒙还[4]，阴与图计。羽果信之，稍撤兵以赴樊。魏使于禁救樊，羽尽禽禁等，人马数万，托以粮乏[5]，擅取湘关米。权闻之，遂行，先遣蒙在前。蒙至寻阳，尽伏其精兵䑸䑵中[6]，使白衣摇橹，作商贾人服，昼夜兼行，至羽所置江边屯候，尽收缚之，是故羽不闻知。遂到南郡，士仁、麋芳皆降。

蒙入据城，尽得羽及将士家属，皆抚慰，约令军中不得干历人家，有所求取。蒙麾下士，是汝南人，取民家一笠，以覆官铠，官铠虽公，蒙犹以为犯军令，不可以乡里故而废法，遂垂涕斩之。于是军中震栗，道不拾遗。

● 李陵碑杨业死节

杨业，本名重贵，又名继业，麟州新秦人。他是宋朝名将、军事家。他的军队战斗力很强，这与他军纪严明，以身作则是分不开的。吕蒙治军严谨，也十分强调纪律。

蒙旦暮使亲近存恤耆老，问所不足，疾病者给医药，饥寒者赐衣粮。羽府藏财宝，皆封闭以待权至。羽还，在道路，数使人与蒙相闻，蒙辄厚遇其使，周游城中，家家致问，或手书示信。羽人还，私相参讯，咸知家门无恙，见待过于平时，故羽吏士无斗心。会权寻至，羽自知孤穷，乃走麦城，西至漳乡，众皆委羽而降。权使朱然、潘璋断其径路，即父子俱获，荆州遂定。

注释

①樊：樊城，现在在湖北省襄樊县。②建业：县名，现在的江苏省南京市。③病笃：病得很严重。④露檄：不加封缄的文书，孙权在这里用露檄，是故意想泄漏秘密。⑤托：寻找借口。⑥艨艟：大型的船只。

译文

后来关羽进攻樊城，留下兵将在公安、南郡防备。吕蒙上奏章说："关羽去讨伐樊城而留下大量防备的军队，一定是害怕我在他的背后谋取他的缘故。我经常有病，请求分出一些军队回建业去，用我去治病的名义。关羽听到后，一定会把防备的军队撤走，全部调往襄阳。我们大军渡过江去，昼夜急行军，袭击他们的空城，这样南郡就可以攻下，关羽也可以被捉住了。”吕蒙就说他病重，孙权便用公开的文书召吕蒙回来，暗地里和他商议计划。关羽果然相信了，撤了一部分军队奔赴樊城。魏国派于禁去救樊城，关羽把于禁等人全部捕获，他有几万人马，借口粮食缺乏，擅自取用了湘关的存粮。孙权听到这个消息，就出征了，先派吕蒙做前锋。吕蒙到了寻阳，把精兵全埋伏在大船舱内，让穿白衣服的士兵摇橹，他们穿着商人的服装，昼夜兼程，到了关羽设置在长江岸边的哨所驻地，就把哨兵全抓起来绑好，因此关羽没有得知消息，吕蒙便到了南郡，傅士仁和麋芳都投降了。

吕蒙进城占据了它，把关羽和蜀军将士的家属全部俘虏，吕蒙对他们全加以安慰，命令军中不许去侵犯居民，不许索取百姓的物品。吕蒙部下的一个士兵，是汝南人，拿了百姓家中的一个斗笠，用来覆盖官府的铠甲，官府的铠甲虽然是公物，吕蒙还认为他违犯了军令，不能因为是同乡的缘故而废除法令，就流着眼泪杀死了他。于是吴军军队中都感到震惊害怕，东西丢在路上都没有人拾走。吕蒙从早到晚派出亲近的官员去抚恤老年人，问他们缺什么东西，有患病的人就给予医药，有饥饿寒冷的人就赏给他们粮食衣服。关羽府库中收藏的财宝，全部封存起来等待孙权来了处理。关羽退回来，在路上几次派人向吕蒙通信，吕蒙都厚待他的使节，让他在城中到处观看，每家人都让他问候亲人，有的亲笔写信表示情况属实。关羽派来的人回去后，关羽的部下都私下打听情况，全知道了家中没有出事，受到的待遇比平时还要好，所以关羽军中的官兵都没有斗志。正赶上孙权不久就来到，关羽自知被孤立，走投无路，就逃到麦城，向西到了漳乡，他的军队全脱离他投降了吴国。孙权派朱然、潘璋去截断他要经过的近路，当即把关羽父子全都捕获，荆州就平定了。

以蒙为南郡太守，封孱陵侯，赐钱一亿，

黄金五百斤。蒙固辞金钱，权不许。封爵未下，会蒙疾发，权时在公安，迎置内殿，所以治护者万方[①]，募封内有能愈蒙疾者[②]，赐千金。时有针加，权为之惨戚[③]，欲数见其颜色，又恐劳动[④]，常穿壁瞻之，见小能下食则喜，顾左右言笑，不然则咄唶[⑤]，夜不能寐。病中瘳，为下赦令，群臣毕贺。后更增笃，权自临视，命道士于星辰下为之请命。年四十二，遂卒于内殿。时权哀痛甚，为之降损。蒙未死时，所得金宝诸赐尽付府藏，敕主者命绝之日皆上还，丧事务约。权闻之，益以悲感。

蒙少不修书传，每陈大事，常口占为笺疏。常以部曲事为江夏太守蔡遗所白，蒙无恨意。及豫章太守顾邵卒，权问所用，蒙因荐遗奉职佳吏，权笑曰："君欲为祁奚邪？"于是用之。甘宁粗暴好杀，既常失蒙意，又时违权令，权怒之，蒙辄陈请："天下未定，斗将如宁难得，宜容忍之。"权遂厚宁，卒得其用。蒙子霸袭爵，与守冢三百家，复田五十顷。霸卒，兄琮袭侯。琮卒，弟睦嗣。

探病

吕蒙病了以后，孙权将他接到内室居住，并千方百计地给他治疗会理。虽然吕蒙的病情并没有好转，但是从孙权的举动中，我们可以看出他爱护人才的心。正是因为孙权的善于用人，东吴才能强盛。

彩绘鸟兽鱼纹漆槅

彩绘鸟兽鱼纹漆槅出土自朱然墓，是三国时期具有时代特征的一种新器形，始于三国而流行于两晋、南北朝。

注释

①治护：治疗护理。万方：多种方法。②封内：疆域里面，这里指全国范围。③惨戚：惨痛悲伤。④劳动：劳烦惊动。⑤咄喈：叹息。

译文

孙权任命吕蒙做南郡太守，封他为孱陵侯，赏赐给他一亿钱，五百斤黄金。吕蒙坚决推辞掉金钱，孙权不允许。封爵还没有颁布下来时，吕蒙的病正巧发作。孙权当时在公安，把他迎接到内殿中居住，千方百计地给他治疗护理，招募国内能够治好吕蒙病的人，赏赐一千两黄金。有时医生用针扎吕蒙，孙权替他伤心难过，孙权想要多看看吕蒙的气色如何，又怕惊动他让他疲劳，就经常在墙洞中看他，见吕蒙稍微能吃些食物就高兴，看着身边的人有说有笑，不然的话就唉声叹气，夜晚睡不着觉。吕蒙的病中间有所好转，孙权为此公布大赦令，大臣们都来祝贺。后来吕蒙的病再次加重，孙权亲自去看望他，命令道士在星辰下为他祈祷。吕蒙四十二岁时，在内殿中去世。当时孙权非常哀痛，为吕蒙穿丧服，减少饮食。吕蒙没有去世时，把所得的金银珠宝等各种赏赐全部交付府里的仓库，命令管理仓库的人在他去世之后把赏赐品全部还给君王。孙权听到这件事，更加悲伤。

吕蒙年青时不学习经传书籍，每当陈述大事时，经常口述让人写成奏章。他曾因为部曲私兵的事被江夏太守蔡遗上告，但吕蒙没有怨恨蔡遗的意思。等到豫章太守顾邵去世，孙权问吕蒙该任用谁，吕蒙便趁机推荐蔡遗，说他是称职的好官。孙权笑着说："您想要当祁奚吗？"于是任用了蔡遗。甘宁粗暴，好杀人，既经常不听吕蒙的意见，还时时违背孙权的命令。孙权对他很恼怒，吕蒙就替他讲情，请求道："天下还没有平定，像甘宁这样能战斗的将领很难得，应该容忍他。"孙权便厚待甘宁，始终能发挥他的作用。吕蒙的儿子吕霸继承了爵位，孙权给吕蒙守护坟墓的人家三百户，免去赋税的田地五十顷。吕霸去世，他的哥哥吕琮继承了侯位。吕琮去世，弟弟吕睦继承。

孙权与陆逊论周瑜、鲁肃及蒙曰："公瑾雄烈，胆略兼人，遂破孟德，开拓荆州，邈焉难继，君今继之。公瑾昔要子敬来东，致达于孤，孤与宴语，便及大略帝王之业，此一快也。后孟德因获刘琮之势，张言方率数十万众水步俱下。孤普请诸将，咨问所宜，无适先对，至子布、文表，俱言宜遣使修檄迎之，子敬即驳言不可，劝孤急呼公瑾，付任以众，逆而击之，此二快也。且其决计策意，出张、苏远矣；后虽劝吾借玄德地，是其一短，不足以损其二长也。周公不求备于一人，故孤忘其短而贵其长，常以比方邓禹也。又子明少时，孤谓不辞剧易，果敢有胆而已；及身长大，学问开益，筹略奇至，可以次于公瑾，但言议英发不及之耳。图取关羽，胜于子敬。子敬答孤书云：'帝王之起，皆有驱除，羽不足忌。'此子敬内不能办，外为大言耳，孤亦恕之，不苟责也。然其作军屯营，不失令行禁止，部界无废负，路无拾遗，其法亦美也。"

三马食槽

曹操曾梦见"三马食槽"的景象，对儿子曹丕说："司马懿非人臣也必预汝家事。"然而曹丕对司马懿已经言听计从了。司马懿的儿子司马昭就更明目张胆地表露了篡夺之心；司马昭死后，儿子司马炎就取代了曹魏。

评曰：曹公乘汉相之资，挟天子而扫群桀，新荡荆城，仗威东夏，于时议者莫不疑贰。周瑜、鲁肃建独断之明，出众人之表，实奇才也。吕蒙勇而有谋，断识军计，谲郝普，禽关羽，最其妙者。初虽轻果妄杀，终于克己，有国士之量，岂徒武将而已乎？孙权之论，优劣允当，故载录焉。

译文

孙权和陆逊评论周瑜、鲁肃和吕蒙时说：“公瑾英雄刚烈，胆略过人，所以能打败曹孟德，开拓了荆州地区的领土，他才干的高超程度很难有人继承，您现在继承了他。公瑾过去邀请子敬来东方，把他推荐给我，我和他在宴会上谈话时，就谈到建立帝王之业的远大方略，这是第一件让人痛快的事情。后来曹孟德趁着俘获刘琮的势头，扬言要率领几十万名水军、步兵一齐进攻。我把各位将领全请来，向他们询问应该采用的对策，没有一个人先开口回答，问到子布、文表，他们都说应该派使节写文书去迎接曹孟德。子敬当即驳斥说不可以，劝我火速叫公瑾来，把军队和任务交付给他，迎上去攻击曹孟德。这是第二件让人痛快的事情。而且子敬决定计策的意图，远远超出张仪、苏秦。后来虽然他劝说我借给刘玄德土地，是他的一个短处，但不足以损害他的两个长处啊！周公对一个人不求完备，所以我忘掉他的短处而珍重他的长处，经常把他比做邓禹。还有子明少年时，我认为他只是不辞艰险，办事果敢有胆量而已。等到他长大了，学识开阔，大有增益，谋划的策略十分奇妙，可以说仅次于公瑾，只是言谈中发挥的才华不如公瑾罢了。子明谋取关羽这件事，胜过了子敬。子敬回答我的信中说：‘帝王兴起时，全要有驱赶走的事物，关羽不值得顾忌。’这是子敬心里知道不能办，对外讲大话罢了，我也宽恕了他，不轻易责备他。然而他指挥军队，筑营驻守，不失为令行禁止，管界内没有废弃法令违背军纪的情况，路不拾遗。他的治理方法也还完善。”

评论说：曹操借着汉朝丞相的资本，挟持天子而扫除各地豪杰，刚荡平了荆

●陆逊

陆逊本名陆议，字伯言，吴郡吴县人，三国时期东吴名将，杰出的军事家，历任东吴大都督、丞相，孙策的女婿，世代为江东大族。

州，倚仗威势进攻东方，当时议论的人没有一个不疑惑不定，周瑜、鲁肃独自提出高明的论断，超出众人之上，确实是奇才啊！吕蒙勇敢又有计谋，能了解军中计策，做出决断，诈骗郝普，擒获关羽，是他计谋中最高妙的。当初他虽然轻率果断，随便杀人，但终于能约束自己，有国士的度量，难道只是一个武将而已吗？孙权的评论，优劣恰当公允，所以记录在这里。

图书在版编目（CIP）数据

三国志/（晋）陈寿撰；王凯瑞整理．—沈阳：万卷出版公司，2009.10

（书香经典）

ISBN 978-7-5470-0320-6

Ⅰ．三… Ⅱ．①陈…②王… Ⅲ．中国—古代史—三国时代—纪传体 Ⅳ．K236.042

中国版本图书馆CIP数据核字（2009）第179066号

项目创意/设计制作/智品書業 ZHIPIN BOOKS

三国志

陈寿/撰　王凯瑞/整理

责任编辑/邢和明

出版者/北方联合出版传媒（集团）股份有限公司

万卷出版公司

联系电话/024-23284090

电子信箱/vpc_tougao@163.com

经销/各地新华书店发行

印刷/北京威远印刷厂

版次/2009年10月第1版

2009年10月第1次印刷

开本/170mm×245mm　1/16　26印张

字数/350千字

书号/ISBN 978-7-5470-0320-6

定价/48.00元